ピロストラトス

テュアナのアポロニオス伝 1

西洋古典叢書

凡　例

一、本書はピロストラトス『テュアナのアポロニオス伝1』（第一－四巻）を翻訳したものである。本書の翻訳の底本としたのは、*Philostratus, Apollonius of Tyana*, vol. 1, edited and translated by Christopher P. Jones (Loeb Classical Library, 2005) であり、その翻訳で参考にしたは、同叢書の旧版 *Philostratus, The Life of Appolonius of Tyana*, vol. 1, with an English Translation by F. C. Conybeare (Loeb Classical Library, 1912) である。

二、訳文中のゴシック体漢数字は、底本に見られる節番号を表わす。また、［　］内は訳者による補足である。ただし、文脈からして許容されると思われる語句の補足はブラケットの中に入れなかった。

三、ギリシア語をカタカナ表記するにあたっては

(1) φ, χ, θ と π, κ, τ を区別しない。

(2) 母音の長短の区別については、固有名詞のみ原則として音引きを省いた。

(3) 地名は慣用にしたがって表示した場合がある（例、ネイロス川ではなくナイル川）。

目次

はしがき

紀元後一世紀のユダヤ教の世界は魅力ある人物を何人も輩出した。

パレスチナはイエスや、フラウィウス・ヨセフスと呼ばれる人物を生み出した。ローマに次ぐ大都市アレクサンドリアに目を転じれば、そこは（モーセ）五書を独自な仕方で解釈したフィロンを生み出した。イエスについては、彼自身が書き物を何も残していない難点があり、歴史のイエスがどんな人物であったのかよく分からない。わたしはイエスをここで「魅力ある人物」の中にカウントしたが、正直言えば、どんな人物か分からないことを前提とすれば、「魅力ある人物」であるかどうかも怪しくなる。ここがイエスについて語るときのつらいところである。

ヨセフスとフィロンはともに膨大な書き物をギリシア語で残してくれた。おかげでわれわれはこの人物について多くのことを知ることができる。この二人の人物像はカンバスの上に描ける。濃淡や技巧の差こそあっても、だれもがこの二人の人物像を描くことができる。それればかりではなく、われわれは、この人物の著作を介して、イエスの時代のパレスチナやアレクサンドリアの政治的・社会的状況や、思想的な状況をも知ることが可能とされる。この二人のおかげである。

もっと広い世界に目を向けよう。

紀元後の一世紀のローマ世界もひとりの魅力ある人物を輩出した。途方もなく魅力ある人物である。その人物はアポロニオスと呼ばれる。彼は小アジア（現在のトルコ）のカッパドキア近くのテュアナと呼ばれる町出身のため、「テュアナのアポロニオス」と呼ばれることが多い。

彼はピュタゴラスを信奉する哲学者で宗教家であった。彼は宗教改革者でもあった。さまざまな聖所を訪れては神々への正しい礼拝の仕方や供犠の仕方を勇気をもって説いた人物である。この人物は賢者がいると聞けば、遠近を問わずその人のもとを尋ねた。遠くは東のインドの賢者たちを訪ねている。駱駝に乗ってである。西はヘラクレスの柱が境となっているガデイラの町（現在のスペイン）まで行っている。彼はヘレニズム時代にまま見られた大旅行家でもあった。ヘロドトスが思い起こされる。ストラボンが思い起こされる。この人物の周囲には彼とともに知恵（ソピアー）を探求する者たちが蝟集したが、彼らは哲学者が着るすり切れたぼろ着をまとっては、彼とともに行動し、彼の哲学的談義に注意深く耳を傾けた。彼らは師と仰ぐ者を「知らない」と言って否定するような破廉恥な者たちではなかった。そのため鶏が三度鳴くことはなかった。

この人物はときのローマ皇帝にとってはときに厄介な存在であった。彼は皇帝やその取り巻きたちと対峙することがあった。後のキリスト教の物書きたちの中には、コンスタンティヌス帝時代のエウセビオスを引くまでもなく、時の権力に唯々諾々と迎合する者が百出したが、この人物はそうではなかった。ソフィストとして真の知恵（ソピアー）があったからかもしれない。いや、それ以上に人間として必要な真の勇気（アンドレイアー）があったからであろう。少なくともこの二つは、この人物が弟子たちの前で実践してみせた徳目である。この人物はギリシア語で著作をする人物でもあったが、その著作は残されてはいない。天を仰いで「残念至極だ」とつぶやくしかない。もしこの人物が書き残した、たとえば星占いなどについての四巻本の書物や、『儀牲について』と題する書物が残されていたら、わたしたちのヘレニズム・ローマ時代の宗教理解は大きく異なるものとなっていたかもしれない。その意味では「残念至極」ではすまされない。

アポロニオスについて書いた人物がいる。

その人は彼にたいして最大の敬意を払ったアテナイ出身の後三世紀のソフィスト、フラウィウス・ピロストラトス（一七〇頃－二四七年頃）である（この人物の詳細は第二巻の「解説」参照）。彼が著わした『テュアナのアポロニオス伝』（タ・エイス・トン・テュアネアー・アポローニオン）は、その早い時期から、多くの教会の物書きたちの注目を引くところとなる。彼らがとくに注目したのはアポロニオスの奇跡行者としての側面で、それを彼らがキリストとして仰ぐ奇跡行者イエスと比較したりした。わたしに言わせれば、その側面をもっぱらの関心・注目の対象とするのはアポロニオスの全体を見ないことになり残念であるが、逆に言えば、教会の物書きたちのキリストへの関心が奈辺にあったかが分かって興味深いものとなる。教会の物書きたちがピロストラトスの著わした書物から「哲学的対論」の仕方を学ぶことはなかった。何しろ、二世紀の後半以降に登場した教会の物書きたちの大半は、ユダヤ教を攻撃したり、異教を攻撃することに忙しく、つまらぬ「駁論文書」ばかりを著わしては、キリスト教が唯一絶対の宗教であることを声高に主張してやまなかったからである。そういえば、イエスは弟子たちに対論の仕方を教えることはなかった。十分な面接もせずにリクルートしたガリラヤの漁師の知的レベルに「対論術（ディアレクティケー）」を教えることなど所詮無理であったのかもしれない。

　これまでの日本の知的風土においては、アポロニオスやピロストラトスが残した彼についての著作が云々されることはなかった。不思議なことである。本来ならば、たとえば新約聖書を飯のたねにしている学者たちが真っ先に本書を紹介しなければならないと思われるが、彼らは福音書については山ほどの著作をなすが、本書を話題にすらすることがなかった。「視野狭窄の研究者たち」と彼らを扱《こ》き下ろす、礼を失するようなことは口にはしないが、何かおかしいのである。知的好奇心を欠落させた学びは真の学びではないように思われるからである。

　わたしは今回本書が京都大学学術出版会の西洋古典叢書（第四期）の一冊に加えられたことを心から喜んでいる。わたしはすでにこの叢書の刊行が開始された時期に厚かましくも本書の訳者として手を大きく挙げていただけに、その機会がついにめぐってきたことに、思わず「ブラボー」と叫んでしまったが、同時に、「時（カイロス）」の到来に感慨深いものがあったことを告白しておく。わたしは多くの読者が本書の登場を歓迎してくれることを願っている。なお、本書には図版が四〇点ばかり入っている。図版を入れたのは、ある日ルイス・キャロルの『不思議の国のアリス』を読んでいて、アリスの言葉「絵やおしゃべりのないご本って何なの？　役に立つの？」に遭遇したからである。本書の背後からはオックスフォード生まれのあの小さな女の子アリスがのぞき込み、わたしの仕事を見詰めているような気がしてならない。「おしゃべり」は本書第二分冊の「解説」でたっぷりとするつもりである。

テュアナのアポロニオス伝 1

秦　剛平　訳

第一巻

第一章

ピュタゴラスとその信奉者について

一　サモス人[1]ピュタゴラス[2]（図版）の信奉者は、彼について次のように言う。彼はイオニア人[3]ではなくて、トロイア[4]でエウポルボス[5]として生まれ、そしてホメロス[6]がうたうように、一度は死んだが、死んだ後生き返った。彼は皮革の服は着用せず、命を宿しているものは一切口にせず、それを犠牲に捧げることもなかった。彼が祭壇を血で汚すことは一度としてなかった。蜂蜜入りの菓子や、乳香、讃歌をうたうことこそが、この人物の神々への献げ物だった。彼は神々がこれらのものを、ヘカトンベー[7]や籠[8]の上に置かれた肉裂き用の刃物よりも喜ぶことを知っていた。

二　彼は神々をよく知っていた。彼は神々から、どうすれば神々が人間たちに喜びや嫌悪を覚えるかを学んだ。彼はその

ピュタゴラス
ローマのカピトリーニ美術館

上で自然について語った。というのも、彼によれば、他の者たちは神的なものについてあれこれと推し量り、それについて互いに相容れない見解を抱くが、彼自身のもとにはその正体を明かすアポロン神[9]が訪れたり、その正体を明かしはしない女神アテナ[10]やムーサイの女神たち[11]、人間がまだその容姿や名前を知らない神々も訪れたりした。

---

(1)「サモス人」のギリシア語読みはサミオス。サモス人は小アジア西端の沖合に位置するサモス島の住民を指す。

(2)ピュタゴラスはサモス人ムネサルコスの子。前五三一年頃、ポリュクラテスの独裁を嫌って、クロトンに逃れた。

(3)「イオニア人」のギリシア語読みはイオーン(単数形)、イオーネス(複数形)。イオニア人は小アジア西岸の中央部に住む住民を指す。

(4)トロイアは小アジアの北西端に位置する町。トロイと呼ばれることがある。

(5)ホメロス『イリアス』第十歌八〇六以下によれば、この人物は、ダルダノイ族の武士(さむらい)、パントオスの子。武勇や戦車を御すことに秀で、メノイティオスの勇敢な息子パトロクロスを負傷させたが、後になって(第十七歌四五以下)、メネラオスの放った槍に倒れる。ホラティウス『カルミナ(歌集)』第一巻二八-九以下によれば、ピュタゴラスは、前世ではエウポルボスであったと申し立てた。

(6)ホメロスは前九世紀のギリシアの叙事詩人。

(7)ヘカトンベーは神々に捧げた「一〇〇頭の雄牛の生け贄」。伝承によれば、ピュタゴラスは三平方の定理(ピュタゴラスの定理)を発見したとき、その喜びを表わすためにヘカトンベーを神々に献げたとされるが、イアンブリコス『ピュタゴラスの生涯』第十八巻によれば、彼が神々に捧げたのは穀物(粟?)と蜂の巣であって、牛などの動物ではなかった。

(8)これは犠牲を入れる籠《かご》を指す。

(9)この神はレトとゼウスの間の子。ホメロス『イリアス』第一歌一四参照。

(10)この女神は、ギリシア本土の諸地域やイタリアの植民市でも崇拝された。

(11)この女神たちはゼウスとムネモシュネとの間の娘たちで、詩や、文学、音楽や踊りの女神。

三　ピュタゴラスの弟子たちは、彼が明らかにした奥義をすべて法と見なした。彼らは彼にゼウスからの使者として敬意を払った。彼らは神的なものについては自らに沈黙を課した。というのも彼らは、沈黙することも理《ことわり》であることを最初に学んでおり、他の者にとっては守り通すことが困難な、口にしてはならぬ聖なるものを多く聞いていたからである。彼らは、アクラガス人(1)エンペドクレス(2)がこの知恵にしたがって歩んだと言っている。というのも彼の詩行に、

　汝ら、喜ぶのだ。わたしは汝らにとって不死の神(3)、二度と死ぬ身ではないからだ。

とか、

　というのも、わたしはかつて少女(4)にして少年(5)であったからである。

とあるからである。

彼がオリュンピア(6)で菓子の練り生地で雄牛の像をつくり、それを犠牲として捧げたという話がある。彼がそうしたのはピュタゴラスの教えに敬意を払ったからであろう。

ピュタゴラス流儀で哲学する者たちについては、彼らは他にも多くのことを語っているが、わたしが今ここでそれに触れるのは適切ではない。とにかく、語り終えると決めた物語をはじめたいからである。

第二章

誤解されてきたアポロニオス

一　アポロニオスが追い求めたものはこれらに非常に近いものだった。彼はピュタゴラスよりも霊的な仕方で知恵へ近づき、独裁者に打ち勝った[7]。彼は大昔でも最近でもない時代に生きた人物である。人びとは、真の知恵のために哲学者然として誠実に[8]実践した彼をいまだよくは知っていない。ある者はこの人物を賞賛するのにひとつのことを取り上げ、他の者は他のひとつのことを取り上げる。一部の者は彼を、バビュロン

（1）アクラガス人はシチリア島の南西部の町アクラガスの住民を指す。
（2）エンペドクレス（前四九三―四三三年）はアクラガスの貴族階級に属した哲学者。著作に『自然について（ペリ・ピュセオース）』や、『浄め（カタルモイ）』などがある。
（3）「不死の神」のギリシア語読みはテオス・アンブロトス。
（4）「少女」のギリシア語読みはコレー。
（5）「少年」のギリシア語読みはコロス。
（6）オリュンピアはギリシア南部に位置するゼウスの聖所のある聖地。
（7）五頁註（2）参照。
（8）「哲学者然として誠実に」。テクストでは「哲学的に、そして誠実に」。

のマゴイ[1]や、インドのバラモン僧[2]、エジプト[3]の裸の苦行者[4]と交わったために魔術師[5]と見なし、また誤った知見から、むりやりに彼を賢者扱いして逆に貶めている。エンペドクレスや、ほかならぬピュタゴラス、そしてデモクリトス[6]らは魔術師と親しく交わったが、アポロニオスはその妖術に惑わされることなく多くの神的な事柄[7]を語った。プラトン[8]もエジプトへ赴いているが、彼はその地の預言者や神官たちから学んだ多くのことを自身の教えの中に取り込んでいる。彼は塗り師[9]のように下絵に色を重ねた。彼は魔術を行なっていると考えられたことは一度もない。しかし、その知恵のため、彼ほど多くの人に妬まれた者は他にいない。

二　アポロニオスは多くのことを予感し予知したが、この手の怪しげな知恵を引き合いに出して彼を中傷するわけにはいかない。さもないと、ソクラテス[10]もあらかじめダイモニオン[11]から知った事柄で、またアナクサゴラス[12]もその予言した事柄[13]で非難されねばならない。

ほとんど雨の降らなかったときのことである。オリュンピア（図版）にいたアナクサゴラスは降雨を予告するために羊の皮をかぶってスタディアムに入ったことがある。彼は家屋の倒壊をあらかじめ告げ、実際倒壊してそれが嘘でなかったことがある。これらのことを知らない人がいるであろうか？　同じように彼は、昼間が夜になり、隕石が空からアイゴスポタモイ[14]近辺に落下すると予告したが[15]、そのとおりになった。人びとは、アナクサゴラスの場合にはこれらのことを彼の知恵に帰すが、ア

オリュンピアの競技場跡

ポロニオスの場合には知恵による予知を認めようとはせず、彼がこうしたことを魔術で行なったと申し立てる。

三　そのためわたしには、多くの人びとを無知のままで終わらせず、この人物について正しく語る必要があるように思われた。わたしは彼がいつどんなことを発言し、どんなことを行なったかを語り、どんな知恵

(1)「マゴイ」(複数形)には「占星術師」の訳語が与えられたりすることが多い。
(2)「バラモン僧」のギリシア語読みはブラクマーネス。この単語は後出本巻第十八章、第三巻第十五章一—二ほかにも登場。
(3)「エジプト」のギリシア語読みはアイギュプトス。本書では通常表記を用いる。
(4)「裸の苦行者」のギリシア語読みはギュムノイ。「裸の哲人」であれば、ギュムノソピスタイで、こちらのギリシア語はインドの裸の哲人たちを指してよく用いられる。
(5)「魔術師」のギリシア語読みはマゴス。先行する「占星術師」と同じギリシア語であるが、ここでは訳し分ける。
(6)デモクリトスは前五世紀のトラキアのアブデラ出身の哲学者。
(7)「神的な事柄」のギリシア語読みはダイモニア。あるいは「ダイモーンからのメッセージ」。
(8)プラトン(前四二七—三四七年)はギリシアの哲学者でソクラテスの弟子。
(9)「塗り師」のギリシア語読みはゾーグラポス。あるいは「絵描き」、「絵師」。
(10)ソクラテス(前四六九頃—三九九年)はアテナイの哲学者でプラトンの師。
(11)ダイモニオンは、ソクラテスが自分の genius(守護霊)と呼んだもの。
(12)アナクサゴラス(前五〇〇頃—四二八年)はイオニアのクラゾメナイ出身で、アテナイに住んだ哲学者。ペリクレスの師。
(13)「事柄」。ここでは複数形。
(14)この場所は不明。
(15)この予告は前四六八—四六七年頃になされた。

のためにダイモーンに触れて神懸かり的になったのかを語ろう。

わたしは彼に好意を示した多くの町々や、廃《すた》れて久しい祭儀が彼のおかげで旧に復した聖所からの情報や、彼について語った者たちの言葉、彼自身の書簡からの情報などを集めた。彼は王や、ソフィスト[1]、哲学者、エリス人[2]、デルポイ人[3]、インド人[4]、エジプト人[5]たちに、神々や、慣習、道徳、法律などについて書簡を送り、彼らの間で誤りがあればそれを正した。

第三章

わたしが集めたより正確な資料について

一　一方でわたしはより正確な資料を次のようにして集めた。ダミス[6]と呼ばれる賢い男がいた。彼は当時、昔のニノス[7]に住んでいた。この男はアポロニオスのもとで哲学を学ぶと、同道したと彼自身が申し立てる彼の旅についてばかりか、彼の意見や、彼の発言[8]、彼が予告として語ったすべての言葉を書き留めた。ダミスの一族の者[9]はそれまで知られていなかったこれらの書き留められた記録[10]をユリア皇后[11]（図版）の知るところとした。わたしは彼女の宮廷サロンの一員であるので――彼女はすべての修辞的な言

ユリア・ドムナの貨幣

辞を賞賛され好まれた——、彼女はわたしにダミスのこれらの記録を書き写し、それらの報告に手を加えるよう命じられた。というのもこのニノス人は明快であるが、洗練されていない仕方で報告したからである。

二　わたしはまたアイガイ(12)出身のマクシモス(13)の書物に目を通した。そこにはその地におけるアポロニオスの事績すべてが含まれている。アポロニオスは遺書を書き残している。彼は哲学の学びで神懸かり的になったりしたが、遺書からそうしたことを知ることができる。

(1)「ソフィスト」のギリシア語読みはソピステース。ソフィストは、前五世紀半ばから、古代ギリシアにおいて弁論術をはじめとする多くの知識を遊行しながら教えた知識人の総称。

(2)エリス人はペロポンネソス半島の一地方の住民を指す。

(3)デルポイ人はギリシアの中部ポキスの都市デルポイの住民を指す。デルポイはアポロンの神託の場所として栄えた。

(4)「インド人」のギリシア語読みはインドイ。

(5)「エジプト人」のギリシア語読みはアイギュプティオイ。

(6)この人物については本書第二分冊の巻末に付した解説参照。

(7)「昔のニノス」のギリシア語読みはアルカイアー……ニーノス。エウプラテス川から遠くはない、シリアのアレッポの北五〇マイル（約八〇キロメートル）に位置したヒエラポリスの別名。

(8)「発言」のギリシア語読みはロゴイ。あるいは「言葉」。

(9)「ダミスの一族の者」。テクストでは「ダミスに属するある者」。

(10)「これらの書き留められた記録」。テクストでは「これらの覚え書きの書字版」。

(11)ユリア皇后はユリア・ドムナ（一七〇—二一七年）を指す。ローマ皇帝セプティミウス・セウェルスの妻で、その子ゲタとカラカラは皇帝となる。二一七年に自決。

(12)アイガイはアエゲアイとも表記される。この場所はキリキアの沿岸都市の重要な港町。

(13)この人物はここ以外では知られていないが、一般に宮廷著作家だと想像されている。

モイラゲネス(1)は注意を払うに値しない。彼はアポロニオスについて四巻本を著わしたが、わたしはこの人物について多くのことを知らない。

わたしはこうして各地に散逸した資料を集め、その収集に心配りした。この人物について著わされるこの書が、彼に名誉をもたらし、向学心のある者たちに益となるように。というのも、彼らはこれまでまったく知らなかったことを学ぶであろうから。

第四章

夢の中でアポロニオスの母に現われたプロテウス

アポロニオスの郷土は、カッパドキア人(2)が住むギリシア都市テュアナ〔図版〕であった。父の名は同じで、その遠祖は最初に植民した者たちに遡った。その地方は豊かであったが、一族の富はその地に住む者たちのそれにまさった。

母が彼を宿していたときのことである。エジプトのダイモーン(3)で、ホメロスに姿を変えたプロテウス神(4)の霊(5)が彼女に現われた。彼女は何も恐れず、自分がどんな子を生むのかと彼に尋ねた。彼は「わたしを生む」と答えた。彼女が「あなたは何者？」と言うと、彼は「エジプトの神、プロテウスだ」と答えた。

わたしがここで詩人たちの朗読を聞いている者たちに、プロテウス神がどんなに賢く、どんなに多才で、たえず姿を変え、捕まることなどない、そしてすべてを知り予知するように見えることなどを縷々説明する必要などないであろう。しかし、本書の読者はプロテウス神のことを心に留め置く必要がある。とくに、これから進行する物語が、われわれの主人公(6)がプロテウス神よりも予知能力があり、多くの困難や危険が身近に迫ったときにそれらに打ち勝ったことを示すときには。

テュアナの平地

テュアナの遺跡

(1) この人物の詳細は不明。
(2) カッパドキア人は小アジア（現在のトルコ領）西部の一地方カッパドキアに住む者たちを指す。
(3)「エジプトのダイモーン」。数行先では「エジプトの神」。
(4) プロテウスは、ホメロス『オデュッセイア』第四歌三四九以下で、「誤ることなき海の老人」、「海の老人なる大いなるプロテウス」、「エジプトの不死の神プロテウス」として言及されている。
(5)「霊」のギリシア語読みはパンタスマ。
(6)「われわれの主人公」のギリシア語読みはホ・アネール。テクストでは「人物」。

第五章

アポロニオスの誕生と自然界の兆候

アポロニオスは川辺の草原《くさはら》で誕生したと言われる。現在、その近くには彼のために壮麗な聖所が建てられている。

彼の出生の仕方を知らないですますわけにはいかない。

出産のときが近づいたときのことである。彼の母は、夢の中で、川辺の草原に出かけ、花を摘むようにと言われた。彼女がそこに着くと、侍女たち(1)が草原のあちこちに散って花に触れていた。彼女自身は草の上に横になると、いつしか寝入ってしまった。

そのとき、川辺の草原で餌を啄《ついば》んでいた白鳥たちが眠っている彼女の周りを輪になって踊りはじめ、いつものように翼を広げると、突然、鳴き声を上げた。心地よい風が少しばかり草原に吹いたからである。彼女は白鳥たちの歌声で飛び起きると出産した。突然の物音は、どんなものでも、女を産気づかせるに十分である。

土地の者たちはまた、アポロニオスが生まれようとしたとき、雷がまさに地を直撃しようとしたかに見えたが、天空で静止し、ついで上方に消えたと言っている。思うにこれは、神々が、尊師(2)が輝き出ることや、この世のすべてのものを超えること、神々に近づくこと、そしてその他すべての資質に優れていることなどを明らかにし予兆したのである。

第六章

ゼウスの誓いの湧き水

テュアナの近くに土地の者がアスバマイオン[3]と呼ぶ「ゼウスの誓い[4]」と言われる湧き水がある。そこには泉があって冷水を湧出し、熱せられた大釜の湯のように、ぶくぶくと音を立てている。これは誓いを守る者たちには口当たりのよい水である。しかし、誓いを破る者たちには正義の裁きが待ち受けている。というのも、湧き水が彼らの目や、手、足に飛び散り、そのため彼らは水腫症に罹《かか》ったり、体力を衰弱させたりするからである。彼らはその場を離れることができず、そこに釘付けにされ、湧き水の近くで呻き声を上げ、誓いを破ったことを告白する。

ところで、土地の者はアポロニオスをゼウスの子であると言っているが、尊師は自らを「アポロニオスの子」と呼んでいる。

(1)「待女たち」のギリシア語読みはドゥモーエー。このギリシア語は「戦争で捕虜となって売られた女」を指す。

(2)「尊師」のギリシア語読みはホ・アネール。「男」や「人」を意味するこのギリシア語は、アポロニオスを指してある種のニュアンスを込めて使用されている。

(3) この呼称の意味は不明。

(4)「ゼウスの誓い」のギリシア語読みはホルキオン・ディオス。これは「ゼウスに誓っての誓い」を意味する。

第七章

少年のときのアポロニオス

一　アポロニオスは文字を学ぶ年齢に達すると、記憶力のよさと勤勉さを発揮した。彼はアッティカ方言を喋《しゃべ》ったが、その発音には土地の者たちの訛《なま》りはなかった。すべての人の目が彼に注がれた。その初々しさが人目についたからである。

一四歳になったとき、彼の父は彼をフェニキア[1]出身のエウテュデモス[2]のもとで学ばせるためにタルソス[3]に連れて行った。エウテュデモスは優れた修辞学者で、彼を教えはじめた。彼はこの教師になついたが、その都市の雰囲気が馴染めず、哲学をするには好ましくないと考えた。タルソス人は奢侈《しゃし》に溺れ、誰も彼もが軽佻浮薄《けいちょうふはく》で、アテナイ人が哲学に夢中になる以上に、高級なリネンの服に夢中になった。キュドノス川[4]が彼らの町の中を流れ、人びとは水鳥のように川岸に座っている。このためアポロニオスは、書簡の中で、彼らに向かって「水の上で酔い潰《つぶ》れることなどやめなさい」と言ったのである。

二　彼は、父親の同意を取り付けた上で、近隣の町アイガイに転居してもらった。そこは哲学をする者にはふさわしい静かで、それまで以上に溌剌《はつらつ》とできる場所だった。そこにはアスクレピオス神[5]の聖所があり、アスクレピオス神が人間たちに自ら姿を現わした。[6]

そこでは、プラトン学派の者やクリュシッポス学派の者や逍遥学派[7]の者たちが哲学を学ぶ彼の仲間となった。彼はまたエピクロス[8]の教えを熱心に聞いた。彼はこれらの哲学を蔑ろにしなかったが、ピュタゴラスの教えには形容しがたい愛知でもって打ち込んだ。しかし、ピュタゴラス派の教えの教師はまったく熱心ではなく、その哲学の実践者でもなかった。胃袋と色欲の奴隷で、エピクロスの信奉者だったからである。この男はポントス[9]のヘラクレイア出身のエウクセノス[10]だった。彼は鳥たちが人間から学ぶものを知っているように、ピュタゴラスの教えを知っていた。鳥たちは「こんにちは」とか、「しっかりやるのよ」とか、「ゼウスは助けたもう」が何を意味するかを知らずに、また人間たちに特別な感情をもたずに舌でさえずっている。

アポロニオス、ピュタゴラス的な生き方に惹かれる

三　しかし、アポロニオスは、飛ぶときには親鳥の庇護のもとで一緒に飛んでもらう、翼のまだ大きくない若い鷲に似ていた。それは飛翔できるようになると、親鳥よりも高く飛ぶ。とくに親鳥が餌食を見つけ、

---

(1)「フェニキア」のギリシア語読みはポイニーケー。
(2) この人物は未詳。
(3) この場所は古代ローマ帝国の属州キリキアの首都。パウロの生まれ育った土地。
(4) この川はタルソス山系に水源をもつ川で、タルソスの近くで地中海に注ぐ。
(5) この神は医薬と癒しの神。
(6) クリュシッポス（前二八〇－二〇七年）はストア派の哲学者クレアンテスの弟子にして後継者。
(7) 逍遙学派はアリストテレスの学派の者たちを指す。
(8) エピクロス（前三四一頃－二七〇年頃）はギリシアの哲学者。
(9) この場所は黒海に臨む小アジア北東部の土地。
(10) この人物はここ以外では知られていない。

その獲物を捕獲しようと地に向かって飛ぶときには。

これと同じように、アポロニオスも、まだ少年であったときにはエウクセノスに敬意を払い、彼に導かれて理性[1]の道を歩んだ。しかし彼は一五歳に達すると、ピュタゴラス的な生き方を渇望し、そのための翼が高次の力か何かによって彼に与えられた。とはいえ彼はエウクセノスを相変わらず敬慕しつづけ、瀟洒《しょうしゃ》な庭園と泉のある郊外の土地を彼に与えるように父を説得した。彼は言った。「あなたはあなたの生き方をしてください。わたしはピュタゴラス的な生き方をします」と。

第八章

アポロニオスにとって清いものと不浄なもの

一　エウクセノスはアポロニオスが大きな志を抱いていると考えるようになると、彼にどこからはじめたいかと尋ねた。すると彼は、「医者たちがはじめるところから。彼らは患者の胃袋の洗浄を行ないます。病気にならないようにするか、癒すためです」と答えた。
彼はこう言うと、動物の肉を不浄で理性を弛緩させるものとして求めなくなり、大地自身が生み出すものはすべて清浄であると言って、干した果実や野菜を食べるようになった。彼は言った。「葡萄酒は、人間に非常に益になる木から取れる清い飲み物である。しかしそれは、魂の中のエーテルを攪乱《かくらん》させ、心の均衡の障害となる」と。

アポロニオス、聖所で暮らすようになる

二　そこで彼は自分の胃袋を清めると、裸足を飾りとしリネンの服をまとって外に出るようになった。以後彼は皮革の服を求めることはなかった。彼はまた頭髪を伸ばし、聖所で暮らすようになった。聖所の周辺の人たち(2)は彼に驚愕した。

ある日のこと、アスクレピオス神が祭司たちに向かって、自分はアポロニオスを証人として彼のもとにいる病人たちを喜んで治療すると宣言した。すると、ほかならぬキリキアの住民やその周辺の土地の者がその評判を聞きつけてアイガイへやって来た。キリキアの言葉「どこに行こうとして走っているのだ？　若者(3)に会うためにか？」が、彼について言われるようになり、格言として名誉ある地位を獲得するようになる。

第九章

アスクレピオスの聖所を訪れたアッシリア人の若者

わたしが尊師の生涯を語るとき――神々でさえこの人物を崇敬した――、聖所での出来事を看過するのは

(1)「理性」のギリシア語読みはロゴス。

(2)「聖所の周辺の人たち」のギリシア語読みはトーン・ペリ・ト・ヒエロン。あるいは「聖所で働く者たち」。

(3)「若者」のギリシア語読みはエペーボス。この若者は、アテナイでは一八歳に達した若者を指す。本書第二巻第三十一章参照。

適切ではないであろう。

アッシリア人(1)である若者がアスクレピオス神のもとを訪れたが、彼は病気だというのに好き勝手なことをしていた。彼は飲んだくれのなかで生きていた、いや死んでいた。というのも、彼はそのとき水腫症を患っていたが、酒好きのため禁酒などおかまいなしだった。このため彼はアスクレピオス神から見放され、アスクレピオス神が夢の中で彼を訪れることもなかった。若者がそのことを非難すると、この神が彼に現われて言った。「もしおまえがアポロニオスに相談するならば、楽になるであろう」と。

そこでアポロニオスのもとへ行くと、彼は言った。

「あなたの哲学からわたしは何を享受できますか？　アスクレピオス神はわたしにあなたに相談するようにと命じられたのです」。

そのとき返ってきた答えは、「もっとも大切なことは、今できることだ。おまえは健康になりたいのだな？」だった。

若者は答えた。

「ゼウスに誓って、そのとおりです。わたしはアスクレピオス神が約束した健康を欲しているのですが、それを与えてはくれておりません」。

アポロニオスは答えて言った。

「言葉に気をつけるがよい。あの方はそれを欲する者にお与えになるが、おまえは病気に悪いことばかりをしている。おまえはうまい食べ物を与えては、それが水ぶくれした内臓に行くようにしているが、それはちょうどぬかるみに水を撒いているようなものだ」。

わたしが思うに、この応答はヘラクレイトス(2)の知恵よりも賢いものである。彼は同じような病気を患ったとき、自分が必要とするのは洪水の後の干魃か何かだと述べたが、これは何を言いたいのかよく分からない発言である。

アポロニオスは、賢明な助言を与えて若者を健康に導いた。

第十章

アポロニオスが祭壇で目にしたものは

一　あるときアポロニオスは、祭壇が血で覆われ、祭壇の上に犠牲獣が置かれているのを見た。エジプトの雄牛と大きな豚が犠牲として捧げられていたが、一部は皮をはがされ、一部は切り裂かれていた。インド産の最高の素晴らしい石が嵌《はめ》め込まれた二つの黄金の什器も捧げられていた。

アポロニオスは祭司のもとへ行くと、尋ねて言った。

---

(1)「アッシリア人」のギリシア語読みはアッシュリオス（単数形）。本書の著者はシリア人を指すのに一貫して「アッシリア人」を使用する。

(2) この人物は前五〇〇年頃に活躍した哲学者。使用する言葉の不明朗さで有名。

「これらは何なのですか？　だれかが豪華な献げ物をして神を喜ばせておりますが？」

するど祭司は言った。

「その人はあなたをもっと驚かせますよ。その人はここで嘆願したのでもなければ、他の者たちのようにここに何日もいるというのでもなく、また神から健康を与えられたわけでも、やって来て求めたものを得たわけでもないのに、昨日やって来たばかりに見えるのに、非常に潤沢に犠牲を捧げておられます。その人はもしアスクレピオス神が自分を認めてくれるなら、もっと多くの犠牲を捧げ、もっと多くの献げ物をすると言っております。その人はもっとも裕福なお方のひとりです。その人は他のすべてのキリキア人が合わせもつ以上のものをキリキアで手に入れております。その人はつぶされた片方の目を戻してくれるように神に嘆願しておられます」。
二　アポロニオスはそのとき、老齢になったときによくそうしたように、目を地にやりながら尋ねた。
「ところでその人の名前は？」

彼の名前を聞き出すと、アポロニオスは言った。

「祭司よ、わたしにはこの人を聖所に入れない方がよいように思われます。汚れた人がやって来たのです。芳しくない状況の中で苦しみを与えられたからです。神から何かを得る前に、潤沢《じゅんたく》に犠牲を捧げても、それは献げ物ではありません。やってのけた恐ろしい忌むべき所業にたいして詫びを入れているにすぎないのです」。

アポロニオスはこれ以上のことは言わなかった。(1)

アスクレピオス神が、夜間、祭司の夢枕に立つと言った。「その者(2)を、私物を持たせた上で追い出すのだ。もう片方の目ももつにも値しないからだ」。

そこで、祭司はこの人物について詳しく調べてみた。このキリキア人は前の結婚で妻との間に娘を儲けていたが、若い娘と恋仲になると、けしからぬ振る舞いに出て、誰はばかることなく一緒に暮らした。母親は同衾中の二人の前に立ちはだかると、彼女のブローチ・ピンで突き刺し、彼女の両目と彼の片方の目をえぐり出したそうである。

第十一章

犠牲や献げ物についてのアポロニオスの見解

一　実際、アポロニオスは犠牲を捧げたり、献げ物をするときには分をわきまえて過度にならぬようにと、説き聞かせた。

このキリキア人が追い返されるとすぐに、多くの人が聖所に集まってきた。そこでアポロニオスは祭司に次のように尋ねた。

---

(1)「これ以上のことは言わなかった」。テクストでは「これらのことを言った」。

(2)「その者」のギリシア語読みはホ・デイナ。テクストでは、だれそれと特定しない「某さん」。

アポロニオスは言った。

「一体、神々は正義なのですか？」

祭司は答えて言った。

「もちろん、とことん正義だ」(1)。

アポロニオスは尋ねて言った。

「神々も賢いのですか？」

祭司は答えて言った。

「何ですって？　神よりも賢いものは何でしょうか？」

アポロニオスは尋ねて言った。

「神々は人間界のことを知っておられるのでしょうか、それともそれは未経験なのでしょうか？(2)」(3)

祭司は答えて言った。

「これこそは神々が人間にまさるもっとも大きなところです。弱さのもとにある人間は自分たち自身のことを理解しませんが、神々は彼らのことと自分たちのことを知っております」。
二　アポロニオスは言った。
「祭司さま、まことに結構なお答えです。そのとおりです(4)。神々はすべてを知っておられるので、自らに恥じない良心をもって神の聖所にやって来る者は『神々よ、分相応なものをわたしにお与えください』と、かく祈らねばならないと思います。祭司さま、確かに、祝福は敬虔な者にふさわしく、その反対のものは悪しき者[5]にふさわしいのです。そのため神々は、よい仕事をされようとするときには、人が誠実で[6]悪事と無縁であると見れば、多分、その人を、黄金の冠ではなく、あらゆる祝福の冠をかぶせて送り出します。しかし神々は、もしその人が汚れて腐敗堕落していると見れば、正義の裁きに委ね、清くない状態で聖所に入ろうとしたことにたいして、怒りをぶつけるのです」。

アポロニオスはそのとき[7]アスクレピオスの神像に目をやりながら言った。

「アスクレピオス神よ、あなたは悪しき者に、たとえあなたにインドやサルディニア[8]からの富をすべて積まれたとしても、ここにやって来ることを禁じられるとき、それはあなたの黙して語らない本来的な哲学なのです。彼らがこれらを犠牲として捧げたり、それを吊したりするのは、神的なるものに敬意を払うためではなくて、あなた方が——あなた方は正義の権化です——彼らに授けなどはしない正義を買おうとしてのことなのです」。

(1)「とことん正義だ」。テクストでは形容詞「正義の」の最上級(複数形)。
(2)「人間界のこと」。あるいは「人間たちの所業」。
(3)「それは未経験なのでしょうか?」。あるいは「それを知らないのでしょうか?」
(4)「そのとおりです」。テクストでは形容詞「正しい」の最上級。
(5)「悪しき者」。あるいは「卑しい者」。
(6)「誠実で」。あるいは「健康で」。
(7)「そのとき」。あるいは「同時に」。
(8)「サルディニア」のギリシア語読みはサルドー。ジョーンズ訳の註は、サルディニアは宝石類を産出しないが、ピロストラトスはここで、サルド(紅玉髄)やサルドニクス(赤しまめのう)をサルディニア産と考えている可能性を指摘する。

アポロニオスは、まだ若かったとき、これに類した多くのことを聖所で哲学的に語った。

第十二章

アイガイ滞在中の出来事

一　以下の話も彼がアイガイに滞在していたときのものである。ひとりの驕《おご》り高ぶった女癖《おんなぐせ》の悪い男がキリキア人を統治していた。アポロニオスの初々しさの評判が彼の耳に達するや、彼は現下の仕事を投げ打って――彼はそのときタルソスで法廷（アゴラ）を開催していた――アイガイに急いで行き、自分は病気でアスクレピオス神の助けを必要としていると言った。

彼は一人で歩いているアポロニオスのもとへ行くと言った。

「神にわたしを紹介してほしい」。

アポロニオスは答えて言った。

「もしあなたが正しく生きておられるのであれば、なぜ紹介など必要とされるのでしょうか？　神々は、仲介する者なくして、徳を熱心に追い求める者を歓迎されます」。

男は言った。

「ゼウスに誓って、アポロニオスさま。神はあなたを客人にされましたが、わたしはまだです」。

アポロニオスは答えて言った。

「貞潔(1)のおかげです。わたしは貞潔を、若者でも守れるものなので、守っております。わたしはアスクレピオス神に仕える身であり、また同志(2)でもあります。もしあなたが貞潔を重んじる人間であれば、恐れることなく神のもとへ行き、あなたが欲しているものを祈るのです」。

男は言った。

「ゼウスに誓って、そうします。もしわたしが最初にあなたに向かって祈ることができるならば」。

アポロニオスは尋ねて言った。

「わたしのために何を祈るのですか？」

男は答えて言った。

「ひとは貞潔な人のために祈らねばならない。われわれは彼らの貞潔に与るために彼らのために祈るのであり、その若い盛りを台無しにするためではない」。

二　男はこれらのことを謙《へりくだ》りながら、また目には涙を浮かべて言った。これほどひどい身勝手な言葉はない。アポロニオスは彼をにらみつけて言った。

「このろくでなし。おまえは気が触れている」。

男はこの言葉を聞くと激昂したばかりか、彼の首を切り落としてやると脅した。

---

(1)「貞潔」。あるいは「節義」。ここでのアポロニオスは「女たらし」の男を相手にしている。

(2)「同志」のギリシア語読みはヘタイロス。

アポロニオスはそれを聞くと笑い、大声を上げて言った。

「ああ、本日さんよ(1)」。

そしてその日から三日後、公開処刑人たちはこの驕り高ぶった男を、ローマにたいしてカッパドキアの王アルケラオス(2)と陰謀を企んだかどで路上で処刑した。この出来事や、これに類した他の多くのことが、アイガイのマクシムス(3)によって記録されている。この人物は、その発言でよき評判を取り王の書簡係りを託されている。

第十三章

アポロニオス、兄を立ち直らせる

一　アポロニオスは父の死を聞くと、急いでテュアナに駆けつけ、自らの手で父を母の墓の傍らに埋葬した。彼女もしばらく前に亡くなっていたのである。彼は莫大な財産を、身を持ち崩した酒好きの兄と分かち合った。兄はそのとき二三歳で、後見人を必要とする年齢を過ぎていた。他方アポロニオスは二〇歳で、法(4)により後見人(5)のもとに置かれた。

アポロニオスはアイガイにさらに滞在し、聖所をリュケイオン(6)とアカデミア(7)に変えた。聖所ではもっぱら哲学談義が交わされていた(8)。

アポロニオスは成人に達し、自身の財産を自由に使えるようになると(9)、テュアナに戻った。ある人が彼に向かって、兄を正気に戻し、その生き方を改めさせるのは彼の義務であると言うと、彼は答えた。「そうするには勇気が必要に見えます。一体どのようにすれば、年下の者が年上の者を正気に戻すことができるのでしょうか？　しかし、これらの苦しみから癒《いや》すよう何とかしてみましょう」。

　そこで彼は兄に、兄はより多くを必要とするが自分自身は少なくてかまわぬと言って、自分の取り分の半分を与えた。
二　兄の世話をし、賢くも説いて兄を正気になるようにと導くと、彼は言った。「わたしたちを教え、わたしたちに助言をくれた父はもうこの世にはおりません。あなたはわたしにとって残された家族であり、そしてもちろんわたしはあなたにとって残された家族です。そこでもしわたしが間違いを犯したら、あなたは

---

(1)「ああ、本日さんよ」のギリシア語はオー・ヘー・デイナ・ヘーメラー。あるいは「ああ、某日さんよ」。「本日からあなたの運命は決まっている」ことを言おうとしている。「本日」あるいは「某日」が擬人化されている。
(2) ここでのアルケラオスは、シシネス・ピロパトリス・アルケラオスを指す。彼はローマのアントニウスによって前三六年にカッパドキアの王に立てられ、後一七年にティベリウス帝によって王位を簒奪されるまで五〇年以上にわたって統治した。
(3) この人物は、本書第二分冊の巻末に付した解説参照。
(4) ここでの「法」は複数形。
(5) ここでの「後見人」は複数形。
(6) リュケイオンは、本来、前三三五年にアリストテレスがアテナイ郊外に開いた学園を指すが、転じてアリストテレス学派の学塾を指す。
(7) アカデミアはプラトン学派の学塾を指す。
(8)「聖所ではもっぱら哲学論議が交わされていた」。テクストでは「そこではもっぱら哲学の響きがあった」。
(9)「自身の財産を自由に使えるようになると」。テクストでは「自身の財産の主人になると」。

助言者となり、わたしの間違いを正してください。そしてもしあなたご自身が誤りを犯せば、わたしはそう教えますから、わたしに耐えてください」。

こうして彼は、御しがたいじゃじゃ馬を慣らすように、兄を導き説得に耳を傾けるようにさせ、彼の多くの過ちを正してやった。それまで兄は博打《ばくち》や酒に溺れ、女たちを追いかけまわし、染めた髪の毛を得意げに垂らし、肩で風を切って歩いていた。

さて兄との関係は改善されたので、アポロニオスは他の親族の者たちに心配りし、自分の財産の残りを与えて彼らの中の貧しい者たちを立ち直らせた。自分のためにはわずかなものしか残らなかった。彼はクラゾメナイ[1]出身のアナクサゴラスが、牛や羊に自分の土地を与えたときには、人間にたいしてよりも家畜の群れにたいして哲学者のように振る舞ったとか、テバイ[2]出身のクラテス[3]が自分の相続物を海に投げ入れたとき、彼は人間にも家畜の群れにも役立つことをしなかったと語った。

アポロニオスの自制心と彼にたいする中傷

三　ピュタゴラスは、人は自分の妻以外の女に近づいてはならぬと言ったその名言で賞賛されているが、アポロニオスによれば、それはピュタゴラスが他の男たちのために言ったものであって、彼自身は結婚をしようともせず、またどんな女性とも性的な交わりをもとうとはしなかった。この点で彼は、「老齢に達したとき

ソポクレス

にはじめて、自分はあの激情的で野蛮な暴君から逃れることができた」[4]と言ったソポクレス[5]（図版）の名言を超えるものだった。他方、アポロニオスは徳と自制のおかげで、青年期でもそれに打ち負かされることはなく、若くて精悍な肉体の持ち主だったが、その激情に打ち勝ち、その主人となった。とはいえ、一部の者は、性欲[6]のことで彼を中傷し[7]、愛欲で過ちを犯し、そのためスキティア地方[8]へ一年追放される憂き目にあったと申し立てた。事実は、彼は一度たりともスキティアに行ったこともなければ、そのような性的欲望に惑

（1）この場所はイオニアの町を指す。
（2）この場所はボイオティアの町を指す。
（3）この人物は前三六五年頃に生まれ三世紀初頭にかけて活躍した犬儒派の哲学者。彼は自分の財産をもたず、アテナイの路上で貧困の生活を営んだ。ストア派の開祖キティオンのゼノンの教師として覚えられた。
（4）この言葉はプラトン『国家』三二九Cで最初に引かれている。全文を藤沢令夫訳（岩波文庫）で紹介する（ただし訳語の選択では秦とは異なるものがある）。「『どうですか、ソポクレス』とその男は言った。『愛欲の楽しみのほうは？　あなたはまだ女と交わることができますか？』ソポクレスは答えた。『よしたまえ、君。私はそれから逃れたことを、無上の喜びとしているのだ。たとえてみれば、狂暴で猛々しいひとりの暴君の手から、やっと逃れおおせたようなもの』……」。
（5）ソポクレス（前四九五頃－四〇六年頃）はギリシアの悲劇詩人。
（6）「性欲」のギリシア語読みはタ・アプロディシア。
（7）「中傷し」のギリシア語はシュコパントゥーシン。ここでの動詞の時制は歴史的現在。
（8）この場所は黒海とカスピ海の北方、ヨーロッパ南東部とアジアにまたがる地域を指す。

わされることもなかった。エウプラテス(1)はアポロニオスにたいして偽りの告発を行なったが——それについては次のエウプラテスについての話の中で示す——その彼でさえ一度も性欲のことで尊師を中傷したことはない。

エウプラテスがアポロニオスと仲違いしたのは、アポロニオスが彼を、すべてのことを金のためにやると扱《こ》き下ろし、金のために何かをしたり知恵を安売りさせないようにしたからである。しかし、これらの詳細は先に進んでから見ることにしよう。

第十四章

アポロニオス、沈黙の生活を五年間送る

一　あるときエウクセノス(2)はアポロニオスに、高貴な考えの持ち主でその言葉遣いが洗練され警醒的《けいせいてき》であるのに、なぜ何かを書こうとしないのかと尋ねた。それにたいして彼は「わたしはまだ黙していないからだ」と答えた。しかし彼は、そのとき以来、沈黙することが義務であると考えはじめた。彼は声をだすことを抑えたが、彼の目と理性は、非常に多くのものを読み、非常に多くのものを記憶の中に蓄えた。実際、彼は一〇〇歳になっても、記憶力の点でシモニデス(3)に勝った。彼は女神ムネモシュネ(4)のために讃歌をうたい、すべてのものは時の中で消滅するが、時間それ自身は、女神ムネモシュネのおかげで、老いず不死である(5)と言っている。

二　アポロニオスが沈黙を守っていた期間でも、彼と一緒にいて楽しくないことはなく、話しかけられると、(6)彼は目くばせしたり、手を振ったり、頷いたりした。彼は笑わなかったり不機嫌な様子を見せたりはしなかったようである。彼は仲間の者を愛し親切だった。彼は、丸五年もつづけた苦行者のような生き方は自分にとって非常に困難なものだったと言っている。なぜなら、言いたいことが多くあっても言えず、怒らせるようなことを多く耳にしても、その理由を聞くことができなかったからである。彼は多くの人を咎《とが》めたい気にさせられたが、そのようなときには自分自身に向かって言った。「我慢しろ、心よ、そして舌よ(7)」と。彼は自分を怒らせるような発言があっても、その場での咎め立てはしなかった。

(1)エウプラテス(後三五－一一八年)はアポロニオスと同時代の著名なストア派の哲学者で、また彼の敵対者。ピロストラトスは『ソフィストの生涯』一-七でもこの人物に言及し、ツロの出身としている。ビザンチンのステパヌスの『エピパネイア』はこの人物をシリアのエピパニア出身とする。小プリニウスはシリアで、八一年以降、この人物を知るようになったが、彼の『書簡』一-一〇は、この人物の徳や才能を詳しく書いている。
(2)この人物は前出第七章参照。
(3)シモニデス(前五五六－四六八年頃)はケオス出身のギリシアの詩人。
(4)この女神はムーサイの母。
(5)「老いず不死である」のギリシア語はアゲーロー・テ・カイ・アタナトン。ここでの二つの形容詞は頭韻を踏んでいる。文字が発明される前は、ムネモシュネ(記憶)は詩人の天与の賜とされた。
(6)「話しかけられると」。テクストでは「話しかけられた事柄にたいしては」。
(7)「我慢しろ、心よ、そして舌よ」の「我慢しろ、心よ」は、ホメロス『オデュッセイア』第二十歌一八から。

第十五章

揉め事のある町でのアポロニオス

一　アポロニオスは沈黙の期間をパンピュリア(1)で、またキリキア(2)で過ごした。彼はそのそれぞれで裕福な土地を旅したが、どこにおいてもひとことも発することなく、つぶやくことさえしなかった。揉《も》め事でもある町に行くようなことがあれば——実際、多くの町がたいしたものでもない見世物(3)のために揉めていた——、近づいて人前に姿を現わし、諫《いさ》めようとする言葉を手振りや顔の表情で示した。そうすることでどんな騒ぎも収まるのだった。そしてその後は、神秘の世界においてのように沈黙が支配した(4)。

踊り子や馬のためにひと悶着起こそうといきり立っている者たちを宥《なだ》めるのはたいしたことではなかった。というのも、このようなことのためにひと騒ぎ起こそうとする者たちも、この人物を見れば、恥じ入って(5)自制し、簡単に正気に戻るからである。

アポロニオス、飢饉に苦しめられているアスペンドスの町を救う

二　飢饉に苦しめられている町の場合、穏やかで、かつ説得力のある

エウリュメドン川

言葉をもってしても、騒ぎを起こしている者たちを味方につけて、その怒りをおさめさせるのは容易なことではない。しかし、アポロニオスの沈黙はそのような状況でも効くものであった。

彼がパンピュリアのアスペンドスの町[6]に来たときのことである――この町自体はエウリュメドン川[7]（図版）沿いにつくられた、その地方で第三位の町[8]である――。そこではオロボス豆[9]が売られており、人びとは露命をつなぐため食料としてそれを食べていた。こうした事態に至ったのは、町の有力者たちが穀物を、その地方で品薄状態にさせるために売り渋ったからである。あらゆる年齢層の者が行政官[10]に怒りをぶつけ、彼を焼き殺そうと松明に火をともしはじめた。そのときの行政官は、皇帝像[11]にしがみついていた。皇帝像はそのと

（1）「パンピュリア」のギリシア語読みはパンピューロイ。この土地は小アジア南部の地方で、ローマ時代にはローマの属州となる。
（2）この場所は小アジア南東部の海岸地方。
（3）具体的にどのような見世物なのかは不明。
（4）当時のローマ世界では、踊り子たちは、無言の手振り身振りで意思を表わす無言劇の踊り手でもあり、「神秘の世界の踊り」を演じた。アポロニオスも無言劇を演じていると見ることも可能。
（5）「恥じ入って」。あるいは「赤面して」。
（6）この町は現在のトルコのアンタルヤ県（セリクの北東約七キロメートル）に位置する。この町は、マルクス・アウレリウス時代の一五五年に建造された、建築家ゼノンの設計になる七〇〇〇人収容できる大きな劇場で知られている。
（7）この川は地中海に注ぐ。
（8）「第三位の町」。町の規模で第三位と言っているのか、その重要性で第三位と言っているのか、そのあたりは不明。
（9）この豆は家畜の飼料として使用され、また土地改良のために栽培される。
（10）「行政官」のギリシア語読みはアルコーン。
（11）ここでの「皇帝像」は複数形。

きオリュンピアのゼウスよりも恐れられ、神聖なものだった。ティベリウス帝[1]の像だったからである——ある人がティベリウス帝の像が刻印された銀のドラクメー貨幣（図版）を所持していた自分の奴隷を打擲《ちょうちゃく》したことがあるが、それは不敬な行為とされたそうである——。

さてそこで、アポロニオスは行政官のもとへ行くと彼に、身振り手振りで一体何が起こっているのかと尋ねた。行政官は「わたしは何も悪いことをしていないが、民衆に悪いことをされている。ここでもし弁明を聞いてもらえなければ、わたしは民衆と一緒に滅んでしまう」と言った。

三　野次馬の方へ向くと、アポロニオスは静かにして聞くようにと促した。すると、人びとは彼への畏敬の念から静かにしたばかりか、松明《たいまつ》をそこにあった祭壇[2]の上に置いた。行政官は勇を鼓して、何人かを名指しして、「この男とあの男[3]は現下の飢饉の元凶だ。彼らは穀物を出荷せず、所領のいろいろな場所に蓄えている」と言った。

アスペンドス人はこれらの所領の土地に行こうと互いに言い合ったが、アポロニオスは、そんなことをしてはならぬと首を縦にふらず、むしろ元凶となっている者たちを呼び出し、彼らから穀物を供出させるべきだとした。しばらくして彼らが到着すると、アポロニオスは彼らにたいする非難に加わった[4]。彼は人びとの涙に突き動かされた。というのも、女や子供たちはすでにそこには集まっており、年老いた者は飢餓からその場で死ぬかのように呻き声を上げていたからである。しかし、このような場合でも、アポロニオスは沈黙の誓いにしたがい[5]、書字板[6]に

貨幣に刻印されたティベリウス（左）、リウィア（右）

自分の告発を書き記し(7)、そしてそれを読むようにと行政官に渡した(8)。彼の告発内容は以下のようだった。

アポロニオスからアスペンドスの穀物の仲買人へ。大地はすべてのものの母である。なぜならそれは正義であるからだ。しかしおまえたちは、正義でないので、彼女を自分たちだけの母としてしまっている。もしおまえたちが不正をやめないのなら、わたしはおまえたちを大地の上に立つことさえ許しはしない。

仲買人たちはこの言葉に恐ろしくなり、アゴラ(9)を穀物で一杯にした。おかげで町は生き返った。

---

(1)「ティベリウス」のギリシア語読みはティベリオス。この皇帝はローマの第二代の皇帝(後一四―三七年)。
(2)ここでの「祭壇」は複数形。
(3)「この男とあの男」。テクストでは「何某と何某」、「誰それと誰それ」。
(4)「彼らにたいする非難に加わった」。テクストでは「彼らにたいする非難の声を割ることはほとんどしなかった」。
(5)「沈黙の誓いにしたがい」。テクストでは「沈黙の決心を尊び」。
(6)「書字板」のギリシア語読みはグランマテイオン。あるいは「その上に字が書けるもの」で、書字板には必ずしも特定されない。書字板のギリシア語は通常ピナキディオン(ルカ一―三六参照)。
(7)「書き記し」のギリシア語はグラペイ。ここでの動詞の時制は歴史的現在。
(8)「渡した」のギリシア語はディドーシン。ここでの動詞の時制は歴史的現在。
(9)「アゴラ」。あるいは市場。

第十六章

ダプネの聖所とアルカディアの神話

一　沈黙の期間が終わると、アポロニオスは大アンティオケイア[1]に赴き、ダプネ[2]のアポロンの聖所へ行った。アッシリア人[3]はこの聖所をアルカディアの神話と結びつける。彼らはラドン[4]の娘ダプネがその場所で変身したと言っている。[5]大アンティオケイアにはラドン川（図版）と呼ばれる川が流れており、彼らは自分たちの所にあるダプネの木[6]を大切にしている。[7]これこそは娘の変身したものだからである。[8]途方もなく高い糸杉の木々が聖所を取り囲んでいた。その地域からは汲めども尽きぬ穏やかな流音の泉[9]が湧出しており、言い伝えによれば、アポロンはその泉の水で水浴びをした。そこでの大地は、アッシリアの若者キュパリトスに因んでその名前が付けられたと人びとが言うほっそりとした立ち姿の糸杉を産出する。その木のほれぼれとする美しさ[10]は変身した娘の美しさを見る者に信じさせる。

アポロニオスの一日ほか

二　わたしはどうも子供じみた仕方でこのような話を語って、物語に

ラドン川

手をつけはじめているようである。しかしこれらは決して神話のためではない。

では、わたしの物語の目的は何か？

アポロニオスは美しい佇《たたず》まいの聖所を見て――そこには熱心な哲学談義などはどこにもなく、半分はまだバルバロスで[11]垢抜けなどしていない[12]者たちがいるだけだった――、言った。「アポロンはこれらの物言わ

（1）「大アンティオケイア」のギリシア語読みはアンティオケイア・ヘー・メガレー。この場所はシリアのオロンテス川の東側に位置するが、「オロンテス川沿いのアンティオケイア」と区別される。

（2）ダプネはアンティオケイアの郊外にある。

（3）本書に見られる「アッシリア人」の用法は、二一頁註（1）参照。

（4）この人物はオケアノスとテテュス（Thetys）の間の子で、南ギリシアの北アルカディアの川の神。ステュンパリスとの間にダプネを儲ける。ヘシオドス『神統記』三四四、ディオドロス『歴史文庫』第四巻七二、パウサニアス『ギリシア記』第八巻二〇、第十巻七ほか参照。

（5）オウィディウス『変身譚』第一巻六八九は以下に、「ニンフ（シュリンクス）は荒れ野を通って逃げ、ついにラドンの穏やかな砂混じりの流れに辿り着き、その場所で、彼女の逃亡は川によって妨げられたので、水の姉妹たち（sorores liquidae）に、自分の姿を変えてくれるよう願った」とある。

（6）この木は月桂樹の木を指す。

（7）パウサニアス『ギリシア記』第八巻二〇-二に「ラドン川はギリシアでももっとも美しい川で、また詩人たちが語るダプネの伝説でも知られている」とある。

（8）「これこそは娘の変身したものだからである」。テクストでは「これこそは娘の代わりとなるものだからである」。

（9）ここでの「泉」は複数形。

（10）「ほれぼれとする美しさ」のギリシア語はヘー・ホーラー。

（11）「半分はまだバルバロスで」のギリシア語はヘーミバルバルース（→ヘーミバルバロス）。バルバロスは、ギリシア人がギリシア起源でないものを指して蔑視的に使用した形容詞。

（12）「垢抜けなどしていない」。テクストでは「ムーサイの神のない」。

ぬものたちを樹木に変えた。それらが糸杉として山の精になるためである」[1]と。アポロニオスはそこでの泉がどんなに静かに水を湧出し、どのひとつの泉も水をはねかけていないのを観察して、言った。「ここでの静寂は泉が音を立てるのさえ認めてはいない」と。そしてラドン川を見やって、彼は言った。「汝のために娘が変身したばかりか、汝も変身した。汝はギリシア人とアルカディア人からバルバロスになったようにお見受けするからだ」と。

アポロニオスは人びとと再び語り合うことにすると、自分が必要とするのは一部の人であって、烏合の衆ではない、と言って人混みの騒々しい場所を避けた。彼は聖なる場所[2]に行き、聖所[3]の中の閉ざされてはいない場所で暮らした。太陽が昇ると、彼はある種の儀式を自らに課してそれを行なったが、彼はそれを四年間沈黙を実践した同志の者だけに明らかにした。彼はそれからの時間を、もしその町がギリシア人の町で、そこでの祭儀がよく知られたものであれば、祭司たちを呼び寄せては、神々について哲学談義をし、もし彼らが慣習と見なされているものから逸脱していれば、彼らを正したりした。他方、もし祭儀がギリシア的でない奇妙な代物であれば、創始者たちにその創始の目的などを問いただし、それらが守られている理由を知ると、そこで行なわれているものをより哲学的なものにするために思いついた方法を教えるのだった。そしてそれが終わると、彼は弟子たちのもとへ行き、彼らが欲する問いを立てるよう命じたりした。彼は、こうして哲学談義をする者は、一日がはじまると同時に神々とともにいて、そして一日が進行しはじめたら神々について語り、そしてその後の残った時間で、人間界の営みについて語ればよいと説いた。

四　アポロニオスは同志たちに向かって彼らが立てるすべての問いに答えて、そのような営みを十分に果たすと、次には立ち上がって、残りの時間をすべての領域にわたる哲学談義のために費やした。それは昼前のことではなくて、日が暮れようとしているころであった。彼は十分な語り合いをもったと考えた後、体に油を塗ってこすり、ついで冷水で沐浴をするのであった。彼は人びとの行く沐浴場をバラネイアと呼んだ。(4) そしてアンティオケイアの市民がその由々しき罪のために(5)そこへの出入りを禁じられると、アポロニオスは言った。「皇帝はおまえたちが悪しきことを行なっていても長生きさせておられる」と。そしてエペソス人が行政官を、バラネイアを熱くしなかったことで石打ちにしようとしたとき、彼は言った。「おまえたちは気持ちよく風呂につかれないために行政官を咎めるが、わたしはおまえたちが風呂に入るならばおまえたちを咎める」と。

(1)「山の精になるためである」のギリシア語はエーコーシン。ここでの動詞はエーケオーの接続法であるが、この動詞の使用には山の精オレイアスが込められていると理解する。
(2) ここでの「聖なる場所」は複数形。
(3) ここでの「聖所」は複数形。アポロニオスが聖所を転々としていたことが示唆される。
(4) バラネイアは浴室を意味するバラネイオンの複数形。ラテン語はバルネウム（Balneum）。
(5)「その由々しき罪のために」のギリシア語はエピ・メガロイス・ハマルテーマシン。具体的に何を指すのか不明。

第十七章

アポロニオスの措辞の特徴

ところでアポロニオスの措辞《そじ》の特徴であるが、それは大袈裟な言葉を使ったものでも詩的(1)な語彙で誇張したものでもなかった。それはまた破格のものでも過度にアッティカ的でもなく——彼は、普通のアッティカ的な表現以上のものを不快なものと見なした——、曖昧な言葉遣いをするものでも、言葉をつないだ長たらしいものでなかった。彼が聴衆にたいして皮肉を飛ばしたり議論を吹っかけたりするのを誰も聞いたことがなかった。しかし語り合いをするときには、彼は「肘掛け椅子から(2)」かのように、「承知しております」、「愚見では」、「どちらにお越しですか」、「ご存じのことでしょうが」と言った。彼の意見は簡潔にして要を得たもので(3)、その措辞は正確で、事柄に即したものであった。その発言はまるで王笏《おうしゃく》(4)から出た法のようなものだった。

口やかましく咎め立てをするひとりの男が、なぜ彼自身は問いを立てないのかと尋ねると、彼は答えた。

「なぜならば若いとき、わたしは問いをたくさん立てたからだ。しかし今は問うのではなくて、わたしが発見したものを教えねばならない」。

するとその男が再び尋ねて言った。

「アポロニオスよ、一体賢者はどのようにして語り合うのか？」

彼は答えて言った。

「法制定者のように。なぜならば法制定者は、自分自身が納得したものを多数のために法令としなければならないからだ」。

以上はアンティオケイアでの彼の多忙な日常であり、女神ムーサ(5)なき者たち(6)を自分の味方にした(7)。

(1)「大袈裟な言葉を使ったものでも」のギリシア語はディーテュランボーデー。この形容詞の本来の意味は、酒神ディオニュソス(バッカス)讃歌で人びとが口にする熱狂的で下卑た言葉遣いを内包する。

(2)「肘掛け椅子から」のギリシア語はエク・トリポドス。テクストでは「三フィートから」。

(3)「簡潔にして要を得たもので」。テクストでは「短くて碑文的で」。

(4)「王笏から」のギリシア語はアポ・スケープトルー。あるいは少しばかり意訳して「玉座から」。

(5)この女神はギリシア神話に登場する詩歌や、思索、記憶の三人姉妹のひとりを指すが、一般には学芸をつかさどる女神。

(6)「ムーサなき者たち」のギリシア語はアントロープース・アムーソタトゥース。テクストに見られる形容詞は最上級で、「無知無学の者たち」、「教養のまったくない者たち」を指す。

(7)「自分の味方とした」。テクストでは「自分自身の方へ……向けた」。

第十八章

アポロニオス、旅のためアンティオケイアを離れる

これらのことの後、アポロニオスはもっと大きな旅をしようと思案し、インドの国と、その地でバラモン僧(1)とかヒュルカニア人(2)と呼ばれている賢者に心惹かれた。彼は、若者は旅をし国境を越えてみるべきだと言った。彼はバビュロンやスサ(3)に住んでいるマゴイを思いがけない見つけものとした。なぜなら彼は旅の途次で彼らの習俗など(4)を学ぶことができるだろうから。彼は自分の決意を七人いる弟子に向かって打ち明けると、彼らは彼の決意を翻意させようと、他のことで助言しようとした。

アポロニオスは答えた。

「わたしは神々を助言者とし、彼らの決定を見たのである。わたしはおまえたちがわたしと同じ力があるかどうかを見るために試していた。しかし、おまえたちは軟弱なので、わたしはおまえたちが健康に留意することを願う。そして知を愛するのだ(5)。わたしは知とダイモーンがわたしを導くところに行かねばならない」。

こう言うと、彼は二人の世話をしてくれる男を道連れにしてアンティオケイアを去った。この同伴者のひとりは速記をする者で、もうひとりは字を美しく書く者だった。

第十九章

イナコスの娘イオの像

一　アポロニオスは昔のニノス[6]の町に到着した[7]。そこにはイナコスの娘イオ[8]（図版）の容姿をした女神像が異国的な仕方で[9]建てられていた[10]。その女神像であるが小さな角が彼女

「ゼウスとイオ」
雲の姿をとったゼウスに誘拐されるイオ
アントニオ・ダ・コレッジョ（1530年ころ作）、ウィーンの美術史美術館

（1）「バラモン僧」は前出第二章に登場。

（2）ヒュルカニア人はカスピ海の南東に位置した地域に住む住民を指すが、ジョーンズ訳の註は、ヒュルカニアはインドから非常に離れた地域なので、テクストに誤りがあるとする。

（3）この場所は古代のエラムの首都を指す。ダレイオス一世とアルタクセルクセスの宮殿のあった所。この地からはハンムラビ法典を刻んだ石碑が発見されている。

（4）「彼らの習俗など」のギリシア語はタ・エケイノーン。あるいは「彼らの生き方など」。

（5）「知を愛するのだ」。次節に「知（ソピアー）」が出てくるので、それに合わせる。あるいは「哲学するのだ」。

（6）この町は本巻第三章一参照。

（7）「到着した」のギリシア語はアピクネイタイ。ここでの動詞の時制は歴史的現在。

（8）この神は川の神のひとり。イナコスは多くの息子と娘を儲けたが、その娘のひとりはここに登場するイオである。

（9）「異国的な仕方で」。あるいは「バルバロス的な仕方で」。

（10）「建てられていた」のギリシア語はヒードリュータイ。ここでの動詞の時制は歴史的現在。

のこめかみからそれを突き破ろうとしているかのようにして出ている。

アポロニオスとニノス人ダミス

さて、アポロニオスがそこに滞在中、その像について祭司たちや予言者たちよりも多くのことを知っていたので、ニノス人ダミスは、彼を訪ねてやって来た。このニノス人は、［本書の］はじめの方でわたしが、アポロニオスと一緒に旅をし、彼のすべての知恵に与り、彼について多くのことを書き残していると述べたあの人物である(1)。

ニノス人は畏敬の念に打たれ、また一緒の旅を熱望して言った。

「さあ、行きましょう、アポロニオスさま。あなたは神にしたがい、わたしはあなたにしたがいます。わたしはきっとあなたのお役にたちます。わたしは何でも知っているわけではありませんが、バビュロンへ行き、最近そこから戻ってきたばかりなので、そこにあるすべての町々や、多くのよきものがある村々を知っております。さらにわたしはそこで話されているバルバロイの言葉をすべて知っております。アルメニア人は異なる言語を話し、メディア人とペルシア人も異なる言語を話し、カドゥシオイ人(2)も異なる言語を話しておりますが、わたしはこれらすべてを理解できます」。

それにたいしてアポロニオスは答えた。

「友よ、わたしはひとつとして学ばず、それらすべてを知っている」。

二　ニノス人ダミスが驚くと、アポロニオスは言った。

「わたしは人間たちの言葉をすべて知っているが、そのことに驚いたりしないでほしい。わたしはまた人間たちが沈黙するとき、その秘密の内容すべてを知っている」。

このアッシリア人(3)は、アポロニオスがこう言うと、彼をダイモーンであるかのようを見なして拝した。ダミスは彼と一緒にいることとなり、知恵を身に着け、学んだことすべてを記憶した。このアッシリア人のギリシア語は芳しいものではなかった。バルバロイの間で教育を受けたので、洗練さには欠けていた。とはいえ彼は、哲学的な談義や話し合いなどを書き留め、自分が見聞したことを記述し、そのような体験の覚え書きをまとめることなどは得意中の得意のことで、このような仕事の遂行の最適任者だった。

ダミスの『片言隻語覚え書き』

三 いずれにしても、ダミスの『片言隻語覚え書き』(4)はこのためにつくられたもので、ダミスはアポロニオスについて何かが知られないままですまされることがないよう欲した。そのため彼の片言隻語でさえ書き留められた。この行為を非難した者に向かって彼がなした返答は、語っておくに値する。ある短気で悪意に

---

(1) 本巻第二章二参照。
(2) ジョーンズ訳の註によれば、この民族はカスピ海の南西部に住んだ遊牧の民。
(3) ニノス人ダミスを指す。
(4)『片言隻語の覚え書き』のギリシア語はへー……デルトス・ヘー・トーン・エクパトニスマトーン。あるいは『片言隻語の書字板』。

満ちた人物が彼をこっぴどくけなし、尊師の意見や見解となるすべての言葉を書き留めることは正しいことだが、そのような片言隻語を集めるのは、食卓からこぼれ落ちたものをあさる犬の行為に近いと言った。それにたいしてダミスは答えた。「もし神々の宴があれば、神々は食事を取り、こぼれ落ちたアンブロシアー(1)でさえ無駄にしないため、彼らに仕える者たちが必ずいる」と。

アポロニオスはこのような人物を友人にして崇敬者としてもち、その生涯の大半を、その人物と一緒に旅をした。

第二十章

ゾイグマでの出来事

一 二人が旅をしてメソポタミア(2)へ入ろうとしたとき、ゾイグマ(3)(図版)の渡し場を任されていた税関の役人が二人を掲示板(4)の所へ連れて行き、何を持ち出そうとしているのかと尋ねた。アポロニオスは、「わたしは思慮や、正義、徳、自制心、勇気、それに鍛錬を持ち出そうとしている(5)」と述べ、さらにぽんぽんと女性形の名詞を口にした。

役人はすぐさま自分の役得になるものを見てとって言った。

「では、これらの女の僕《しもべ》たちを登録するのだ」。

ゾイグマ

アポロニオスは答えて言った。

「それはできない。わたしが持ち出そうとしているのは、これらの女の僕《しもべ》たちではなくて、女主人たち(6)だからだ」。

メソポタミアについて

二　アルメニアとタウロスの山麓から流れてくるティグリスとエウプラテスの両川がメソポタミアの境をつくり、その間の大陸(7)のような広大な土地を囲っている。そこには町々があるが、大半は村である。この二

(1) これは神々の食べ物あるいは飲み物を指す。

(2) 「メソポタミア」のギリシア語読みはヘー・メセー・トーン・ポタモーンで、直訳すれば「二つの川の間」となる。

(3) この場所は古代のコンマゲネの町で、現在、トルコのガズィアンテプ県に位置する。グーグル・アースでこの場所を見ることができる。なおゾイグマは「頸木」を意味するが、その場所はエウプラテス川の主要な渡し場のひとつ。

(4) 「掲示板」のギリシア語読みはピナキオン。ピナキオンは、本来、裁判官が判決を書いた小さな板切れを指す。ここでの掲示板には関税や通行税などが書かれていたと想像されている。

(5) ここで挙げられている六つの名詞、すなわち思慮（ソープロシュネー）、正義（ディカイオシュネー）、徳（アレテー）、自制心（エンクラテイア）、勇気（アンドレイアー）、鍛錬（アスケーシス）はいずれも女性形の名詞。

(6) ここでの「女主人たち」は、先行する「女性形の名詞」との関連で言われている。

(7) ここで「大陸」の訳語を与えたギリシア語エーペイロンは、通常、アジアとかヨーロッパを指して使用される言葉。

つの川の間にはアルメニアとアラビアの地域(1)があり、多くの者は遊牧の民として移動している。もっとも彼らは自分たちを内陸の民と見なし、川の方へ行くときには「海の方へ下りて行く」と言い、これら二つの川が地の境となり、先の大陸のような広大な土地を回って海に至ると考えている。一部の者は、エウプラテスの大部分は沼沢地に入って姿を消すと言い、一部の者はもっと大胆な言説にこだわり、それは地の下を流れてエジプトで再び姿を見せ、ナイル川(2)と合流すると言い立てる。

アポロニオスが示した勇気と知恵

三　言葉の正確さを期し、またダミスが書いたものに見落としがあってはならないので、わたしは彼らがこれらのバルバロイの間を旅したときの出来事を是非語りたいが、本書の物語は、もっと大きな、もっと驚嘆すべき主題へとわたしたちを駆り立てるのである。とはいえ、わたしは次の二つのことを蔑ろにすることはできない。ひとつは、まだローマの支配下に入っていない(3)野蛮で危険な土地を旅したときにアポロニオスが見せた勇気と、生き物たちの鳴き声をアラブ的な仕方で理解するに至ったその知恵である。彼はこれをこれらのアラブ人の間を旅する間に習得した。彼らアラブ人はその術をもっともよく知っており、実際に行なっている。実際、アラブ人は託宣のように何かを告げる鳥の鳴き声を聞き分ける能力を共有しており、ある者によれば蛇の心臓を、またある者によれば蛇の肝臓を食べて物言わぬ(4)動物を理解する。

第二十一章

国境の検問所での出来事

一　アポロニオスは、クテシポン(5)を通過してバビュロン(6)の国境に入ろうとしたとき、そこには王の守備兵がいた。だれもが自分の正体や、出身の町、旅の目的などを聞かれ、それに答えられねば、通過することができ

(1)「地域」のギリシア語読みはエトノス。本書では通常「民族」を意味するエトノスが地域や、土地の意で使用されている。以後、一々は指摘しない。
(2)「ナイル川」のギリシア語読みはネイロス。
(3) その住民の大半がアラブ人だったメソポタミアの北部地域がローマの属州となったのはセプティミウス・セウェルス(一九三―二一一年)の時代。ピロストラトスの時代であるが、アポロニオスの時代ではない。
(4)「物言わぬ」のギリシア語はアロゴーン(→アロゴイ)。あるいは「ロゴスなき」、「理性なき」。
(5) この場所はティグリス川の東(現在のバグダードの南、約三五キロメートル)に位置し、当時はパルティアの首都。ラテン語表記 Ctesiphon または Ctesifon はギリシア語読みに由来する。
(6)「バビュロン」。バビュロニア(バビロニア)の首都がバビュロン(バビロン)であるから、ここではバビュロニアでなければならないが、ピロストラトスの側にしばしば混乱がある。

できなかった。行政官(1)がこの守備兵の責任者だった。私見によれば、これは一種の「王の目(2)」であるが、このメディア人[の王](3)は最近になって権力を手中にしたばかりなので安心して毎日を過ごすことができず、あるものないものなど、なんでも恐れ、恐怖の中に落ち込んで震えていた。

さて、アポロニオスと彼と一緒の者たちは行政官の前に連れて行かれた。(4)行政官はそのとき荷馬車の上に幌を取り付けて、どこかに行こうとしていた。彼は頭髪が伸び放題だったアポロニオスを目にすると、恐怖に怯えた女のように大きな声を上げ、顔を手で覆い隠した。ついでアポロニオスの方に何とか目をやると、ダイモーンにでも尋ねるかのように、「どこから送られてここにやって来たのだ」と尋ねた。

アポロニオスは答えて言った。

「自分自身によって。たとえ意に反してであれ、あなたたちが人間になるために」。

二　行政官は再び尋ねた。

「王の国にやって来るおまえは何者なのだ?」

アポロニオスは答えて言った。

「全地はわたしのものです。どこにでも行くことができます」。

行政官は言った。

「まじめに答えぬなら、おまえを拷問にかけてやる」。

アポロニオスは答えて言った。

「真の人間に触れたあとで、あなたが、同じようにして、ご自身の手で拷問にかけられるように」。

さて、宦官[5]は彼に驚かされた。アポロニオスが通訳を必要とせずに、彼の言ったことを何の苦痛もなく簡単に理解したことを見てとったからである。彼は「神々に誓ってお尋ねしますが、あなたは何者なのでしょうか？」と、今度は懇願するように、そして穏やかに[6]尋ねた。

アポロニオスは答えて言った。

「あなたはこれを控え目に丁重にお尋ねになったので、わたしが誰であるのか聞いてください。わたしはテュアナ人アポロニオスです。わたしはインドの王に会いに行く途次です。その地でインドの国についていろいろ学ぶためです。あなたの国の王にもお目にかかりたく願っております。王にまみえることができた者は、王が立派なお方であると言っておるからです。もしそのお方が、それまで失っていた王位を再び手に入

---

(1)「行政官」のギリシア語読みはサトラペース。F・C・コニベアは、ピロストラトスがこの称号サトラペースを非常にルースな仕方で使用していると指摘する。この指摘は正しい。

(2)「王の目」、「王の耳」、あるいは「ペルシアの目」と呼ばれたものは、アケメネス朝ペルシアの王が案出した、王国での反乱を未然に防ぐために通報する王の秘密エージェントだった。なお、「王の目」という表現は、ヘロドトス『歴史』第一巻一一四に初めて登場する。

(3)「メディア人［の王］」。ピロストラトスは一貫して「パルティア人」を「メディア人」と呼んでいる。なおここでの王は、後三八年に亡くなったアルタバノス二世の子で、父を継いでパルティアの王になったウァルダネス一世を指す。このウァルダネスは四七年に暗殺される。

(4)「連れて行かれた」のギリシア語はアゴンタイ。ここでの動詞の時制は歴史的現在。

(5)「行政官」がここでは「宦官」で言及されている。先に進んで再び「行政官」が使用される。

(6)「穏やかに」。テクストでは「調子を変えて」。

れたヴァルダネス(1)さまであれば……」。

宦官は言った。

「その方です、神なるアポロニオスさま。わたしどもはあなたについて長いこといろいろ聞いてまいりました。あのお方はある賢い人にご自分の黄金の玉座を譲られますが、あなた方各自を駱駝に乗せてインドへと送り出されます。わたしはあなたをわたしの客人としてもてなし、あなたが欲するだけの金をあなたに差し上げます」。

彼は金の入っている庫を指し示しながらこう言った。

「あなたが手で掴み取りたいだけです。しかも一度だけではなく一〇回も」。
三　アポロニオスが金を断ると、宦官は言った。
「それではバビュロン産の葡萄酒をひと壺いかがでしょうか？　これは王がわたしども一〇人の行政官を前に乾杯の音頭を取られるときに飲まれたものです(2)。そのほか、豚肉(3)や鹿肉のローストしたもの、小麦粉とパン、そしてあなたの欲するものはなんでもです。ここから先の道のりは非常に長く(4)、途中食料の蓄えなど満足でない村々があるのです」。

宦官は、落ち着きを取り戻すと言った。

「神々なるお方たちよ、わたしは十分なおもてなしをしたでしょうか？　あなたは生きた物を食べず、葡萄酒を飲まれないと伺っております。わたしはあなたにすぐにでも粗飯を差し上げます」。

アポロニオスは言った。

「パンと乾した果実の軽いもので結構です」。

宦官は答えた。

「それでは種なしのパンと琥珀《こはく》色の大きなナツメヤシの実を差し上げます。さらにティグリス川の菜園が栽培するどんな野菜でも差し上げます」。

それにたいしてアポロニオスは言った。

「しかし野に自生した野菜はむりやり手間暇かけてつくったものより甘みがあるのです」。

行政官は言った。

「確かにもっと甘みのあるものです。しかし、わたしどものバビュロン方面の土地はニガヨモギがいっぱいで、そこで自生するものは吐き出したくなるほど苦いものです」。

アポロニオスは、最後には、行政官の好意を受け入れ、そこを立つときには、「わが最良の友よ。終わりだけでなく始めをも気持ちのよいものにするのだ」と言った。もちろんそれは、彼の脅しの言葉「おまえを拷問にかけてやる」や、彼から最初に聞いた野蛮で粗野な言葉を彼に思い起こさせるためだった。

(1) この王は後出第二十九章ほかで登場。
(2) 「……を前に乾杯の音頭を取られたときに飲まれたものです（プロピネイ）」。ここでの動詞の時制は歴史的現在。
(3) 「豚肉」のギリシア語読みはスース。あるいは「猪の肉」。
(4) 「非常に長く」のギリシア語はポッラ・スタディア。このギリシア語は訳出不可能。

第二十二章

アポロニオスの一行、仕留められた雌ライオンに遭遇

一　彼ら一行は二〇スタディオン進むと、(1)狩りで殺された(2)雌ライオンに出会った。(3)それは彼らがこれまで見たことのないような大きな獣《けだもの》だった。村人たちは一団となって走ってやって来ると、大声を上げていた。然り、ゼウスに誓って言うが、仕留めた者たちも、そこで何か大きな驚きを見ているかのようだった。実際、それは掛け値なしの驚きだった。雌ライオンは、腹を裂かれると、八匹の子を孕《はら》んでいたからである。（雌ライオンの出産であるが、雌ライオンが孕んでいる期間は六ヵ月で、三度出産する。最初の出産で生む子の数は三匹で、二度目は二匹である。三度目に孕んだときには、たった一匹の大きくて性格がより獰猛《どうもう》な子を生むと言われている。ライオンの仔は母親である雌ライオンから生まれ出ようとするとき、母親の内臓をひっかくと言う人がいるが、そんなことを言う者たちの言葉を信用してはならない。生む者と生まれる者は、種の保存のために、自然の情愛が互いにあるように思われる。(4)）

王のもとでの滞在期間について

二　アポロニオスは獣の体内を見つめつづけ、長い間沈思黙考した後で言った。

「ダミスよ、王のもとでのわれわれの滞在は一年と八ヵ月になろう。王はわれわれをすぐには行かせない

であろうし、それよりも前に去るのはわれわれのためにもならない。月日の数はライオンの仔から、そして年の数は雌ライオンから推しはからねばならない。完全なるものを完全なるものと比べてみねばならない」。

ダミスは答えて言った。

「アウリス（図版）で大蛇が喰い殺したホメロスの雀からはどう推量しましょうか？(5)雛鳥の数は八羽でしたが、大蛇は母鳥《おやどり》をも捕まえたから、九羽です。(6)カルカスがこの出来事を解釈したとき、トロイアが九年目に陥落すると占いました。ですから、ホメロスとカルカスによれば、わたしどもの滞在も九年に及ぶのではないでしょうか？」

アポロニオスは答えて言った。

「ダミスよ、ホメロスにとって雛鳥を年数に見立てるのは理に適っている。

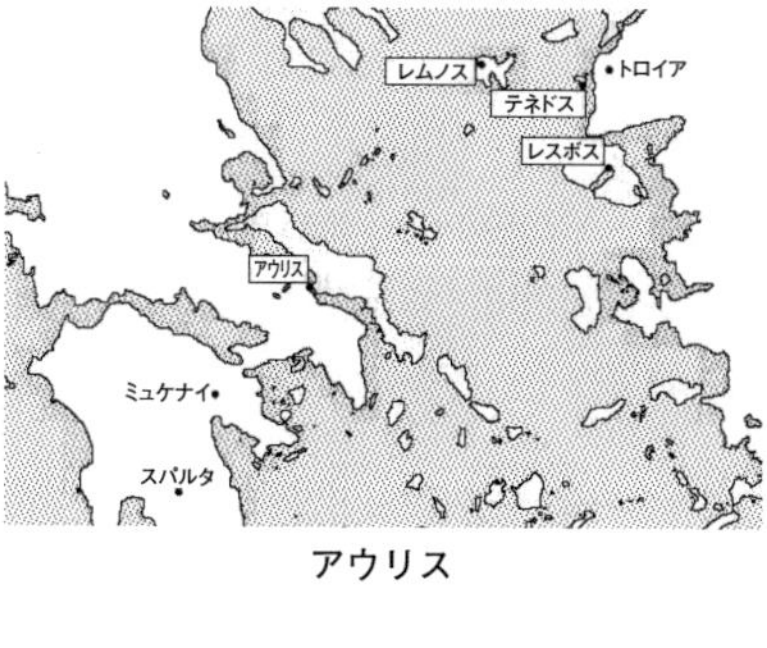

アウリス

(1) 二〇スタディオンは約三七〇〇メートル。

(2)「殺された」のギリシア語はアペスパグメネー。あるいは「喉をかっ切られた」。

(3)「出会った」のギリシア語はエンテュンカヌーシン。ここでの動詞の時制は歴史的現在。

(4) 括弧内の言葉は、本書の著者ピロストラトスの私見。

(5) ここでの話はホメロス『イリアス』第二歌三〇一－三〇二参照。なお、ここでのアウリスはボイオティアの港町で（地図参照）、アカイアの軍勢はここに集結してトロイアへ出航した。

(6) この人物は有名な占い師で、ホメロス『イリアス』第一歌六八ほかで頻出。

雛鳥は誕生したとき生きていたからだ。しかしどのようにしてわたしは、まだ生まれてもいない、もしかして誕生するまで生きてはいない不完全なるものを、年数に見立てることができようか？　自然に逆らうものは生まれ出てはこないだろうし、たとえ生まれ出たとしても、すみやかに朽ち果てる。だから、わたしの推量にしたがい、これらのことを明らかにされる神々に祈った後で、出発しよう」。

第二十三章

アポロニオスが夢の中で見た幻とその解釈

一　アポロニオスがキッシア[1]地方へと進み、バビュロンの近くに達したとき、彼は夢の中で幻[2]を見た[3]。神は、次のようにしてそれを用意し、彼に現わされた。魚たちが海から岸辺に打ち上げられ、岸辺で[4]ぱくぱくと口を開き、人間たちのようにもの悲しい声を上げ、自分たちの住処《すみか》である所から離れてしまったことを悲嘆した。魚たちは岸辺近くに泳いできた一頭の海豚[5]に向かって、惨めな状態にある自分たちを救い出してくれるようにと嘆願した。外国の地にあって泣いている人間たちのようにである。

アポロニオスはこの夢で動転することはなく、その夢の意味や結果について考えた。しかし彼は、ダミスを動揺させようとして――彼はダミスが人一倍迷信深いことを知っていた――、彼に向かって、自分が見た前兆は悪いものであったかのようにしてその幻を告げた[6]。するとダミスは、自分も同じものを見たかのように大声を上げ、アポロニオスにこれ以上語らせまいとした。

ダミスは言った。

「とにかくわたしたちが、魚のように本来の住処から離されて滅びることがないように。そして見ず知らずの地にあって多くの泣きごとを口にすることがないように。多分、わたしたちは絶望的な事態へ陥り、有力者や王に嘆願するかもしれませんが、相手は、海豚《いるか》が魚にしたように．わたしたちに恥をかかせるでしょう」。

二　アポロドロスはこれを聞くと、呵々大笑して言った。
「もしおまえがそんなことを恐れるならば、おまえはまだ知を愛してはいない。(7) わたしがその夢が前兆とするものを解き明かしてみよう。キッシアのこの地方にはエレトリア人(8)が住んでいる。彼らは五〇〇年前に

(1) この場所はティグリスの東の地で、そこにはギリシア人の植民地があった。
(2)「幻」のギリシア語読みはドクサ、次出のそれはオプシス。
(3)「彼は夢の中で幻を見た」。テクストでは「夢の幻が彼を訪れた」。
(4)「岸辺で」。テクストでは「陸地で」。
(5)「海豚」のギリシア語読みはデルピン。アポロンの異名のひとつはデルピヌス（Delphinus）であるから、ここでの海豚はアポロニオスにはそれなりに適切なイメージとなる。
(6)「告げた」のギリシア語はアパンゲッレイ。ここでの動詞の時制は歴史的現在。
(7)「おまえはまだ知を愛してはいない」のギリシア語はウーポー・ピロソペイス。あるいは「おまえはまだ哲学をしていない」。
(8) この人たちは次章参照。

ダレイオスによってエウボイア(1)からこの地に移されたのである。(2)幻が明らかにしたように、彼らは網でもって一網打尽に捕らえられたので、捕まったときには、魚のような苦しみを味わった。(3)だから、神々がわたしに彼らのもとへ行き、わたしにできる仕方で、彼らに助けの手を差し伸べるように命じられているように思われる。多分また、ここに来ることが定め(4)であったギリシア人の霊魂も彼らの土地の益になるようわたしを誘っている。さあ、この道を外れ、彼らがその近くで住んでいる井戸についてだけ尋ねながら進んで行こう。この井戸はアスファルトと、油と、塩が混じり合っているが、(5)汲み上げてそれを注ぎ出すと、これら三つは互いに分離すると言われている(6)」。

三　アポロニオス自身は、クラゾメナイ(7)のソフィスト(8)に宛てた書簡の中で、自分がキッシア(9)へ入ったことを認めている。アポロニオスが非常に善良で名誉を重んじる人だったので、彼はエレトリア人を目にすると、ソフィストのことを思い起こし、自分が見たものや、自分が彼らのために行なったことを彼に書いて寄こした。アポロニオスは、全書簡の中で、エレトリア人に憐みを示すよう勧め、彼らについて語るときには、彼らを思って涙するようにと切々と訴えた。

第二十四章

ダミスの報告するエレトリア人の土地について

一　ダミスもエレトリア人について書いているが、それはこれらの記述に一致する。彼らはバビュロンから遠くはない、足の速い男にとっては四日路[10]のメディア[11]に住んでいる。彼らの土地には町がまったくない。キッシアはすべて村であるからである。そこにはまた遊牧の種族がいて、彼らが馬から降りることはあまりない。エレトリア人の居住区は他の部族の者たちの中にあり、掘割の川で囲まれている。人びとによれば、その掘割は彼ら自身が、キッシアのバルバロイにたいする壁としてつくり、村の周囲にめぐらしたものである。土壌にはアスファルトがしみ込んでいるため、何かを植えたりすることは難しく、そこに住む人たちは短命である。液状化したアスファルトが内臓の多くの部分に付着するからである。彼らは生活の糧を村はず

(1) この島はエーゲ海西部のギリシアの島。
(2) エウボイアのエレトリア人は、前四九〇年のマラソンの戦いでペルシアの軍勢に抗したため、ダレイオス一世（前五二二―四八六年）は彼らをキッシアへ移り住まわせた。ヘロドトス『歴史』第六巻九九―一〇一参照。
(3)「苦しみを味わった」のギリシア語はパテイ。ここでの動詞の時制は歴史的現在。
(4)「定め」のギリシア語読みはモイラ。
(5) この井戸については、ヘロドトス『歴史』第六巻一一九および松平千秋の註参照。
(6)「言われている」のギリシア語はレゲタイ。動詞レゲタイの主語をアポロニオスと理解することも可能。その場合、直接話法は「……尋ねながら進んでいこう」で終わり、それに「アポロニオスによれば、……これら三つは分離する」がつづく。
(7) この場所は現代のトルコのイズミール（スミュルナ）の西約三二キロメートルに位置した町。
(8) ピロストラトス『ソフィストたちの生涯』一―二一によれば、この人物はドミティアヌスとハドリアヌス帝治下の著名なソフィスト、スコペリアノスを指す。先に進んでの第二十四章にこの人物の名前が登場。
(9) ジョーンズ訳の註によれば、キッシアはスサ地方の一地域。
(10) この「四日」はテクストの校訂者によって補われたもの。
(11)「メディア」のギリシア語読みはメーディケー。

れの小高い所から得ている。(1) 人びとは汚染区域よりも小高いその場所で種を蒔き、そこを本来の土地と見なしている。

捕縛され拉致されたエレトリア人について

二　彼ら一行が土地の者たちから聞いた話によると、エレトリア人の中で捕まった者の数は七八〇人で、全員が戦闘員だったのではない。彼らの中に女(2)や年老いた者たちもいたのである。子供もいたと思われるが、とにかく多くのエレトリア人はカペレウス岬(3)やエウボイアのもっとも高い頂に逃げ込んでいた。約四〇〇人の男と、多分一〇人の女が捕虜として連れて行かれたが、イオニアやリュディア(4)からの他の者たちは、そこから内陸の方へ駆り立てられていく途中で亡くなったりした。

生き残ったエレトリア人とアポロニオスの心遣い

丘陵は彼らの石切場となった。一部の者は石切りの技術を心得ていたのでギリシア様式の聖所(5)や、かなり大きなアゴラをつくり、また祭壇をつくり、二つはダレイオスに(6)、ひとつはクセルクセスに(7)、しかしいくつかはダリダイオス(8)に捧げた。陥落後からダリダイオスの時代までの八八年間、彼らはギリシア的な仕方で読み書きをし、彼らの古い墓碑銘には「誰それの子、誰それ」と書かれてある。彼らの書体はギリシア人のそれであるが、まったく同じではない。彼ら一行はまた、墓石に彫られた船を見たことがあると言っている。それはエウボイアではどのようにして各人が船乗りや真珠取りとして暮らしているかを示すものだった。旅人たちはさらにまた、墓石に書かれた船乗りや船主たちを悼む哀悼歌を詠んでいる。

われらはかってエーゲ海の深き大海原を航海したが、
　今ここにエクバタナ(9)の平原で眠る(10)。
さらば、かつて盛名を誇示したエレトリア人の祖国よ、
さらば、エウボイアの隣人であるアテナイ(11)よ、
そしてさらば、愛しき海よ。

(1)「彼らは生活の糧を村はずれの小高い所から得ている」。テクストでは「村はずれの小高い所が彼らを養っている」。
(2)「女」。テクストでは「女の種族」。
(3) この岬はエウボイアの南東に位置する。
(4) この王国は小アジア西部の王国を指す。首都はサルディス。
(5) ここでの「聖所」は複数形。
(6) ここでのダレイオスはペルシアの王ダレイオス一世（前五二二－四八六年）を指す。彼は二回ギリシアに侵入したが、前四九〇年にマラソンの戦いで敗れた。
(7) ここでのクセルクセスはダレイオス一世の子クセルクセス（前四八六－四六五年）を指す。彼は第三回ギリシア遠征を試みたが、前四八〇年にサラミスの海戦で大敗した。
(8) ここでのダリダイオスはレイオス二世オクス（前四二四－四〇四年）を指す。ダリダイオスという表記はポティオスによる歴史家クテシアスの『ペルシア史』の抜粋（セクション五二）に見られる。
(9) この場所はバビュロンからはるかに遠い場所にある。
(10)「眠る」。テクストでは「横になる」。
(11) エレトリア人は、ペルシア艦隊が接近してきたとき、アテナイに救援を求めている。ヘロドトス『歴史』第六巻一〇〇参照。

ダミスによれば、アポロニオスは、崩れ落ちた墓[1][2]を修復し、囲いをつくると、それにふさわしい儀式、すなわち御神酒を注いだり献げ物をしたりした。ただし彼は犠牲獣を屠ったり焼いたりすることはなかった。彼は激しい感情に満たされ墓の中で嗚咽《おえつ》しながら大声を出して言った。「女神テュケーの定めによりここに連れてこられた汝らエレトリア人よ。汝らは、祖国から遠く離れてはいるが、埋葬だけはされた。汝らをここに投げ捨てし者たちは、汝らが滅びし後、汝らの島の近くで埋葬されずに滅んだのだ。というのも神々は、エウボイアの凹みでこの悲劇を明らかにされているからだ[3]」と。

アポロニオスはまた、その書簡の終わりで、ソフィストに向かって次のように言った。

スコペリアノスよ[4]、わたしは若いとき、汝らのエレトリア人に心配りし、彼らの益になることは何でもしました。彼らの中の亡くなった者たちと生きている者たちにたいしても。

では、生きている者にどのような心配りをしたのか？

エレトリア人が種を播いて夏になると、彼らの丘陵近くに住むバルバロイがやって来て、彼らの収穫物を略奪する。彼らは他の者たちのために耕作し、自分たちは飢えなければならなかった。そこでアポロニオスは、王に接見すると[5]、その丘陵を彼らだけの所有とさせた。

第二十五章

バビュロンと王宮

一　以下は、わたしが見出したバビュロンでの尊師の行動とバビュロンについて知らねばならぬすべてである。

バビュロンは四八〇スタディオン(6)の城壁で囲まれている。(7)周囲は非常に長い。城壁の高さは三半プレトロン(8)であるが、厚さは一プレトロンよりも少ない。そこはエウプラテス川によって見た目に似たような区域に

(1)「崩れ落ちた」。あるいは「破壊された」。
(2)ここでの「墓」は複数形。
(3)ヘロドトス『歴史』第八巻一三によれば、前四七九年、ペルシア艦隊の一部はエウボイアの凹みで暴風雨と豪雨に見舞われ、岩礁に乗り上げた。なお、エウボイアの「凹み(コイラ)」については、松平千秋訳の註を参照。
(4)この人物は未詳。
(5)「王に接見すると」。テクストでは「王のもとに達すると」。
(6)四八〇スタディオンは約八八キロ八〇〇メートル。
(7)ヘロドトス『歴史』第一巻一七八に、「バビロンがどのような町であるかというと、それは広大な平野の中にあって四角形を成し、各辺の長さは百二十スタディオンある。従って町の全周は四百八十スタディオンである」(松平千秋訳)とある。
(8)一プレトロンを二九メートル五〇センチとすると、三半プレトロンは四四メートル二五センチとなる。半プレトロンは、ヘロドトス『歴史』第七巻一七六、クセノポン『アナバシス』第四巻七-六に見出される。

分かたれている。[1]川の下には秘密の通路が走り、それは盛り土の上の王宮[2]と目には見えない仕方で連結している。人びとによれば、かつてその地方を支配していたメディアの女王は、それまでいかなる川にも架けられたことがないような仕方で、川に橋を架けた。彼女は、石や、銅、瀝青《れきせい》、それに水の中で繋ぎになるものは何でも使い、それらを川の堤に沿って積み上げて流れを変えて複数の所で水をためた。[3]彼女は川が干上がると、そこを掘って深さ二オルギュイア[4]の通路とし、あたかも地下から現われ出たかのようにそれを二つの堤の近くにある王宮と結んだ。彼女はその上に河床と同じ高さの屋根を架けた。床面と通路の壁は固定されたが、瀝青を固くして固定させるには水が必要とされた。屋根がまだべとべとしているうちに、エウプラテス川の水がその上に取り込まれて、連結が完成した。

二　王宮の屋根は青銅で葺かれており、そのためきらきらと照り返した。女子の間[5]や、男子の間[6]、列柱などであるが、一部は銀で、一部は金糸のつづれ織りで、また一部は純金で——まるで絵のように！——飾られていた。多色の刺繍の施された垂れ幕に描かれている場面はギリシア人の神話物語からで、各地に伝わる[7]アンドロメダ[8]や、アミュモネ[9]、オルペウス[10]が見られた——ペルシア人はオルペウス好きであるが、それは彼らが多分彼の頭飾り[11]や尻あて[12]に敬意を払っているからであろう。彼らは彼の音楽にも人を魅了する歌にも敬意を払ってはいない。そこに模様として織り込まれているのはまた、海からナクソス島民を引き上げるダティス[13]や、エレトリアを包囲するアルタペルネス[14]、自らが勝利したと申し立てるクセルクセスとその軍勢である。アテナイやテルモピュライの占拠[15]、そしてもっとメディア的なものである大地の干からびた川や、海の架け橋、二つに切断されたアトス半島[16]などがそこに描かれている。

（1）ヘロドトス『歴史』第一巻一八〇に「……さてバビロンの町は二つの部分に分かれている。というのは町の中央をユーフラテスという河が流れて、町を仕切っているからである」（松平千秋訳）とある。
（2）ここでの「王宮」は複数形。
（3）「複数の所で水をためた」。テクストでは「変えて貯水池（複数形）にした」。
（4）一オルギュイア（尋）は両腕を伸ばした長さで、水深を測るときに用いる単位。
（5）「女子の間」のギリシア語読みはタラモイ。あるいは「後宮」、「奥の間」、「寝室」。ギリシア語は複数形。
（6）「男子の間」のギリシア語読みはアンドローン。ギリシア語は複数形。
（7）「各地に伝わる」。テクストでは「多くの場所の」。
（8）この人物はエチオピアの王ケペウスと王妃カッシオペイア（カッシオペ）の間に生まれた子。ペルセウスの妻となり、ペルシア王家の祖となったペルセウスや、アルカイオスほかを儲けた。
（9）この人物はダナウスの娘。アルゴスの水場でポセイドンに誘惑される。
（10）この人物はトラキアの王オイアグロスと音楽の女神カリオペの間の子。竪琴の名手。
（11）ここでの「頭飾り」のギリシア語ティアラーはペルシア語からの借用語。
（12）ここでの「尻あて」のギリシア語アナクシュリデスはペルシア語からの借用語。
（13）この人物は前四九〇年のナクソス島の包囲とエレトリアの略奪のさいにダレイオスに任命されたペルシア軍の司令官。このときの模様は、ヘロドトス『歴史』第六巻九四－九六参照。
（14）ヘロドトス『歴史』第六巻九四によれば、この人物はダレイオスの従兄弟アルタプレネスの子アルタプレネス。
（15）ここでのペルシア軍のクセルクセスによるアテナイやテルモピュライ占拠はいずれも前四八〇年の出来事。クセルクセスのアテナイ遠征は、ヘロドトス『歴史』第七巻五以下、テルモピュライ遠征は、『歴史』第七巻一八六以下参照。
（16）アトス半島の運河による半島の分断を指すように思われる。そこでの運河の開鑿工事は、ヘロドトス『歴史』第七巻二三参照。

三　旅人たちはまた自分たちが「男子の間」を訪れたと言っている。それは空か何かの形をした円蓋の屋根をもち、そこにはサファイアの石が嵌《は》め込まれていた。この石はもっとも青く、目には天のようだった。ペルシア人が崇敬する神々の像[1]が高い所に取り付けられ、黄金に輝き、上空の大気の中にいるかのようだった。王はそこで裁きを行ない、四つの金製のイウグクス[2]が天井から吊り下げられていて、それが王に、自分は人間としての則《のり》を超えないという女神アドラステイア[3]との約束事を思い起こさせるものとなっている。マゴイは、王宮に来ることがあるので、自分たちがこれらのものを用意したと言っている。彼らはこれを「神々の舌」と呼んでいる。

第二十六章

マゴイについて

マゴイ[4]についてであるが、アポロニオスはすでに十分なことを、すなわち彼は彼らに会い、彼らから学ぶべきものを得たが、彼らのもとを離れる前に教えを与えたと述べている。ダミスはアポロニオスとマゴイの間でどんなやりとりがあったかを知らないが、それはアポロニオスが彼らのもとを訪ねたとき、彼には同道することが許されなかったからである。しかしダミスはアポロニオスがマゴイを正午や、真夜中に訪ねたとか、彼がアポロニオスに「マゴイはどんな人たちですか？」と尋ねて、「賢い者たちであるが、すべてのことを知っているわけではない」と答えたと言っている。しかし、これらの話は先に進んでからのことである。

第二十七章

王の像に跪拝を要求されたアポロニオス

アポロニオスがバビュロンに達すると、大門を任されていた行政官は、彼が向学心のためにやって来たことを知ると、王の黄金の像(5)を差し出した(6)。その前で跪拝しなければ町の中へ入ることができなかった。ローマの統治者(7)から遣わされた大使はこんなことを強制されなかったが、バルバロイの土地からやって来た者やこの国を訪問する者は、その像を最初に拝さねば不敬であると見なされた。このような非常に愚かしい要求を出すことはバルバロイの間の行政官の務めであった。

さて、アポロニオスは像を見ると、「これはだれか?」と尋ねた。それが王であると聞くと、彼は言った。

---

(1)「像」のギリシア語読みはアガルマ。
(2) イウグクスはキツツキ科アリスイ(蟻吸い)属の鳥の総称。首をひねって威嚇する鳥らしいが、ここではその鳥を模した呪物か何かであろう。
(3) これは復讐の女神ネメシスの名。この名は、アドラストスによってネメシスに捧げられた祭壇に由来。
(4)「マゴイ」は前出第十八章にも登場。
(5)「像」のギリシア語読みはエイコーン。
(6)「差し出した」のギリシア語はオレゲイ。ここでの動詞の時制は歴史的現在。
(7)「ローマの統治者」。テクストでは「ローマ人たちのアルコーン」で、ローマ皇帝を指すかもしれない。

「あなたたちが跪拝しておられるこのお方は、立派で善良な人物だとわたしが世辞を言えば、それだけで大きな恩恵を受けるでしょう」と。そして彼はこう言うと、門を通ってしまった。行政官は驚いて彼の後を追い、アポロニオスの手をつかむと、通訳を介して、彼の名前や家族、職業、彼がやって来た目的などを聞き出した。行政官はこれらのことと、彼の服装や容貌を書字版に書き留めると、アポロニオスに待つように命じた。(1)

第二十八章

アポロニオスと「王の耳」たちとのやりとり

一　役人自身は「王の耳」(2)と称される者たちのもとへ駆け込み、アポロニオスがどんな人物であるかを説明し、彼が跪拝しようとしなかったことや、普通の人間でないことをあらかじめ告げた。彼らはアポロニオスに敬意を払い、手荒なことなどせずに連れて来るようにと命じた。(3)彼がやって来ると、最長老の者が彼に、何で(4)王を侮るのかと尋ねた。

アポロニオスは答えて言った。

「わたしはまだ侮ってはおりません」。

最長老の者が再び尋ねた。

「侮っているのではないか？」

アポロニオスは答えた。

「もちろんそうします。お会いして立派で善良なお方でないことが分かったときには」。最長老の者が尋ねて言った。

「では、どんな贈り物を彼に携えるのだ？」

アポロニオスは今一度、勇気とか、正義、そしてそれに類したものを挙げた。

別の者が尋ねて言った。

「王はこのどちらも持ち合わせておられないのか？」

アポロニオスは答えて言った。

「いえ、そうではございません。しかし、それらをお持ちでしたら、示して見せることを学ばれねば」。

その者は言った。

「王はこれらのものをお示しになって、あなたが今目にしておられるような、一度は失った王国を再び手に入れ、そしてこの宮殿を再建されたのです。これは労なしに簡単にできるものではありません」。

アポロニオスは尋ねて言った。

（1）「立派で善良な」のギリシア語はカロス・カガトス。ギリシア人が理想とする人物像にはしばしばこの二つの形容詞が冠せられる。
（2）「王の耳」は前出五三頁註（2）参照。
（3）「命じた」のギリシア語はケレウウーシ。ここでの動詞の時制は歴史的現在。
（4）「何で」。テクストでは「何を学んで」、「何を学んだから」。

「王権を回復してからどのくらいの歳月が経つのですか？」

彼は答えた。

「三年目がはじまって二ヵ月が経ちます」。

二　ついでアポロニオスは、例によって、自分の知識を加えながら尋ねて言った。

「あなたを何と呼ぶのが適切なのか存じませんが、警護の方よ、キュロス(1)とアルタクセルクセス(2)の父ダレイオス(3)はこの王国を六〇年(4)にわたって支配されたと思う。ダレイオスは自分の生涯の終わりが近いことを悟ると、女神ディカイオシュネ(5)に犠牲を捧げたそうです。彼はそのとき、あたかも彼が長い間女神ディカイオシュネを熱愛してきたかのように、『あなたがだれであれ、おお、女主人よ(6)』と口にしましたが、彼は彼女をまだ知らず、彼女をわがものにしていたとも思えません。彼は二人の息子をかくも愚かしい仕方で教育したため、二人は互いに相手にたいして武器を手にしたのです。ひとりは傷つき、ひとりは一方によって斃《たお》されました。この王は、多分、自分の玉座にどのようにして座っていいのかをご存じなかったのですが、あなたは彼を、すべての徳を持ち合わせていると願って、賞賛される。もし王が徳を増し加えるならば、よい思いをするのはあなたなのです、わたしではなくて」。

三　そのときバルバロスは、隣にいたアポロニオスに目をやって言った。

「思いがけないことが起こったものです。神々のひとりがこの方をここにお連れになさったのです。多くの善と交わる者は、わたしどものために、王をこれまで以上によきお方に、より賢明なお方に、より穏やかなお方にされるでしょう。このお方は明らかにこれらの資質をお持ちになっておられるからです」。

そこで彼らは宮殿に走って行き、王宮の[7]門口に賢いギリシア人が、立派な助言者となる男が立っている、というよき知らせを伝えた。

第二十九章

そのとき王宮では

さてこのことが伝えられたとき、王はマゴイの前で犠牲を捧げていた。聖なる儀式は彼らによってなされるからである。王は彼らのひとりを呼ぶと言った。「予は今日接見のおりに予が見た夢を語って聞かせたが、それが正夢になったのだ」と。

実際、王は次のような夢を見ていた。王は夢の中でクセルクセス[8]の子アルタクセルクセス[9]になっており、

(1) キュロス二世(前五八八—五二九年)を指す。
(2) アルタクセルクセス二世ムネモン(前四三六—三五八年)を指す。
(3) ダレイオス二世オクス(前四二四—四〇四年)を指す。
(4) 「六〇年」。この統治期間は誤り。ダレイオス二世は前四二四年から四〇五年までの二〇年間ペルシアを統治した。
(5) この女神は「正義の女神」である。
(6) この女主人は女神を指す。
(7) 「王宮の」。テクストでは「王の」。
(8) クセルクセス王(前四八六—四六五年)はダレイオスの子。ジョーンズ訳は、この人物をキュロスとする間違いを犯している。
(9) アルタクセルクセスは父が暗殺された前四六五年から四〇年間王を務めた。

その容姿も彼のそれに変わっていた。王は自分の境遇が変わってしまうのではないかと恐れた。彼は容姿の変化をそう解釈したのである。しかし王は、訪ねてきた者がギリシア人で、しかも賢人であることを聞くと、アテナイ人テミストクレス(1)のことが脳裏をよぎった。この人物はかつてギリシア人のもとからやって来ると、アルタクセルクセスのもとに滞在し(2)、彼に役立つことを多くし、自分自身を役立つものとした。そこで王は右手を差し出して言った。「彼を呼び入れるがよい。一緒に犠牲を捧げ、一緒に祈るなら、幸先のよい一日のはじまりとなる」と。

第三十章

王宮の中を歩くアポロニオス

アポロニオスは大勢の者に付き添われて中へ入ってきた。彼らはアポロニオスがやって来たことに王が喜んでいることを聞いていたので、付き添うことで喜ばせることができると考えたのである。

アポロニオスは宮廷の中を通って行くとき、人びとが目を見はるような豪華な調度品のどれにも目をくれず、公道を歩いているかのようにその傍らを通り過ぎた。

サッポー
ローマ時代の模刻、ローマのカピトリーニ美術館

アポロニオスはダミスに語りかけて言った。

「先日おまえはわたしに、パンピュリアの女性の名前を尋ねた。サッポー(3)(図版)と親しかったと言われ、アイオリス的な詩体とパンピュリア的な詩体でペルゲ(4)の女神アルテミス(5)に捧げる讃歌をつくった者の名前をだ」。

ダミスは答えて言った。

「確かにお尋ねいたしましたが、彼女の名前は口にはされませんでした」。

「友よ、確かに言わなかった。しかしわたしはおまえにそ

サッポー
ポンペイ出土のフレスコ画、ナポリの国立考古学博物館

(1) テミストクレス（前五二七―四六〇年）はアテナイの将軍、政治家。サラミスの海戦でペルシア軍に大勝したが、後になって旧敵ペルシアに逃亡。サラミスの海戦は、ヘロドトス『歴史』第八巻七六以下参照。

(2) トゥキュディデス『歴史』第一巻一三五―一三八は、テミストクレスのペルシア亡命とそこでの人気を語っている。なお、コルネリオス・ネポス『テミストクレスの生涯』、およびプルタルコス『英雄伝』の中の「テミストクレスの生涯」をも参照。

(3) サッポー（前六一二―五七〇年頃）はレスボス島生まれのギリシアの女性詩人。

(4) この場所はパンピュリア地方（現在のトルコのアンタルヤ地方）の首都。

(5) この神は古代ギリシアの女神、ゼウスとレトの間の娘。アポロンの双生の妹。

の讃歌の旋律や表現、また彼女がどのようにしてアイオリス的なものを霊妙なるものに、また同時にきわめてパンピュリア的なものに改めたかを説明した。そこから先では別のことを話題にし、おまえは二度と彼女の名前をわたしに尋ねはしなかった。で、この賢い女だが、彼女の名前はダモピュレ(1)だ。人びとによれば、彼女はサッポーに倣って自分の周りに若い娘たちを集めて詩をつくった。あるものは愛の詩(2)で、あるものは讃歌だった。女神アルテミスに捧げた讃歌は、サッポーの詩から取られた彼女の翻案である」。

アポロニオスが王宮やその絢爛豪華《けんらんごうか》さに驚くことはなかった。彼はそのことを、このようなものを一瞥《いちべつ》に値するとは考えていないことで示し、逆に関係のない他のことをダミスと話し、そうすることで多分自分が何かを見ていることと等しいと考えたのである。

第三十一章

アポロニオス、王の前に

一　王はアポロニオスが近づいてくるのを認めると——聖所の中庭は広かった——、近くに控えている者たちに向かって、尊師を認めたかのように話しかけた。アポロニオスがさらに近づくと、王は大きな声を出して言った。「こちらにやって来るのは予の兄弟メガバテスがアンティオケイアで見たと申し立てるアポロニオスだ。高徳の人たちから崇敬され拝されているお方だ。予の兄弟はそのとき彼がどんな人物であるかを語ってくれたが、それに似た者がやって来たのだ」と。

王、アポロニオスに自分と一緒に犠牲を捧げるよう命じる

二　アポロニオスは近くに来ると挨拶をした。王は彼に、ギリシア語で語りかけ、自分と一緒に犠牲を捧げるように命じた。王はそのとき、最良のニサイア産の馬(3)を犠牲としてヘリオス神(4)に捧げようとしていた。馬は、凱旋式の行進のためであるかのように、装具が付けられていた。

アポロニオスは言った。

「王よ、あなたはご自身の仕方で犠牲をお捧げください。わたしにはわたしの仕方で犠牲を捧げさせてください」。

彼はひと握りの乳香を手にすると言った。

「わがヘリオス神よ、あなたとわたしの喜びとなる場所に、そこが大地のどこであれ、わたしをお遣わしください。立派な人たちと知り合うことができるようにさせてください。つまらぬ者たちを知ることも、彼らがわたしを知ることもないようにしてください」。

彼はこう言うと、乳香を火の中に落とし、それがどう炎になって分かれるか、どこで燻《いぶ》って煙となるか、

(1) この人物はここでしか登場しないため、E. L. Brown (*Greek Fiction*, 1994) や、C. P. Jones らは、この女流詩人をピロストラトスの創作として退けるが、創作であるとする必然が十分には説明されていない。

(2) 「愛の詩」のギリシア語読みはエローティカ。

(3) ニサイアは古代ペルシアの町で、そこで産出される馬は最高のものとされ、とくにスパルタ人によって求められた。

(4) この神は太陽神を指す。

どれほどの光で消えそうになるのかなどを観察した。彼は輝いて吉兆であるように見えたところで、火に触れた(1)。

アポロニオスは言った。

「おお、王よ。それではあなたのご先祖さまのやり方で、犠牲をお捧げください。わたしのやり方はご覧のとおりです」。

第三十二章

ダミスの記録するアポロニオスと王のやりとり

アポロニオスは血の儀式に与らないようにするため、犠牲の場から遠ざかった。しかし、犠牲の儀式が終わると、彼は王に近づいて言った。

「王よ、あなたはギリシア語を完璧にご存じなのでしょうか？　それともギリシア人の来客があった場合、もしかしたら礼節のために、あるいは失礼にならぬよう少しばかり齧《かじ》っておられるのでしょうか？」

王は答えた。

「完全にだ。この土地の言葉も知っておるぞ。好きな言葉で話すがよい。そのためにおまえはこんなことを尋ねたのだから」。

アポロニオスは言った。

「そのためです。ではお聞きください。インドはわたしの旅で是が非でも行きたい所ですが、わたしはあなたたちの所を素通りするつもりはございません。わたしはあなたが立派なお方であると伺っております。それを今、間近に拝見いたしました。わたしはまた、あなたたちの間で固有のもので、マゴイが身につけようとしている知を、またマゴイが、言われるように、神的な事柄でも賢人であるのかどうかを知りたく願っております。わたしは自身の知は、ピュタゴラス(2)と呼ばれるサモス人からのものです。彼はわたしに、わたしが今実践しているように、神々を敬い、神々を見ているときも見ていないときも神々を認識し、神々と言葉を交わし、そして地に自生した植物の繊維でできたこの衣をまとうように教えられました。それは羊の毛から織られたものではありませんが、水や大地の贈り物として生育する亜麻の混じりもの一切ない布切れなのです。わたしが自分の髪に無頓着なのはピュタゴラスにならっているからで、またわたしは動物の肉を食べませんが、それは彼の知に由来するものなのです。わたしはあなたの楽しい話し相手(3)にはなれませんし、あなたや他の者たちの暇や贅沢のおつきあいはできかねますが、手に負えない難しい問題の解決を考えることはできます。というのもわたしは考え方の正しい道筋を知っているばかりか、予め告げることができるからです」。

---

(1) これは乳香(リバノートス)を、祈りを捧げながら火にくべて、その祈りが炎によって天に達すると信じた吉兆の占い(libanomancy)。ピュタゴラス派の者たちが得意としたものであるが、この占い自体は古バビュロニア王国時代からのもの。

(2) ピュタゴラスは前出第一章一参照。

(3)「楽しい話し相手」。あるいは「酒飲み仲間」。

以上は、ダミスによれば、尊師が語ったものであるが、アポロニオスはそれを書簡[1]にした。彼は王とのやりとりで口にした他の多くのことを、書簡[2]の中で書き留めている。

第三十三章

王がアポロニオスに見せた好意

一　王は、アポロニオスがやって来たことを、たとえペルシアやインド[3]を獲得して現在の自分の領地に加えることができたとしても、それよりも喜ばしく小躍りするようなことだと言って、彼が客人であり、王宮の屋根を共有すると宣言した。

しかし、アポロニオスは尋ねて言った。

「おお、王よ。もしあなたがわたしの故郷テュアナに来られて、わたしがわたしの家に滞在するよう求めたら、それに応じられるでしょうか？」

王は答えた。

「もちろん無理だ。わたしの槍持ちや警護の者たち、それにわたし自身を受け入れるに十分に広い家に滞在することができなければ」。

アポロニオスは言った。

「同じことがわたしにも言えます。もしわたしが自分の則《のり》を超えた所に滞在するならば、わたしは居心地の悪い思いをいたします。なぜならば、不足はあなたのような方を悲しませますが、過剰は、それ以上に、賢い者たちを悲しませるからです。ですから、わたしのもてなしは、わたしと同じ物をもっている普通の私人におまかせください。わたしはあなたが望まれるかぎりあなたとご一緒いたします」。

王はこれを認めた。彼に何か予期せぬ不快な思いをさせないためだった。アポロニオスは、育ちのよい有能なバビュロニア生まれの男の世話になることになった。

王、アポロニオスに一〇個の贈り物をしようとする

二　アポロニオスが食事を取っていたときのことである。伝言を伝える宦官がやって来て、尊師に語りかけて言った。「王はあなたに一〇個の贈り物をするおつもりです。あなたがご自身でそれらをお決めになってほしいとのことです(4)。王はあなたが小さな要求を出すことを望んではおられません。王はあなたとわたしどもの前で、気前のいいところを見せようとされているからです」と。

アポロニオスは王からの伝言に感謝すると、尋ねて言った。「では、その要求はいつ出さねばならないの

(1) ここでの「書簡」単数形。
(2) ここでの「書簡」は複数形。
(3)「ペルシア」のギリシア語読みはペルサイ。
(4)「あなたがご自身でそれらをお決めになってほしいとのことです」。テクストでは「王はあなたがそれらをお決めになる主人とされております」。

だ？」宦官は「明日です」と言うと、ただちに王のすべての友人や親族の者たちの間を触れ回り、尊師が要求を出し名誉を与えられるときには、臨席するように求めた。ダミスはアポロニオスが何も要求しないことを知っていたと言っている。ダミスは彼の性格を承知しており、彼が神々に捧げた祈りが次のようなものだったことを知っていたからである。「おお、神々よ。わたしにわずかばかりのものをお与えになり、何も必要としないようにしてください」。しかし、ダミスはアポロニオスが考え込んでいるのを目にすると、アポロニオスが要求するのではないかと想像し、何を要求しようとしているのか考えた。

第三十四章

宦官には自制心があるか？

一　その日の夕方、アポロニオスは尋ねて言った。
「ダミスよ、なぜバルバロイは宦官たちを自制心のある者と考え、ハーレム(1)に彼らを入れたりするのか、わたしは自問自答している」。

ダミスは言った。

「アポロニオスさま、これは子供にも明らかなことです。去勢されたため、彼らの性的能力が奪われているからです。そのため彼らは、たとえ女たちと寝ようと欲していても、ハーレムに近づけるのです」。

アポロニオスは尋ねて言った。

「それでは、おまえは何が彼らから断ち切られたと思うか？　性欲か、それとも女たちと性的交わりをもつ能力か？」

ダミスは答えて言った。

「両方でございます。もし肉体をトチ狂わせる部分が取り除かれれば、性欲はだれにも起こらないでしょう」。

アポロニオスはしばらくしてから言った。

「ダミスよ、明日になれば分かる。宦官にも性欲がある。彼らの目から入り込む欲望は消え失せるのではなく、熱を帯びて燃え盛かる。おまえの議論を論破するようなことが必ず起こる。かりにそのようなものを意思の中から追い出すことができる何か至高の術《すべ》が人間たるものにあったとしても、それが宦官を自制の習慣へと導き、自らに自制を強要したり、性欲をいとも簡単に断ち切ったりするとは思われない。自制とは、欲望と興奮を感じている者が性的衝動に打ち負かされず、それから遠ざかり、この狂気に打ち勝つものであることを示すことである」。

二　ダミスは答えて言った。

「アポロニオスさま、これらのことは日を改めて議論いたしましょう。あなたは明日王の素晴らしい約束に答えねばなりませんが、わたしどもはそれを考えておかねばなりません。あなたは、多分、何もお求めに

（1）「ハーレム」のギリシア語読みはギュナイコーニーティス。「女子の間」の訳語を与えることも可能。

はならないでしょうが、人びとが口にする〝たんなる虚勢(1)〟から、王がお与えくださるものを断っているかのような印象を与えてはなりません。あなたはご自分が今地のどこにいるのか、またわれわれが王を頼りにしていることをお知りになって、それだけはお避けください。あなたはまた、侮辱的な振る舞いをしているという非難から身を守らねばなりません。そしてインドに達するには十分な食料は持ち合わせておりますが、そこから戻るには十分ではなく、他にあてもないことをご承知おきください」。

第三十五章

金に走る哲学者たち

一　ダミスはこのような話術でもってアポロニオスが王からの贈り物をつまらぬものとして断らぬようにしたが、アポロニオスはまだ彼と議論の続きをしているかのように言った。

「ダミスよ、おまえはいくつかの例を蔑《ないがし》ろにするのか？　たとえば、リュサニアスの子アイスキネスだ(2)が、彼は金のためにシチリア島(3)のディオニュシオス(4)のもとへ出かけて行った。プラトンはシチリア島の富を求めてカリュブディスの渦巻き(5)を三度渡り切ったと言われている。キュレネ人(6)アリスティッポス、キュジコス出身(7)のヘリコン(8)、レギオン(9)の町(10)から逃れてきたピュトン(11)たちであるが、これらの者たちはみなディオニュシオスの宝庫に惹かれたため、そこから自らを断ち切ることなどできなかった。クニドス人(12)エウドクソス(13)はあるときエジプトへ行ったが、彼は金のためにやって来たと公言し、王とそのことについて話し合ったと言

われている。わたしは他の多くの者たちを非難するつもりはないが、アテナイ人スペウシッポス(14)は金に汚い

（1）「たんなる虚勢」のギリシア語はアッロー……テュポー。この表現は本巻第六章一一、一九にも認められる。
（2）アイスキネス（前四二五－三五〇年頃）はアテナイの哲学者で、若いときはソクラテスに学んだ。プラトンによれば、この人物はソクラテスの裁判と処刑に立ち会っている。この人物についての情報はディオゲネス・ラエルティオスから。
（3）「シチリア島」のギリシア語読みはシケリアー。
（4）この人物はシチリア島とシラクサを前三六七－三五七年、および前三四六－三四四年に支配したディオニュシオス二世（前三九七－三四三年）を指す。彼の宮廷には多くの哲学者が招かれたことで知られる。
（5）カリュブディスはシチリア北東沖にあるメッシーナ海峡の渦巻きを指す。ホメロス『オデュッセイア』第十二歌四二八以下参照。
（6）この土地はアフリカ北部キレナイカ地方にあったギリシアの植民都市を指す。
（7）アリスティッポス（前四三五－三五六年）は、ソクラテスの弟子で、哲学のキュレネ学派の創始者として知られる。
（8）この場所は小アジア北西、マルマラ海のカピダギ半島にあった古代都市を指す。
（9）この人物はプラトンの友人で弟子であることが知られている。
（10）この町は現在のイタリアの町レギウムを指す。
（11）この人物は、本書第七巻第二章二では、ディオニュシオス一世の手で殺されたとして言及されている。
（12）この土地は小アジア南西部、カリアの町を指す。
（13）エウドクソス（前三九〇－三四〇年）は著名な数学者であり天文学者。彼はエジプトのネクタネボス王（前三八二－三六四年）を訪ね、その紹介でヘリオポリスの神官から天文学その他を学んだと言われる。
（14）スペウシッポス（前四〇七－三三九年）はエウリュメドンとプラトンの姉妹ポトネの間の子。プラトンが前三六一年になしたシチリア島への最後の訪問に同伴、プラトンのアカデメイア学園の継承者（前三四七－三三九年）。ディオゲネス・ラエルティオス『哲学者列伝』第四巻四参照。

男だったので、いくつかの大袈裟《おおげさ》な詩をつくると、マケドニアでカッサンドロス(1)の結婚式に闖入《ちんにゅう》し、金のために列席者にそれをうたったと言われる。

賢者とされる人間は

二　ダミスよ、わたしは思うのだが、賢者とされる人間は、船乗りや武具で身を固めた戦闘員たちよりももっと大きな危険を冒している。沈黙しているときも、おしゃべりをしているときも、体を動かしているときも、ひと息ついているときも、だれかの横を通るときも、近づくときも、語りかけるときも、語りかけていないときも、ねたみが彼について回るからだ。だから、賢者とされる人間は警戒をおさおさ怠ってはならぬが、かりに賢い者が怠惰(2)や、怒り、性的欲望、あるいは飲酒などに打ち負かされても、またときに常軌を逸した行動に走ったとしても、彼は多分許されるであろう。しかし、金のために身を貶めるならば、その者は許されず、すべての悪を身に帯びた者として嫌われるであろう。もし彼が胃の腑のことや、華美な服装、酒、妻以外の女たちにうつつを抜かしていなければ、彼は金に負けたことにはならないであろう。おまえは多分、バビュロンで罪を犯しても、アテナイや、オリュンピア(3)、デルポイ(4)でそうするのとは違い、たいしたことではないとでも考えているかもしれない。しかし、賢者とされる人間にとっては、ギリシアはどこにもあり、彼は他の土地を荒れ野だとかバルバロスな場所だと考えたり信じたりはしていない。おまえはそのことを心に留めてはいない。彼は徳の目の下に生きているのであり、たとえわずかな人しか目にしなくとも、彼自身は何千の目で見られているのだ。

三　ダミスよ、おまえが格闘技や、パンクラティオン(5)で肉体を鍛える選手のひとりを知っていたとしよう。もしその選手がオリュンピアの競技で競い、アルカディア(6)に行くことになったら、おまえは間違いなく彼が高貴で立派な選手であることを期待し、またもしピュティアの競技(7)やネメアの競技(8)が行なわれておれば、彼が自分の肉体に注意を払うよう期待するはずだ。これらの競技はよく知られており、競技会場はギリシア本土だからだ。しかし、ピリッポスが町々を陥落させたことを記念してオリュンピアで犠牲を捧げているとか、彼の子アレクサンドロスが自身の勝利を祝うために競技会を開催していると想像してみよう。おまえはそのとき選手が自分の肉体をあまり鍛錬しなくてもかまわぬとか、ギリシアやそこでの競技会場で競っているのではなくてオリュントス(9)や、マケドニア、あるいはエジプトで競っているのだから勝利に執着するなとする

(1)カッサンドロス（前三五八－二九七年）は前三一六年にアレクサンドロス大王の異母姉妹と結婚する。
(2)「怠惰」のギリシア語読みはアルギアー。ジョーンズ訳はこの語を訳出しない。
(3)この場所は古代ギリシア、ペロポンネソス半島エリス地方の平原。ゼウスの聖地で、古代オリンピック競技発祥の地。
(4)テクストではピュートイ。ギリシア中部ポキスの古代都市、アポロンの神託地として栄えた。
(5)これは格闘技と拳闘を組み合わせた競技。
(6)この場所は古代ギリシアのペロポンネソス半島にあった高原。牧歌的で平和な桃源郷という伝説で有名な場所。
(7)これはアポロンの祭りとしてデルポイで四年ごとに行われた民族的大競技祭。
(8)これはオリュンピア紀二年目と四年目にアルゴリス地方にあるネメアの谷にあるゼウスの神域で行われた大祭典競技。
(9)この場所はギリシアのカルキディケ半島にあった古代都市を指す。

のだろうか？(1)」

ダミスはアポロニオスのこれらの言葉に突き動かされたので、彼は自分自身が口にしたことに赤面すると言い、尊師を理解できずに余計な助言や議論を性急にもしてしまったことにアポロニオスの許しを請うた。

アポロニオスは彼を励まして言った。

「元気を出すのだ。わたしはこれらのことを言ったのは、おまえをやり込めるためではなくて、わたしがどんな人間であるかを知ってもらうためだった」。

第三十六章

アポロニオスが王に求めた贈り物は

一　宦官がやって来て、王のもとへ彼を案内しようとしたが、アポロニオスは言った。

「神々への義務を怠りなく果たし次第、参内《さんだい》いたします」。

アポロニオスは、犠牲と祈りを捧げ終わると、外に出た。彼の容姿に人びとは凝視し感嘆の声を上げた。彼が入室して王の傍らに行くと、王は言った。

「予はおまえに一〇個の贈り物をする。おまえのような者が今日までギリシアからやって来てはいないので、予はおまえをその最初の者と見なす」。

アポロニオスは答えて言った。

「王よ、わたしはそれらすべてを遠慮するつもりはございません。しかし何十、何百の贈り物にまさるものをひとつ頂きたく思います。それを切に求めます」。

アポロニオスはこう言うと同時に、エレトリア人の窮状について、ダティス(2)の時代から説き起こして言った。

「そこでお願いがあるのです。これらの悲惨な者たちが国境や丘陵から追い立てられるようなことはなさらないで、ダレイオス(3)が彼らのために割り当てた土地を使えるようにしてやってください。彼らが自分たちの土地を追われた後、代わりに与えられた土地の保持を許されないのは恐ろしいことです」。

二　王は同意して言った。

「エレトリア人は、昨日まで、予や予の先祖たちの敵対者だった。彼らはかつてわれわれにたいして武器を執り、そのためわれわれは彼らの部族が消滅してくれることを期待して無視してきた。しかし、これからは、彼らは予の友人と書き記され、立派な人物が行政官として彼らを統治し、彼らの土地を正しく管理する

(1) ピリッポス二世は前三四八年にこの町を陥落させると、マケドニアのディオンでオリュンピアの競技を模したものを開催した。アレクサンドロスはテュロスやその他の都市で競技会を主催したが、エジプトでは主催していない。

(2) この人物は、前四九〇年のマラソンの戦いで、ペルシア艦隊のダレイオス一世の司令官で、エレトリアを包囲し破壊した。ヘロドトス『歴史』第六巻九四、九八ほか、アリストパネス『平和』二八九―二九〇参照。なおまた、ポティオスによるクテシアス『ペルシア史』抜粋、パラグラフ二一をも参照。

(3) この人物は前出第二十八章二に登場。

であろう」。

王は尋ねて言った。

「おまえはなぜ残りの九つの贈り物を受け取らないのだ？」

それにたいしてアポロニオスは答えた。

「王よ、わたしはまだここで友人となる者たちをつくってはいないからです」。

王は尋ねて言った。

「おまえ自身何も必要としないのか？」

アポロニオスは答えて言った。

「干した果実の実とパンのかたまりで十分です。その二つはわたしにとって喜ばしい豪華な夕食となります」。

第三十七章

宦官にも立派に性欲があった

一　彼らが互いにこんなことを口にしていたときのことである。宦官や女たちの騒々しい声が王宮の一角から上がった。そのとき、ひとりの宦官が王の側室のひとりと寝室の中にいて、女たらしがするすべてのことをしている最中に捕まったのである。ハーレム付きの者たちが男を、髪の毛に手をやって引っ張ってきたが、それは王の奴隷が引っ張られるときの仕方と同じであった。宦官の中の最長老の者は、この宦官が女と深間にはまり込んでいることに長い間気づいていたと言った。長老は彼に、彼女に話しかけたり、彼女のうなじや手に触れたりしないようこれまでも口やかましく注意しており、そして中にいるすべての女のなかで、この女の化粧の手伝いだけは許していなかったと言ったが、今男は寝室の中にいて、この女性にたいしてよろしくやっているところを見つかってしまったのである。アポロニオスはダミスを見やった。あたかも宦官の性的情熱の能力に関して行なった談義の言葉を思い起こさせるかのようにしてである。

王、アポロニオスの助言にしたがい、宦官の処刑を取りやめる

二　王は列席の者に向かって言った。

「みなの者、アポロニオスが列席している場で、自制心について見解を述べるのは、彼にとってではなくわれわれにとって見苦しいことである。アポロニオスよ、おまえだったらこの宦官を罰するのに何を命じるか？」

アポロニオスは答えて言った。

「生かしておいてやるしかありません」。

その答えはだれもが予期しないものだった。

王は顔面を紅潮させて言った。

「やつはご覧のように予の寝室に忍び込んできたが、おまえはそれが万死に値するとは考えてないの

か？」

アポロニオスは答えて言った。

「王よ、わたしは赦免のためではなくて、彼を衰弱死に至らしめる罰のために、こう申し上げたのです。もし彼が病気にでもなって何もできない状態で生きながらえるとなれば、食べ物も飲み物も、王や王とご一緒におられる方がたを喜ばす光景も彼を喜ばすことはありません。その心臓は鼓動し、彼はしばしば睡眠中でも飛び起きますが――それはとくに性欲の兆候である言われております――、これほど彼を衰弱させる体力消耗は他にはなく、これほど食欲を無くさせるものは他にありません。しかし、王よ、もし彼が生に執着しない人間であれば、彼はやがてあなたに、自分を処刑してくれるよう嘆願するか、即処刑されなかった今日この日を恨んで自害するでしょう」。

アポロニオスはこのときこのように答えたが、それは非常に賢くて人間的だったので、王は宦官の処刑を取りやめた。

第三十八章

シリアの知事が遣わした使節にたいして

一　ある日のことである。王は、狩猟のために、ライオンや、熊や、豹などがバルバロイのために放たれている苑《その》に出かけようとした。王はアポロニオスに狩りに同行するよう求めたが、彼はこう答えた。

「王よ、あなたが生け贄を捧げるときも、わたしはあなたの傍らには決していないと申し上げましたが、[1]そのことをお忘れになられたのですか？　それに、動物たちを苦しめたり、本来の自由を奪ったりするのは[2]喜ばしいことではありません」。

王はアポロニオスにどのようにしたら確固としてかつ安全に治めることができるかと尋ねると、彼は答えた。

「多くの人に敬意を払い、少数の人を信じることによってです」。

あるとき、シリアの知事がゾイグマの近くにあった[3]二つの村に関してだったと思うが、王のもとへ使節を送り、それらの村がかつては［セレウコス王朝の］アンティオコスやセレウコスに服していたが、今は王の配下にあってローマに帰属していることや、アラブ人やアルメニア人たちはこれらの村を苦しめたことはないが、王はこれらの村がローマ人の領地ではなくて自分の領地であるかのように、搾取のために[4]かくも長い距離をものともせずにやって来たと言わせた。

王は使節たちを傍らにやると、言った。

（1）前出第三十一章二参照。

（2）「本来の自由を奪ったりする」。テクストでは「彼ら自身の本性に反して奴隷状態にする」。

（3）この場所は前出第二十章一参照。

（4）「搾取のために」。テクストでは「その果実を刈り取るために」。

「アポロニオスよ、これらの村であるが、それらは彼らが口にした王たちが予の先祖に下賜したものだ。[1] 予らの所で捕獲され、エウプラテス川の向こうの彼らの国に連れて行かれる動物たちを飼育するためだ。彼らはこのことを忘れているかのようにして、新たな不正義に手をつけている。おまえにはこの使節の目的が何だと思われるか？」

アポロニオスは答えて言った。

「王よ、控え目なほどほどの要求かと思われます。彼らは、その土地が自分たちの領地内にあるので、あなたのご同意なしで手に入れられるものを、あなたのご同意を取り付けた上で手に入れようとしているのです」。

彼はさらに付け加えて言った。

「王は、村々をめぐって——私人たちは、多分、それよりも大きなものを手に入れております——ローマ人にたて突いたり、より大きな領地を求めて戦争をしたりしてはなりません」。

三　アポロニオスは王が病に伏していたときも、王の傍らにいて、霊魂について霊的な話をたびたびしたので、王は回復すると、側近の者たちに向かって言った。「アポロニオスは予の王国だけではなく、死にたいしても予が思い煩うことなくしてくれた」と。

第三十九章

王とアポロニオスのやりとり

一　王はあるときアポロニオスにエウプラテス川の川底の地下通路(2)を示して、「この奇跡はおまえにはどう映るのか」と尋ねた。するとアポロニオスはこの奇跡の業に見向きもせずに言った。「王よ、もしあなた方がこのように深くて徒渉困難な流れを歩いて渡れるならば、それは奇跡でしょう」。

王がアポロニオスにエクバタナ(3)にある城壁(4)を見せて、これらは神々の住処であると言うと、彼は言った。「これらはまったく神々の住処ではありませんし、また、多分、英雄たちの家でもありません。王よ、スパ

(1)この二つの村を手放した王がだれであるのかは明らかにされていないが、一部の研究者はセレウコス六世エピパネス・ニカトル（前九六―九五年）ではないかと想像する。

(2)「地下通路」のギリシア語はセーランカ（→セーランクス）。このギリシア語の本来の意味は「裂け目、割れ目」で、前出第二十五章一で「地下通路」の意で使用されているゲピュラとは異なる。

(3)ヘロドトス『歴史』第一巻九八、一一〇、第三巻六四、九二はこの場所をアグバタナと呼んでおり、松平千秋訳はその註で、その場所が今日のハマダンである可能性を指摘した上で、エクバタナは「ややギリシア化された……語形」（三七頁）と説明している。

(4)デイオケスが築いたエクバタナの城壁は、ヘロドトス『歴史』第一巻九八参照。

ルタ人[1]たちが住む町には城壁がないからです」。

二　さらに王が村々の揉《も》め事を裁き、審理のために二日を費やしたことがあったが、王がそのことを自慢げにアポロニオスに向かって言うと、彼は「正義を見出すのに結構な時間がかかりましたね」と言った。あるとき、従属国から莫大な歳入がもたらされたことがあった。王は宝庫を開けて尊師に金を見せ、富への執着心を彼に起こさせようとした。彼は目にしたものに驚きの表情を何ひとつ浮かべずに言った。

「王よ。これらはあなたにとってはお金でございますが、わたしにとっては籾殻《もみがら》にすぎません」。

王は尋ねて言った。

「では、予にとってこれらの金を使う最善の方法は？」

アポロニオスは答えて言った。

「とにかくお使いください。あなたは王なのですから」。

第四十章

出発のときが近づいてきた

アポロニオスは王に向かってこれに類することを多く語り――王は彼が助言したものを実行しようと熱心だった――、そしてマゴイとの交わりをすでに十分に持ったとみると、言った。

「さあ、ダミスよ。われわれはインドに向かおう。食蓮人[2]の所に船で上陸した者は蓮《はす》の食べ物に誘われて自国の食習慣を忘れてしまったが、われわれは地元の食べ物をひとつとして味合わずに、道草をくっている」。

ダミスは答えて言った。

「おおせのとおりでございます。しかし、あなたが雌ライオンの中に見た滞在期間[3]のことを心に留め、わたしはそれが終わるのを待ちつづけてきました。まだ満了はしておりません。わたしたちはまだここに一年と四ヵ月しか滞在していないのです。今出発しても、かまわないのでしょうか？」

アポロニオスは答えた。

「ダミスよ。王は、八ヵ月が満ちる前に、わたしどもを行かせないであろう。見てのとおり、王は親切なお方だ。バルバロイを治めるにはもったいなさすぎる」。

(1) テクストでは「ラケダイモン人」。

(2)「食蓮人」のギリシア語読みはロートパゴイ(複数形)。食蓮人はオデュッセイアが帰国途中で出会った、蓮(ロータス)の実を食べて一切を忘れ、至福の境地に暮らしていた者たちを指す。ホメロス『オデュッセイア』第九歌八四、九一、九二、九六、第二三歌三一一参照。なお、ここでの「食蓮人」の訳語は高津春茂訳から借用。

(3) 前出第二十二章二参照。

第四十一章

アポロニオスの一行、王のもとを去る

一　出発のときがついに来たように思われた。彼らがその地を離れることに王が同意したとき、アポロニオスは友人たちがそこでできるまで引き延ばしていた贈り物のことを思い起こした。彼は言った。

「至高なるお方、王よ。わたしはまだ親切なもてなしをされたお方に何の返礼もしておりません。わたしはまだマゴイに授業料[1]を払ってはおりません。どうか彼らに心配りをなされ、賢くてあなたにかくも忠実な者たちに、わたしに成り代わって格別の贔屓をしてやってください」。

王はこの言葉に非常に喜び、「予は明日おまえのために、彼らを人も羨む者、大きな名誉に与る者にしよう。しかし、おまえは予の贈り物をひとつも所望しておらぬが……」と言ってダミスと彼と一緒にいる者たちを指し示しながら、「彼らのために譲歩して、これらの金と彼らの望むものを、予から受け取るがよい」と言った。しかし、彼らもまた王のこの言葉を受け入れなかったので、アポロニオスは言った。

「王よ、わたしの手をご覧ください。多くの指があります。互いに似ております」。

二　王は言った。

「では、せめて道先案内人だけでも連れて行くがよい。それに乗っていく駱駝もだ。全行程を歩くには道のりがありすぎるぞ」。

アポロニオスは言った。

「王よ、そのとおりでございます。人びとによれば、駱駝に乗らない者にとっては、旅はほとんど不可能です。駱駝は何でも食べるので飼育は楽です。飼い葉がなくても平気です。わたしどもは水を携行しなければならないと思います。葡萄酒のように革袋に入れて運びます」。

王は言った。

「進んで行く土地には水は三日間まったくないぞ。しかしその先では川や泉は数知れずある。おまえはカウカソス地方(2)に向かう道を取るがよい。道中の必要な物は潤沢だし、土地の者たちは親切だ」。

王がアポロニオスに、彼が王のためにあちらから何を持ち帰るのかと尋ねると、彼は答えた。

「王よ、素晴らしい贈り物です。もしあちらの者たちとの交わりがわたしをもっと賢くさせるならば、わたしはあなたのもとに今のわたしよりも賢い男を連れ帰ります」。

王はこう言ったアポロニオスを抱擁し、そして言った。

「戻ってくるのだ。それが何よりの贈り物だ」。

(1)「授業料」のギリシア語読みはミストス。テクストでは「労賃」。

(2)この場所は、黒海とカスピ海の間にまたがる地方を指す。

第二巻

第一章

アポロニオスの一行、インドに向けて出発

夏になると、彼らと道案内人は駱駝に乗って、そこを出発した。[1] 道案内人は駱駝[2]の世話をした。糧食は彼らが欲するだけのものを王から与えられたが、それは潤沢なものであった。彼らが通過した地方は肥沃で、村々は彼らを恭しく出迎えた。先頭を行く駱駝が首の前に黄金の鎖をつけており、それが一行に出会った者たちに、王が自分の友人のひとりを遣わしていることを告げていたからである。

第二章

カウカソス山系について

一　彼ら一行によれば、[3] カウカソス山系[4]に近づくにしたがい、土地は次第に甘い香りを放つようになったが、彼らはそれに気づいたそうである。われわれはこの山をタウロス山系のはじまりと見なすが、それはア

ルメニア[6]とキリキア[7]を通ってパンピュリア[8]とミュカレ山[9]にまで達している。ここでそれはカリア[10]との国境となる海で終わっており、カウカソス山系の終わりだと見なさねばならない。一部の者が言うように、はじまりではない。なぜならば、ミュカレ山はそれほど高くもないが、カウカソス山系の峰々は非常に高く、そのため、彼らによれば、太陽は峰々に邪魔されて[11]影になるそうである。[12] カウカソス山系は、タウロス山系[13]の残

---

(1)「出発した」のギリシア語はエクセラウヌーシ。ここでの動詞の時制は歴史的現在。

(2) ここでの「駱駝」は複数形。

(3)「彼ら一行によれば……そうである」のギリシア語は、「彼らは言う」の意のパーシン。ここでの時制は歴史的現在。以下一々は指摘しない。

(4) 通常表記はコーカサス山脈。

(6) この場所は現在のアルメニア共和国、トルコの東部、そしてイラン北西部にまたがる地域を指す。

(7) この場所は小アジア南東部の海岸地帯を指す。

(8) この場所は小アジアの南部の、リュキアとキリキアに挟まれた地方を指す。

(9) この山はトルコの中央アナトリアの西岸、ミアンデル川の北に位置する。ヘロドトス『歴史』第一巻一四八参照。

(10) この場所は小アジア南西部の古代国家のあった場所を指す。

(11)「峰々に邪魔されて」。テクストでは「それら［峰々］の辺りで」。

(12)「影になるそうである」。テクストのギリシア語スキゼスタイをスキアゼスタイに読み変える。

(13) タウロス山系の通常表記はトロス山系。これはトルコ南部の山脈である。

りの部分によって、[1]インドとの国境《くにざかい》になるスキティア[2]全体を取り囲み、さらにマイオティス[3]とポントス[4]の左部分に沿って進んでいるが、[5]その長さは約二万スタディオン[6]である。カウカソス山系の肘[7]と呼ばれている部分はかくも広い部分の土地を取り囲んでいる。われわれの土地では、タウロス山系はアルメニアの向こうにまで伸びていると言われている。そのことは長い間信じられていなかったが、パンピュリア[8]の香草地帯で捕獲された豹の行動範囲から――わたしはそう思っているのだが――、以後は、そう信じられている。豹たちは香草類が好きで、遠方からその香りをかきながら、ストラックスの木[9]の樹液を求めてアルメニアから山間部を移動する。風がそちら方面から吹いていて、樹木から樹液が滲み出るときにはそうである。

二　彼らによれば、あるとき首輪をつけている牝豹が捕獲されたそうである。その首輪は黄金製で、その上にはアルメニア文字[10]で「王アルサケスからニュシアの神へ」と書かれていた。当時アルメニアの王はアルサケスで、[11]わたしが思うに、彼は牝豹を捕獲した後で、その獣が大きかったために、それをディオニュソス[12]に捧げて放した――ディオニュソスはインドのニュサ[13]に因み、インド人やオリエントのすべての民族[14]により、ニュシオス人と呼ばれている[15]。

この獣はある時期、人間の手元に置かれて、[16]手で触れたりなでたりすることができた。しかし春が来て狂暴となると――春は豹にサカリがつく――雄を求めて飾りをつけたまま山間部に逃げ込み、香料に誘われて下タウロス辺りで捕まえられたそうである。カウカソス山系はインドとメディケ[17]の国境をなしているが、それはもうひとつの肘と呼ばれる部分によってエリュトラ海[18]にまで達している。

(1)「タウロス山系の残りの部分によって」。テクストでは「別のタウロス山系でもって」。

(2)この場所は黒海とカスピ海の北方、ヨーロッパ南東部とアジアにまたがる地方を指す。

(3)「マイオティス」のラテン語表記はマエオティス。

(4)この場所は黒海に臨む小アジア北東部を指す。

(5)「さらにマイオティスとポントスの左部分に沿って進んでいるが」。この部分はジョーンズ訳では欠落。

(6)二万スタディオンは約三七〇〇キロメートル。

(7)「カウカソス山系の」。ジョーンズ訳はこの部分を欠落させる。

(8)この場所は第一巻第十五章一—二に登場。

(9)「ストラックスの木」の名称は、芳香のある樹脂の総称。個々の木の名称は、それが生育する地方によって異なる。

(10)「アルメニア文字で」。ジョーンズ訳では「金文字で」。

(11)後三四年ないしは三五年にアルメニアの王アルタクシアス三世が亡くなると、アルタバヌスは彼の息子アルサケスを王として立てたことが知られているが、その在位期間は短かった。

(12)この人物は本巻第七章一二ほかにも登場。

(13)この場所は本巻第七章二ほかにも登場。

(14)「オリエントのすべての民族」。テクストでは「太陽の輝きに向かう[方面の]すべての民族」。

(15)アレクサンドロス大王は、前三二六年にインドを侵入したとき、ガンダラで、ディオニュソスに捧げられたニュサと呼ばれる町を発見したと言われる。ここでの物語の背後にある真実は、そこがアルサケス王の地であることや、彼のもっとも重要な町のひとつがニサイア(ニュシオス)であるということに求められるのかもしれない。アッリアノス『アレクサンドロス大王東征記』第五巻一—二—二参照。

(16)「人間の手元に置かれて」。テクストでは「人間のためにくびきのもとに置かれて」。

(17)この場所は現在のイランの北西部にあった古代王国を指す。

(18)ここでのエリュトラ海は第三巻第四章一ほかにも登場。

第三章

プロメテウス伝説について

この山はバルバロイ[1]により伝説化されているが[2]、ギリシア人もそれについては、一方ではプロメテウス[3]（図版）が人間への親切心[4]ゆえにその場所で縛られたとうたい、他方でヘラクレス[5]――彼らはあのテーベ人を指しているのではない――がこの扱いに我慢できず、プロメテウスが内臓を啄《ついば》ませていた鳥を矢で撃ち落としたとうたっている。また一部の者は、山の麓にある洞窟を指し示し、彼はその中で縛られたと申し立てている。ダミスによれば、鎖はまだ岩場に付いているそうであるが、それが何でつくられているかはよく分からない。他の者は、プロメテウスが山の頂きで縛られたと言っている。この頂きには二つの突端部が一スタディオン[6]の距離を置いてあり、彼はどちらかの手を突端部のどちらかひとつに縛られたと言われている。彼は非常に大きかったのである。カウカソス山系の近くに住む者はこの鳥、すなわち鷲を害鳥と見なし、鷲が断崖絶壁に巣をつくれば、火のついた矢を放ってそれを焼き払う。彼らはまた、プロメテウスのために報復する

「縛られたプロメテウスと鷲」
前530年ころ作、ヴァチカン美術館

と言って、鷲に罠を仕かける。伝説[7]が彼らに大きな影響を与えているのである。

第四章

一行を襲ったエンプーサ

一行によれば、彼らはカウカソス山系を横断すると、身の丈四ペーキュス[8]の黒褐色の人間たちを目にし、またインドス川[9]を横切ってその先を行くと、五ペーキュス[10]の人間たち[11]を目にしたそうである。

(1) バルバロイは三九頁註(11)参照。
(2)「伝説化されているが」のギリシア語はミュートロゲイタイ。あるいは「神話化されているが」。
(3) この人物は、アポロドロス『ギリシア神話』によれば、イアペトスとアシアの子であるが、アイスキュロス『縛られたプロメテウス』によれば、女神テミスの子であり、さらにヘシオドス『神統記』によれば、彼はイアペトスとクリュメネの間の子。彼は神々の姿に似せてつくられた人類にオリュンポスの火を盗んで与えたとされるが、人間にたいするその親切な行為がゼウスの怒りをかい、カウカソス山の山頂で縛られ、生きながらにして毎日大鷲に肝臓をついばまれたとされる。
(4)「人間への親切心」のギリシア語はピラントロピアー。あるいは「人類愛」。
(5)「ヘラクレス」。テクストでは「別のヘラクレス」。
(6) 一スタディオンは一八五メートル。
(7)「伝説」。あるいは「神話」。
(8) 四ペーキュスは約一メートル八〇センチ。
(9) この川はインダス川を指す。
(10) 五ペーキュスは約二メートル二五センチ。
(11)「人間たち」。テクストでは「別の者たち」。

このインドス川までの旅路であるが、わたしはそれを語るに値すると思っている。彼らが月明かりのもとで旅をしていたとき、エンプーサ(1)の怨霊(2)が彼らを襲った。それは変幻自在であるが実体のないものだった。アポロニオスはそれが何であるかを知っていた。そのため彼は自らエンプーサを叱りつけると同時に、自分と一緒にいる者たちにも同じことをするよう命じた。それこそは怨霊《おんりょう》による攻撃への反撃だったからである。怨霊は悲鳴を上げて退散した。まるで化け物(3)のように。

第五章

山越えのときのやりとり

一　山の頂きを越えるとき、そこが急峻だったので、一行は徒歩で進んだ。アポロニオスはダミスにこんな問いを発して言った。

「昨日われわれはどこにいたのか、わたしに教えてくれ」。

ダミスは答えて言った。

「平原でした」。

「ダミスよ、今日はどこにいるのだ？」

ダミスは答えて言った。

「カウカソス山系の中です、もしわたしが自分を誰であるのかを忘れていなければ(4)」。

アポロニオスは再び尋ねて言った。

「では、いつおまえは低地にいたのだ？」

ダミスは答えて言った。

「これは尋ねるに値するものではありません。わたしどもは、昨日、渓谷(5)を進んでおりましたが、今日は天により近い所に(6)おります」。

アポロニオスは尋ねて言った。

「ではダミスよ(7)、おまえは昨日の旅路は下の方で、今日の旅路は上の方だと考えているのだな」。

ダミスは答えた。

「もしわたしが狂っていなければ、ゼウスに誓ってそうです」。

アポロニオスは尋ねて言った。

---

(1) エンプーサ（女性形）はギリシア神話に登場する人食いの怪物。さまざまな姿をとり、青銅の蹄のある驢馬の脚をもつ。本書第四巻第二十五章四参照。
(2)「怨霊」のギリシア語読みはパスマ。
(3)「化け物」のギリシア語読みはタ・エイドーラ。
(4)「もしわたしが自分を誰であるのかを忘れていなければ」。テクストでは「もしわたしが自分自身を忘れていなければ」。これは「もしわたしが間違っていなければ」の意。
(5)「渓谷」。テクストでは「大地の窪地」。
(6)「天により近い所に」。テクストでは「天の方に」。
(7)「ダミスよ」。ジョーンズ訳では欠落。

「では何が二つの道を違うものにしていると(1)おまえは考えるのか？　おまえにとって何が昨日よりも今日の方を豊かにしているのだ？」(2)

ダミスは答えて言った。

「昨日わたしどもは人の多い所を歩いておりましたが、今日は人の少ない所を歩いております」。

アポロニオスは尋ねて言った。

「ではダミスよ、おまえは町中の通りから外れて人通りの少ない所を歩けないのか？」

ダミスは答えて言った。

「そんなことを申したのではございません。わたしが言おうとしたのは、昨日わたしどもは村々や人間のいる所を歩きましたが、今日は人が踏み分けていない聖なる地域を登っている、ということです。あなたもお聞きになっているように、道案内人によれば、バルバロイはこの地域を神々の住処と見なしているそうです」。

彼はこう言うと、山の頂きに目をやった。

二　アポロニオスは最初の問いに彼を引き戻すと、尋ねて言った。

「ダミスよ、おまえは今天に向かって一歩一歩近づいているが、おまえには口にできる何か神的なもの(3)でもあるのか？」

ダミスは答えて言った。

「何もございません」。

アポロニオスは尋ねて言った。

「だがおまえは、このように広大無辺な聖なる場所に立っているのだから、天や(4)、太陽や、月について、より明確な見解を示さねばならない。おまえはもしかして、天に近い所に立っているので、これらに杖で触《ふ》れることができると考えているのではないか？」

ダミスは答えて言った。

「神的なものについてわたしが昨日知ったことは、今日も知っております。それについてはまだ別の見解をもつにいたってはおりません」。

アポロニオスは言った。

「それならば、ダミスよ。おまえはまだ低い所におる。おまえは高い所からは何も学んではいない。おまえは昨日と同じくらい天から離れている。だからおまえに最初に投げかけた問いは、おまえには笑うべき問いに見えたかもしれないが、妥当なものだった」。
三　ダミスは言った。
「アポロニオスさま。でもわたしは、下山するときにはそれまでよりも賢くなっていると考えました。ミ

(1)「違うものにしている」。テクストでは「互いに違うものにしている」。
(2)「昨日よりも今日の方を」。ジョーンズ訳は「今日よりも昨日の方を」と、意味を取り違えている。
(3)「神的なもの」のギリシア語読みはト・テイオンで中性形。
(4)「天や」。テクストでは「天について」。

レシオス(1)出身のタレス(2)がミュカレ山(3)の近くから観察したように、クラゾメナイ(4)出身のアナクサゴラス(5)がイオニア地方のミマス山(6)で天体を観察したと聞いたことがあるからです。人びとによれば、一部の者はより深く考えるためにパンガイオン山(7)に登り(8)、他の者はアトス山(9)（図版）に登ったそうです。わたしはこれらの山々よりも高いこの山に登りましたが、前よりも賢くなって下山するわけではありません」。

アポロニオスは言った。

「このように眺望のよい所からは、天がますます青いものに、星がより大きなものに見え、また太陽が夜間に昇っていくのが見られるが、このような事実は、羊飼いや山羊飼いたちならばだれでもが知っている。しかしどのようにして神的なものは人間という種族に心配りをするのか、どのようにすればそれは人間に仕えられるのを喜ぶのか、徳の性格や正義や節制の性格は何かなどは、もし霊(10)がこれらのことを正しく知ることができないのであれば、アトス山は登山してくる者たちにこれらを示しはしないし、また詩人たちによって賛嘆されているオリュンポス山(11)（図

アトス山

オリュンポス山
（第4巻23-2のオリュンポス山をも参照）

版）も示しはしない。もし清くて汚れのない霊がそれらに触れることができれば、思うにそれは、このカウカソス山系の頂きよりもはるかに高い所へと飛翔するであろう」。

（1）この場所は小アジアのアナトリア（トルコ）地方の西岸の町を指す。
（2）タレス（前六四〇―五四六年）はギリシアの哲学者。アリストテレス（『形而上学』A巻九八三b一八）は万物の根源を水とした彼を、ギリシアの伝統の中の最初の哲学者と見なしている。
（3）この山は小アジアの中央アナトリアの西岸に位置する山（標高一一三七メートル）を指す。
（4）この場所は小アジアのイズミールの西約二〇マイルの場所につくられた町を指す。
（5）アナクサゴラス（前五〇〇―四二八年）は九頁註（12）参照。
（6）この山はキオスの対岸の小アジアの海岸にあり、ホメロス『オデュッセイア』第三歌一七二で「風繁きミマースの山」（高津春繁訳）で登場。
（7）この山はトラキアの山。ヘロドトス『歴史』第五巻一六、第七巻一一二、一一三、一一五は、この山に言及している。
（8）「……に登った」。テクストでは「……を使い」。
（9）この山はギリシア北東部のカルキディケ半島の最東端に位置する山（標高二〇三三メートル）を指す。
（10）「霊」のギリシア語読みはプシューケー。あるいは「魂」。
（11）この山はギリシア北東部にある最高峰の山（標高は二九一七メートル）を指す。ギリシア神話に登場するゼウスなどが住んだ山。

第六章

インド人の接待

山越えが終わると、一行は象に乗っている男たちに出会いはじめた。(1) この者たちはカウカソス山系とコペン川(2)の間に住んでいて、象などの群れ(3)の追い立てを生業《なりわい》としている貧しい者たちである。しかし一部の者は、インド人が遠距離を行くときに用いる駱駝に乗っていた。駱駝は一度も膝を折ることなく、一日に、一〇〇〇スタディオン(4)の距離を行くことができる。インド人のひとりがそのような駱駝に乗って一行に近づくと、道案内人に、どちらに向かうのかと尋ねた。男は旅の目的を聞き出すと、それを仲間の遊牧の者に告げた。彼らは嬉々として大声を上げ、一行を招いた。(5) 彼らはやって来た一行を、ナツメヤシの実からつくった酒や、同じナツメヤシの木の樹液、皮を剥いだばかりのライオンや豹の薄切り肉を出して歓待した。一行は肉を除いてすべてを受け取った。そして一行は、インドへ向かうためにそこを後にし、東方へと進んだ。

第七章

救い主ゼウスのすすめる御神酒について

一　一行が水源近くで朝食を取っていたとき、ダミスはインド人からもらった酒の一部をそれに注いで言った。

「アポロニオスさま。ここに長い間酒を飲んでおられないあなたさまへ救い主ゼウス(6)からの御神酒《おみき》がございます。この酒は葡萄からつくられたものではございませんので、あなたさまはそれをご遠慮されるとは思いません」。

彼はこう言うと御神酒を注いだ。ゼウスのことを思い起こさせたのである。

アポロニオスは笑って言った。

「ダミスよ、われわれは金子《きんす》を遠ざけておるな」。

ダミスは答えて言った。

「ゼウスに誓って、そうでございます。あなたさまはそのことを何度も(7)お示しになられました」。

アポロニオスは言った。

「われわれは個人ばかりか、王たちまでもが金を追い求めているのを目にするが、われわれは金や銀のドラクメーから遠ざかり、この種の貨幣の誘惑に屈しないようにしよう。そこでだが、もしだれかがわれわれ

---

(1)「出会いはじめた」のギリシア語はエンテュンカヌーシン。ここでの動詞の時制は歴史的現在。
(2)この川は不明。
(3)「象などの群れ」。テクストでは「この群れ」。
(4)一〇〇〇スタディオンは約一八五キロメートル。
(5)「一行を招いた」。テクストでは「(自分たちの方へ)近づいて来るように命じた」。
(6)「救い主ゼウス」のギリシア語読みはゼウス・ソーテール。
(7)「何度も」のギリシア語はポッラクー。あるいは「多くの場所で」。

に銀貨と偽って銅貨を、あるいは金をかぶせた偽硬貨をくれたとしよう。もしそれが多くの人がほしがるようなものでないとき、われわれはそれを受け取ってかまわないのか？」

二　アポロニオスはつづけた。

「インド人には黄銅や黒銅の貨幣がある。そのため、インドの土地にやって来る者はみな、それでもって何でも購入しなければならない。では、これは仮定の話であるが、この純朴な遊牧の者たちがわれわれに金をくれたとしよう。ダミスよ、おまえは、わたしが断るのを目撃したとしよう。おまえはわたしを非難せず、あちらはローマ人やメディアの王が鋳造する貨幣であるが、こちらはインド人のために磨き上げられた少しばかり異なる材質だと教えてくれるであろう。そしておまえがこれらのことでわたしを説得できたら、おまえはわたしを何だと考えるであろうか？　おまえはわたしを、盾を捨てた臆病な兵士たち以上に哲学を捨てたたわけ者と考えるのではないか？　しかし、盾は捨てられても、アルキロコス(1)の意見では、その者はそれに劣らない別の盾を手にすることができるが、哲学を一度軽んじて投げ捨てた者にとっては、いったいどのようにしてそれを再獲得できるというのか？　さらに言えば、ディオニュソス(2)は葡萄酒に屈しない者をも許すであろうが、もしわたしが葡萄からつくった酒よりもナツメヤシの実の酒の方を好めば、彼は間違いなく怒り、わたしが彼自身の贈り物を侮辱していると言うであろう。われわれは神から遠くはない。おまえはわれわれの道案内人がニュサ山に近いと言っているのを聞いたからだ。その山の上ではディオニュソスが多くの奇跡を演じていると思う」。

三　アポロニオスはさらにつづけた。

「さらに言えば、ダミスよ、(3)人は葡萄の房からだけで酩酊するのではなくて、ナツメヤシからも同じくへべれけに酔うのだ。われわれはすでにインド人の多くがこの酒の虜にされているのを見た。ある者はよろけながら踊り、またある者はうつらうつらしながらうたっている。まるでわれわれの中の夜になってはじめて杯から手をはなす、止めるべき時に止めない者たちのようにである。おまえはこの御神酒の一部をゼウスに注いだとき、この液体を酒であると考え、その酒の上にそれにふさわしい祈りをすべて捧げている。ダミスよ、以上がわたし自身の名誉のためにおまえに言っておかねばならぬことだ。わたしはおまえやこれらの同行者たちに飲むのを差し控えろと言うつもりはないし、おまえたちが肉を食べることにも譲歩するであろう。わたしの見るところ、これらの物からおまえたちを遠ざけても、おまえたちには、何の益もなかったからだ。もちろん、わたしにとっては、そのおかげで、幼少のときからわたしを哲学に向かわせるものになったが」。

ダミスと彼の周りにいた者たちはこの言葉を受け入れ、栄養をつければつけるほどこれからの旅路は楽になると考えて、ご馳走を喜んで腹一杯食べた。

(1) アルキロコス（前六八〇―六四五年）はパロス出身のギリシアの詩人で、バルバロイと戦っているときに盾を投げ捨てるが、それを彼の詩の最後で「わたしはわが命を救った。盾が何だというのだ。どうでもいいのだ。わたしはすぐにこれに劣らぬよいやつを手に入れる」と歌っている。

(2) この神は本巻第二章二ほか参照。

(3) 「ダミスよ」。ジョーンズ訳はこの語句を落とす。

第八章

ディオニュソスの聖所

彼ら自身はコペン川を舟で渡ったが、駱駝は、水深がまだ浅かったので、歩いて渡った。こうして一行は王によって統治されている土地に到達した。ここではニュサ山(1)が聳え立ち、その頂きの一番高い所まで、リュディアのトモロス連山(2)のように、植物が自生していた。道が耕作のためにつけられていたので、そこを登っていくことができる。

一行によると、彼らは登って行く途次で、ディオニュソスの聖所に遭遇したそうである。ディオニュソスはその周囲を取り囲むように月桂樹の木を植えたと言われているが、これらの月桂樹の木は、聖所の規模からすれば十分すぎるほどの場所を占めている。ディオニュソスはまた、月桂樹の木の周りに蔦と葡萄の蔓草を這わせ、やがて木が一緒に大きくなり、それが覆いのようなものになることを知って、その中に自分自身の神像を置いた。そしてこれが今や隙間もないほどになり、そのため雨が聖所に降りつけることもなければ、風がその中に吹き込むこともない。そこには鎌や、収穫用のかご、絞り器、その付随物などがあった。すべ

ディオニュソス

ては金や銀でできていて、あたかもディオニュソスが葡萄の刈り入れをしているかのよう彼に捧げられていた。ディオニュソスの神像はインドの青年に似ていて、よく磨き上げられた大理石でつくられていた。ディオニュソスが羽目をはずしばか騒ぎをしてニュサ山を揺るがすとき、山の下の町々の住民はそれを聞いて彼の狂乱にあずかる。

第九章

ディオニュソスは何者か？

一　このディオニュソス（図版）についてであるが、ギリシア人はインド人とは見解を異にし、またインド人はインド人で互いに見解を異にしている。われわれは、テバイ人ディオニュソス[3]が兵士として、またバッ

（1）「ニュサ山」。たとえばアッリアノス『アレクサンドロス大王東征記』第五巻一はニュサを町として言及し、「アレクサンドロスが通り抜けたコペン（コーフェーン）川とインドス川との間にあるこの地方にはまた、ディオニュソスの建設にかかる、ニュサという町があったという。ディオニュソスがインド人を征服したさいに、この町を建てたというのである。さてこのディオニュソスはいったい何者なのか、いつどこかからインド人にたいし、軍勢をひきいて攻め込んだのか。……」（大牟田章訳、岩波文庫）と述べている。

（2）この連山はアナトリアのリュディア（現在のトルコ）の西でサルディスの南に位置する山々（標高はいずれも二〇〇〇メートル前後）を指す。

（3）「ディオニュソス」。テクストにはないこの語を補う。

コスの酒盛りをする者としてインドに遠征したと申し立てる。[1]われわれのもとにある何よりの証拠はピュト[2]での奉献で、それはそこの宝物殿で秘密裏に執り行なわれる。[3]そしてインドでつくられた銀製の円形プレートがある。それには「セメレとゼウスの子ディオニュソス、インドの人びとからデルポイのアポロンへ」と刻まれている。

二　インド人であるが、カウカソス山系の近くやコペン川の川沿いに住んでいる者たちは、ディオニュソスは彼らのもとへやって来たアッシリア人で、テバイ人の慣習を知っていたと申し立てる。[4]インドス川とヒュドラオテス川の間に住む者たちや、[5]これらの川の向こう側でガンゲス川で終わる土地に住む者は、ディオニュソスはインドス川の子として生まれたと言い、テバイ出身のあのディオニュソスは彼を訪ねた後、[6]テュルソス棒を手にバッコスの酒盛りに与ったと言っている。[7][8]そのテバイ人は、自分がゼウスの子で、生まれるまでは父親の腿の中で育ったと申し立てた後、[9]メロス山［腿山］と呼ばれる山を発見したそうであるが、[10]ニュサはその山の近くで、彼はテバイから携えた葡萄の挿し木をディオニュソスのために植え、アレクサンドロス（図版）はそこで酒盛りをした。

アレクサンドロス
第２巻42の「イッソスの戦い」の部分図

アレクサンドロスはニュサ山に登らなかった

三　ニュサ山に住む者は、アレクサンドロスがこの山に登ったことを否定する。[12] 彼は古代の言い伝え[13]に夢中になる功名心のある男だったためその気になったが、マケドニア人が葡萄の木をもう長い間目にしていなかったため、もしそれに遭遇すれば、望郷の念にかられ、すでに水だけの生活に慣れているのに酒への渇望を覚えたりすることを恐れた。そこでアレクサンドロスは麓でディオニュソスに祈りと犠牲を捧げた後、ニュサ山を迂回して進んだ。

(1)「テバイ人ディオニュソスが兵士として、またバッコスの酒盛りをする者として」――テクストでは「兵士でありバッコスの酒盛りをするテバイ人（ディオニュソス）」。
(2) ピュトはデルポイの古名。
(3) この神はカドモスとハルモニアの間の娘。
(4)「テバイ人の慣習」のギリシア語はタ・トゥー・テーバイウー。定冠詞「タ」の後にさまざまな語を補うことが可能。
(5) この川はパンジャブ地方を流れる現代のラヴィ川を指す。
(6)「ディオニュソス」。テクストにはないこの語を補う。
(7) これは葡萄の葉などが巻きつけられた長い棒で、ディオニュソスが手にした。
(8)「バッコス」。バッカスの意。
(9) ディオニュソスは、母のセメレの胎内から取り出された後、しばらくの間父親ゼウスの「腿（メロス）」の中に縫い込まれて育て上げられたとするディオニュソス誕生神話は、アポロドロス『ギリシア神話』第三巻四-三参照。
(10) メロス山がディオニュソス誕生と結びつけられていることについては、アッリアノス『インド誌』一参照。
(11) ニュサの町やその住民は、アッリアノス『アレクサンドロス大王東征記』（大牟田章訳、岩波文庫）第五巻一-二、およびそこでの訳者註参照。
(12)「登ったことを否定する」。テクストでは「登ったとは言わない」。
(13)「古代の言い伝え」のギリシア語読みはアルカイオロギアー。

わたしは、こう書き記せば、一部の者の不興を買うことを承知しているが、アレクサンドロスと一緒に遠征に参加した者はこれらのことの真実を書かなかった[1]。いずれにせよ、わたしはどこまでも真実にこだわるが、もしこの者たちがそれを尊ぶのであれば、彼らもアレクサンドロスをさらに賞賛したであろう。なぜならば、この者たちは、彼が山に登りバッコスの酒盛りをしたと申し立てるが、登らないことで軍団の克己心がより高められたとわたしには思われるからである。

第十章

アオルノスと呼ばれる岩場

アオルノス[2]の岩場はニュサ山から遠くはないが、ダミスはそれを見たことがないと言っている。そこは一行の道筋から外れた所にあり、道案内人が道を外すことを恐れ、まっすぐに進んだからである。しかしながら、彼は明らかにアレクサンドロスがそこを占拠したことを聞き知っている。その場所がアオルノスと呼ばれたのは、その場所が下から一五スタディオン[3]も高いからからではなく――聖鳥はこれよりも高く飛ぶことができる――、岩場の頂きに割れ目があり、これがその上を飛翔する鳥を吸い込むからである。アテナイのパルテノンの神殿の玄関口や、プリュギア人[4]やリュディア人[5]の土地の多くの場所で同じ現象を見ることができる[6]。このため、その岩場はアオルノスと呼ばれ、鳥が見られないのである。

第十一章

一行が出会った少年の象使い

一　彼ら一行は、インドス川に近づいたとき、象に乗りそれを鞭で打っている一三歳くらいの少年に出会った。彼らは少年を見て驚いた様子だったので、アポロニオスは言った。

「ダミスよ、馬のよき乗り手のすることは何だ？」

ダミスは答えた。

(1) アッリアノス『アレクサンドロス大王東征記』第一巻の「序言」は、典拠とする資料を遠征に参加したラゴスの子プトレマイオスとアリストブロスの子アリストブロスとし、その二人の記録を比較照合しながら使用すると述べた後で、「実際アレクサンドロスについては、さまざまな記録者がさまざまなことを書いてきた。これほど多くの記録者に書かれながら、これほどにも彼らの伝えるところがたがいにまちまちで一致しない人物もないものだ」（大牟田訳）と慨嘆している。

(2) 「アオルノス」は否定辞の「ア」に、鳥を意味する名詞オルニスが結合してアオルニスとなり、そこから形容詞アオルノスが派生したと考えられる。「鳥のいない」の意。ここはインドス川の上流の現代のピル・サル。

(3) 一五スタディオンは約二七七五メートル。

(4) 「プリュギア人」のギリシア語読みはプリュゴイ。

(5) 「リュディア人」のギリシア語読みはリュドイ。

(6) ここでの記述は正しくないとされる。

「ほかでもありません。馬に乗る者は、それを御し、手綱で向きを変え、暴れるときには叱り、沼地やぬかるみを行くときには、馬が深みや、溝、裂けた所などにはまらないよう前方をよく見なければなりません」。

アポロニオスは尋ねて言った。

「ではダミスよ、よき騎手にはこれ以上は何も期待できないのか？」

ダミスは答えて言った。

「はい、ゼウスに誓って。上り坂で馬を疾走させるときには、乗り手は手綱《たづな》を緩めねばなりません。下り坂では、馬まかせにするのではなくて、手綱を引かねばなりません。乗り手はその耳やたてがみをなでつけてやらねばなりません。鞭を絶えず使う者はわたしに賢い乗り手とは思われませんが、わたしは今申し上げたような仕方で馬に乗る者を賞賛するでしょう」。

アポロニオスは尋ねて言った。

「では、勇猛で戦闘的な乗り手には何が必要なのだ？」

ダミスは答えて言った。

「アポロニオスさま、同じでございます。これらのことの他に大切なのは、矢を射りその飛来から身を守ることです。敵兵を襲い、追い払い、追い詰めることです。そして、盾の音や、兜の反射、勝利の声や鬨の声で馬を驚かせないことです。これは馬を賢く乗りこなす術だと思います」。

二　アポロニオスは尋ねて言った。

「では、おまえは象に乗っているあの象使いをどう思うか？[1]」

ダミスは答えて言った。

「アポロニオスさま、非常に素晴らしい象使いです。あのような小さな子供があのように大きな動物を命令にしたがわせております。少年はあの動物の姿にも、あのような巨大な体にも恐れることなく、あなたさまがご覧になっているように、碇のように棒切れを象に打ち込み、それでもって御しております。わたしにはそれが人間業とは思われません。女神アテナ[2]に誓って申し上げますが、もしこれをわたし自身が目にするのではなく他の者から聞いたのであれば、わたしは信じなかったでしょう」。

アポロニオスは尋ねて言った。

「ではダミスよ、もしだれかが少年をわれわれに売ろうとしたら、おまえは買うか？」

ダミスは答えて言った。

「ゼウスに誓って、もちろんです。わたしは自分が所有するすべてのものを投げ出してでも彼を買います。大地が養うもっとも大きな動物の主人となることは、アクロポリスを占拠するようなものです。それはわたしには自由と高揚した気分であるように見えます」。

---

(1)「どう思うか？」。テクストでは「何と言うか？」

(2) この女神はアテナイの守護神。

アポロニオスは尋ねて言った。

「では、もしおまえが象を買わないとしたら、おまえはその少年のために何ができるのだ？」

ダミスは答えて言った。

「わたしはわたしの家のことや家僕たちのために彼を使います。彼はわたしよりもはるかに立派に家や家僕たちを治めるでしょう」。

するとアポロニオスは尋ねて言った。

「なぜおまえは自分自身の家僕たちを治めることができないのだ？」

ダミスは答えて言った。

「アポロニオスさま、わたしもあなたさまと同じように、こうした雑事を投げ捨てていろいろな所に行っているからです。知識を求め、外国のものを学ぶために」。
三　アポロニオスは尋ねて言った。
「おまえが少年を買い、おまえに二頭の馬がいたとしよう。一頭は競走馬で、もう一頭は軍馬だ。ダミスよ、おまえは少年をこれらの馬に騎乗させるか？」

ダミスは答えて言った。

「多分、競走馬には。わたしは他の者たちがそうするのを目にしますが、いったいどうやってこの少年は戦いのために武具で身を固めた者の馬に乗ることができるでしょうか？　彼は騎兵に必要な盾や、胸当て、兜などを身につけることができません。どのようにして彼は槍を振りかざすことができるのでしょうか？

彼にはまだ槍の柄や矢を扱うのは無理なのです。彼はまだ口ごもる少年なのです」。

アポロニオスは言った。

「ではダミスよ、この象に乗り同行するのは他の何かであって、おまえが驚きからただただひれ伏している象使いではなくなる」。

ダミスは答えて言った。

「アポロニオスさま、それはどういうことでしょうか？　わたしはこの動物の背にはこの少年以外に他の何も目にしないのですが」。

四　象の性格について

アポロニオスは言った。

「この動物は他のどんな動物よりも飼育しやすい。一度人間のもとで生きる運命に置かれると、人間の側から出される要求にはすべて耐え、その習慣を人間に合わせるものだ。それは、小さな犬のように、手ずから与えられたものを口にするのを好む。近づいてきた者には長い鼻で親愛の情を示し、その頭を喉に押しつけるのを許し、人間のためにできるだけ大きく口を開いてくれる。遊牧民の間で見たとおりだ。しかし、聞くところによれば、夜になるとこの動物は自分の奴隷状態を訴えて鳴くそうだ。誓って言うが、昼間に上げるいつもの声ではなくて、悲しい憂いに満ちた声だ。象というのは、こうやって悲しんでいても、人間がやって来れば、恥じ入るかのようにしてその悲しみを抑える。それゆえ、ダミスよ、象は自分自身を抑制している。[1] 象に乗っていろいろと指示をする者によってではなくて、その従順の性格が象を導いているのだ」。

第十二章

象の種類について

一　彼らによれば、彼らはインドス川に達したとき、象の群れが川を渡るのを見たそうである。彼らはこの動物について次のように聞いている。

一部の象は低湿地帯に、一部は山間部に棲息しているが、第三の種類の象は平野部に棲息し、戦いで使うために捕獲される。象が戦うときには、一〇人から一五人のインド人を同時に乗せることができる櫓が装着される。インド人は、城門から投石するように、この櫓から矢や槍を投げる。この動物自体は自分の長い鼻を手と見なし、槍を投げるのにそれを使う。インド産の馬がニサイア産[2]の馬よりも大きいのと同じように、インド産の象はリビュア産[3]の象よりも大きい。

二　この象の年齢[4]であるが、他の者[5]は象が非常に長生きすると申し立てる。二人[6]は、インド最大の町タクシラ[7]で、地元の者たちによって香料[8]をふりかけられ頭飾りをしている象に出会ったと言っている。これはポロス王[9]の側についてアレクサンドロスを相手に戦った象のうちの一頭である。[10] その象は非常に勇猛果敢に戦ったので、アレクサンドロスはそれをヘリオス神に奉納した。その象の牙あるいは角――こう呼んでもかまわないが――の周辺には黄金の飾りが取りつけられ、その上には[11]ギリシア語で「ゼウスの子アレクサンドロス、アイアスをヘリオス神に捧げる」と刻まれていた。このアイアスはアレクサンドロスがこの象に付けた名前であるが、それは彼が、大きな動物には大きな名前がふさわしいと考えたからである。(12) 土地の者は、戦闘は三五〇年前の出来事だったとするが、その象が何歳のときに戦ったかは言わなかった。

(1)「抑制している」のギリシア語はアルケイ。あるいは「支配している」。

(2)この土地はメディアの西の地域を指す。その平原が産する馬はとくに有名で、アケメネス王朝の戦車に使用された。

(3)「リビュア」のギリシア語読みはリビュエーで、アフリカを指す。したがって、「リビュア産の象」はアフリカ産の象を意味する。

(4)「象」。テクストでは「生き物」。

(5)「他の者」。アポロニオスとダミスを除く一行の者を指す。

(6)「二人」。テクストでは「この者たち」で、アポロニオスとダミスを指す。

(7)この町は現在のパキスタンのパンジャブ地方にあった。

(8)ここでの香料は没薬か。

(9)この人物はパウラヴァ(現在のパンジャブ地方)の王を指す。

(10)象を使用したこの一戦は前三二六年のヒュダスペス川の戦いとして有名。ポロスはこの合戦でアレクサンドロスに敗れるが、アレクサンドロスの信頼は厚く、彼が領有することになった土地の統治を委ねられる。ディオドロス『歴史文庫』、プルタルコス『アレクサンドロス大王の生涯』、アッリアノス『アレクサンドロス大王東征記』第五巻一八以下参照。

(11)「その上には」。ギリシア語は曖昧で、複数形の「飾り」を指すのか、「歯とか牙と呼ばれるもの」を指すのか分からない。

(12)ホメロス『イリアス』第二歌五二八によれば、テラモンの子アイアスは大柄で、小柄のオイレウスの子アイアスと区別するため「大アイアス」と呼ばれた。

第十三章

ヨバスの語るリビュア象

一　しかしながら、かつてリビュアの民族(1)を統治していたヨバス(2)は、昔リビュアの象使いは象に乗って合戦したと言っている。一部の象の牙には櫓が彫られていたが、他の象には何も彫られていなかった。ヨバスによれば、夜になって戦闘が終わると、戦いに破れたこれらの印を付けた象はアトラス山(3)に逃げ込んだ。彼は自らの手で、四〇〇年後に、そのとき逃亡した象の一頭を捕獲した。その印は深く刻まれていたため、長い歳月が経っても消えてはいなかった。ヨバス自身は、この牙は角であると考えている。それがこめかみの所から突き出ていて、何か別のもので鋭利にされているのではなく、はえてきたままで残されており、歯のように抜け落ちたり新しくはえたりはしないからである。

ピロストラトスによる異議申し立て

二　わたしはこの説明を受け入れない。鹿の角は、たとえ全部ではなくても、抜け落ちて新しくはえてくるからである。人間の歯はすべて抜け落ちて新しくはえてくる。しかし他の生き物の場合、その突き出た歯や犬歯は自然に抜け落ちはしないし、抜け落ちても新しくはえてはこない。なぜなら、自然がそれらを武器として顎《あご》に嵌《は》め込んでいるからである。またとくに角は、山羊や、羊、雄牛に見られるように、毎年、はえぎわに向かって円形に盛り上がる。しかし牙は一度はえると、何かの妨げもなければ、いつも同じ形状を保っている。石のように固いからである。(4)

さらに、角をもつことは偶蹄類の動物にのみ限られているが、象(5)には五本の蹄《ひづめ》があり、足裏には多くの割れ目がある。そしてこれらの割れ目は蹄にはなっていないので、足裏はやわらかである。自然は角あるもののすべてに多孔性の骨を与えるため、角を外側から大きくさせるが、象の牙はどの部分も等しく大きくなる。もっともそれを折ると、歯のように、小さな孔が中を通っている。

三　低湿地帯の象の牙は茶褐色で、多孔性で、鼻を使って働かせるのが困難である。牙の多くの所には孔があり、他の多くの所にも結節があり、何かをしようとしてもそれはできない。他方、山間部の象の牙はこれよりも小さいが、非常に白く、仕事をさせるのは少しも難しくはない。しかし、平野部の象の牙は最高である。もっとも大きく、もっとも白く、折るのは容易で、手が欲することはそのとおりになる。もしわたし

---

(1) この民族は「アフリカの民族」を指す。

(2) ここでのヨバスはヌミディアの王ヨバス二世（在位前四八－後二三年）を指す。ヨバスはユバスと表記されることもある。この王は歴史や、自然史、地理、絵画、演劇などに関する著作で知られており、大プリニウスは典拠として彼に六五回言及している。

(3) この山はアフリカ北西部の山脈を構成する山のひとつを指す。

(4) 「なぜなら、石のように固いからである」。テクストでは、「なぜならそれは、石のような材質と性質に与っているからである」。

(5) 「象」。テクストでは「生き物」、「動物」。

が象の性格を記述するなら、次のようになる。インド人は、低湿地帯で捕獲された象を頭が悪く耳も悪いと考えている。山間部の象は気性が激しく、ずる賢く、何かを必要としない限り人間たちを信頼しない。他方、彼らによれば、平野部の象は穏やかで、御しやすく、すぐに人まねをする。こちらの象は字を書き、踊り、笛に合わせて体を揺り動かし、地上[1]を飛び跳ねたりする。

第十四章

動物の世界に見る親と仔

アポロニオスは象が——三〇頭くらいだとわたしは思う——インドス川を渡っているのを見たことがあるそうだ。そのとき象たちは自分たちの中のもっとも小さな象を先導役に使い、より大きな象は自分たちの中の仔象を突き出た牙の上に乗せ、落ちないように[2]その鼻を仔象に巻きつけて運んでいた。

アポロニオスは言った。

「ダミスよ、象がこれらのことをするのは、誰かに命じられたからではなく、彼ら自身の理解や知恵からなのだ。おまえが目にしているのは、彼らが仔象を荷担ぎ人のようにしてつかみ上げると、しっかりとそれを押さえながら運んでいる姿ではないか？」

ダミスは答えて言った。

「アポロニオスさま、わたしは彼らが賢く利口そうにそれを行なっているのを目のあたりにしております。

仔象によくしてやろうとするのは自然の情であるのかどうかと言い争う人びとがおりますが、あの愚かしい問いかけの意味は何なのでしょうか？　なぜなら、象でさえ自然にそうなるのだと大きな鳴き声を出して言っているのですから、それで充分です。象は確かに、他のことのように、人間からそれを学んだのではありません。彼らはまだ人間と一緒に暮らしていないからです。彼らは産み落とした仔を愛する術を自然に身につけているので、仔象の世話をして食べさせたりするのです」。

二　アポロニオスは言った。

「ダミスよ、話題を象だけにしなくてよい。わたしは象を理解力と意思の点で人間につぐ生き物であると見なしているが、今は象ではなくて熊のことを考えている。親熊は動物の中でもっとも獰猛であるが、仔熊のためには何でもする。狼はどうだ。狼はつねに略奪に忙しいが、雌の狼はわが仔を守り、雄の狼は雌の所へ食べ物を運んで仔を守ろうとする。豹もまた同じだ。その激しい気性のため、豹は母性を大切にする。そこで雌は雄を支配し、家族を治めようと欲し、雄は雌が愛情から子孫にすることを何でも許すのだ。雌ライオンについては、次のように語られている話がある。すなわち、雌ライオンは豹を愛する相手と見なし、草原のライオンの臥所に彼女を受け入れているが、雌ライオンの子宮が仔を産む時期になると、彼らは山岳地帯や豹の集まる場所に身を隠す。産まれた仔には斑点があり、そのため彼らは産まれた仔を深い低木の茂みの中に隠して授乳するが、そのさい彼らは、獲物から遠ざかっているかのように装う。もし雄ライオンがこ

(1)「地上を」。テクストでは「地上から」。

(2)「落ちないように」。テクストでは「安全のために」。

れを発見すれば、彼らは仔ライオンを食い裂き、その生まれた仔を他の雌ライオンの仔として平らげてしまう。(1)

三　もちろんおまえは、ホメロスのうたうライオンの一頭に遭遇し、それが仔ライオンを守るために狩りする者を恐ろしい形相で睨みつけ、戦うためにどんなに力を振り絞るかを見たはずだ。(2) 彼らによれば、この地方では雌虎がもっとも獰猛な動物だそうだが、雌虎はエリュトラ海を航行する船の発着場まで行き、連れて行こうとするわが仔を返してもらおうとするという。わが仔を返してもらえれば、嬉しそうにして去って行くが、もし船がそこを離れて航行しはじめておれば、雌虎は海に向かって咆吼し、死ぬのもいる。

鳥についてだが、鳥を知らない者はいない。鷲や鸛《こうのとり》は、最初にイーグルストーン(3)や煌斑石を巣の中に入れて巣作りをする。卵が孵化し、蛇が卵に近づかないようにするためである。

四　海の生き物はどうであろうか？

われわれはわが仔を愛する海豚《いるか》に驚かされるが、鯨や海豹《あざらし》などの海の哺乳動物にも驚かされる。わたしは昔アイガイで野生の動物ショーのために檻に入れられた海豹を見たことがある。それは檻の中で死産したわが仔を嘆き悲しみ、そのため、海豹はもっとも暴食の動物であるが、三日間も餌を受けつけなかった。

鯨はわが仔が自分より大きなものから逃げるときには、自身の喉の奥まった所に入れてやる。蝮《まむし》は自分が産んだ仔を舐め、そしてあのよく知られている舌で愛撫するのが観察されてきた。だから、ダミスよ、われわれは蝮の母なし仔についての荒唐無稽な話を受け入れるのはやめよう。それは自然や経験が確認していないものだからである」。

ダミスは答えて言った。

「それゆえあなたさまは、エウリピデスと、(4)彼がアンドロマケに、『それゆえすべての人間にとって子は命でないか？(5)』と言わせているその詩行を賞賛しようとしておられるのです」。

アポロニオスは答えて言った。

「そのとおりだ。これは賢い仕方で、しかもダイモーンがのり移ったかのようにして言われた言葉である。これは、もしその賞賛がすべての生けるものに向けられておれば、より賢いより真実なものとなっていたであろう」。

ダミスは言った。

「アポロニオスさま、あなたさまはその詩行を書き改め、わたしどもが『それゆえすべての生き物にとって、子は命である』と口にできるようにしようとしているようにお見受けいたします。わたしも同意いたします。そちらの方がようございます」。

---

(1)「他の雌ライオンの仔として」のギリシア語はホース・ノトン。テクストでは「私生児として」。
(2) ホメロス『イリアス』第十七歌一三三―一三六参照。
(3) この石はくるみ大の鉄鉱石の塊で、鷲が卵を産みやすいように巣に運ぶと信じられた。
(4) エウリピデス（前四八〇頃―四〇六年頃）はギリシア三大悲劇詩人のひとり。
(5) エウリピデス『アンドロマケ』四一八―四一九。

第十五章

大きな象と小さな象

一　ダミスはつづけた。
「しかし、わたしに言ってほしいのですが、わたしどもはこの話のはじめで、象はその行動で知恵と理性を働かせると言わなかったでしょうか？」

アポロニオスは答えて言った。

「おおダミスよ、多分そう言ったと思う。もしこの動物に自分を支配する理性がなかったならば、それは生き長らえなかったであろうし、また一緒に暮らす人間たちも生き長らえることはなかったであろう」。

ダミスは言った。

「では、なぜ彼らはかくも愚かしい、自分たちにとって益にならない仕方で川を渡るのでしょうか？　あなたさまも目にされるように、一番小さな象が先頭を行き、少しばかり大きな象がその後にしたがい、ついでそれよりも大きい別の象がその後にしたがい、もっとも大きな象はすべて後方におります。象は反対の仕方で川の中を進み、もっとも大きい象を壁にして、防御物にすべきではないですか？」
二　アポロニオスは答えて言った。
「ダミスよ、そうではない。第一に、彼らはわれわれが多分遭遇する彼らの足跡にしたがって追尾してくる人間から逃れようとしているように見える。攻撃にさらされるときには、戦いのときと同じく、保護を何よりも必要とするのは後方であり、象は動物の中で一番戦術的であると見なさねばならない。次に渡河であるが、もし彼らの中のもっとも大きな象が先頭になって渡るならば、彼らは自分たち全員が渡河できる水嵩かどうかを推し量ることなどできないであろう。これらの象は、何しろ背丈が一番あるので、容易にすぐに渡河できるが、他の象にとっては、渡河は困難であり危険である。もし彼らの身の丈が流れの上に達していなければ。しかし、もし一番小さな象が渡れば、それは他の象に危険がないことを告げることになる。加えて、もし一番大きな象が先頭を行けば、彼らは自分たちよりも小さな象にたいし川をより深いものにしてしまう。川底が土砂であれば、大きな象はその体重やその太い足のため深みをさらに深くすることになるが、より小さな象はより大きな象の渡河を妨げることはしない。彼らはそれほど深い所を歩いて進まないからである」。

第十六章

象が狩りをするときは

さてわたし自身は、ヨバの話の中で、象が狩りをするときには協力し合い、傷ついた仲間の象を守り、もしそれを群れから離せれば、アロエの樹液(1)を傷の部分に塗り、医師のようにその周りに立っていることを知

(1)「アロエの樹液」のギリシア語はト・ダクリュオン・テース・アロエース。

った。
二人は、議論のはじめをそうするに価値あるものにすると、このようことを数多く哲学的に議論した。

第十七章

インドス川の渡河を前にして

一　さて、アケシネス川[1]についてネアルコス[2]やオルタゴラス[3]によって言われていること、すなわちその川がインドス川に合流することや、そこには身の丈が七〇ペーキュス[4]もある蛇がいることなどであるが、彼らが口にするこれらのことはどれも事実に即しているので、わたしは大蛇についての話は持ち出さないでおく。ダミスもすでに大蛇の獲物狩りを語っている[5]。

彼らはインドス川に達し、渡河しようとしたとき、バビュロン人の道案内人に川の経験があるのかと尋ね、渡河について[6]尋ねた。

彼は答えて言った。

「わたしはこれまでこの川を航行したことがありません。実際、わたしは、どの地点で渡河できるのか知りません」。

二　彼らは尋ねた。

「では、なぜ道案内人を雇わなかったのだ？」

彼は「これから先で道案内をする者はおります」と答えて、そのために書かれた書状を見せた。彼らはヴァルダネスの厚意と心遣いに敬服していたかのように見える。彼がこの書状を、自分の配下にないインドス川の行政官(7)に送ったからである。彼は行政官によき働きの報酬を思い起こさせたが、それにたいする返礼は求めない、なぜならそれを要求するのは自分の流儀ではないからと述べ、もし行政官がアポロニオスを歓迎し彼の世話をするならば感謝すると述べていた。ヴァルダネスはまた、もし道案内人が、アポロニオスが何かを必要としているのに気づいたら、彼に与えるようにと金子を渡していた。彼が他の者の好意にすがらなくてすむためである。

三　インド人の行政官はその書状を受け取ると、「わたしははなはだかたじけない思いをしております。わたしはインドの国王陛下がわたしのために書いて寄こしたかのように考えて、その人のお世話をできるだ

(1) この川の詳細は不明。

(2) この人物はアレクサンドロスの友人で、インドス川からティグリスまで航行したアレクサンドロスの艦隊の指揮官。前三一二年以前に書き記したその記録はアレクサンドロスについての歴史ではなくてインドについての貴重な記録で、ストラボンやアッリアノスの『アレクサンドロス大王東征記』がそれを資料として使用し、また彼の航海記はアッリアノスの『インド誌』が資料として使用した。

(3) この人物の詳細は不明。

(4) 七〇ペーキュスは約三一メートル。

(5) 第一巻第三章六―八参照。

(6) 「渡河について」のギリシア語はディアバセオース・ペリであるが、それをペリ・ディアバセオースに改める。これは明らかなテクスト上の誤り。

(7) 「行政官」のギリシア語読みはサトラペース。

けさせていただきます」と言った。行政官はアポロニオスに川を横切るのに乗り込む行政官補佐の船と、駱駝を対岸に渡すための船と、ヒュドラオテス川が国境《くにざかい》をなす全地域の道案内人をも提供した。行政官はまた自分の王に書簡を送り、ギリシア人で神のような人でもある人物に、彼がウァルダネスに匹敵する人物であることを示してくれるようにと書いた。(2)

第十八章

インドス川について

一　彼らはインドス川(図版)を川幅約四〇スタディオン(3)の所で渡った。そこは航行可能な非常に大きな川幅だった。

彼らはこの川について次のように書いている。すなわちこの川は、その源《みなもと》においてすでに、アシアのどの川よりも幅広で、その水嵩はカウカソス山麓で増し、進むにつれて、他の航行可能な川と合流する。この川は、ナイル川(4)を手本にしているかのように、インドに洪水をもたらし、大地を泥土で覆い、インド人にエジプト的な種まきを可能にさせている。

二　わたしはエチオピア(5)の降雪やナイル川の瀑布の山々について、すでに語っている者たちがいるため、異を唱えることなどできないが、インドス川について考えるときには同意することはできない。この川は、その上流の地域では雪などは降らず、ナイル川と同じである。わたしはこれ以外にも、神がエチオピアとインドを全地の境とし、そこよりもさらに東や西にいる者たちを肌の黒い者としたことを承知しているが、いったいどうして、日焼けしていないのに、この者たちの肌は冬でも黒いのか？　もし土地が一年を通して太陽によって暖められているのであれば、いったいどうして雪など降るのか？　いったいどれほどの降雪がその地点での川の水位を通常のものよりも高くするのに必要なのか？　たとえ雪がそのような熱帯地方に降るとしても、いったいどのようにしてそれは雪解けのときにそのような大洪水を引き起こすのか？　エジプトの全域で洪水を引き起こすには、どれほどの水量が川にあればよいのか？

第十九章

インドス川と王について

一　彼ら一行によれば、彼らは川を渡っているとき、ナイル川を航行する者のように、多くの河馬《かば》や多くの鰐《わに》に遭遇したそうである。彼らによれ

インドス川

（1）「船」。テクストでは「他の船」（複数形）。
（2）行政官が王にこのような内容の書簡を送れるのは、先に進んで見るように、王がまだ若かったからか。
（3）四〇スタディオンは約七四〇〇メートル。
（4）「ナイル川」のギリシア語読みはネイロス。
（5）「エチオピア」のギリシア語読みはアイティオペス。

ばまた、ナイル川に生育する花に似た花がインドス川にもあるそうで、またインドの気候は、冬は暖かく夏は息も詰まりそうになるほど暑いが、この気候は見事にダイモーンによってそうなされているので、大地は彼らのために湿気ているそうである。

二　彼らはまたインド人から、水嵩が増す季節になったとき王がこの川に赴き、黒い雄牛や馬を犠牲として捧げたと聞いたと言っている。――インド人は、自分たちの肌の色ゆえに、黒色よりも白色を尊んではいないように思われる――。彼らによれば、王は犠牲を捧げると、穀物を計量するのに用いる器に似た、黄金の器を川に投げ込んだそうである。インド人は王が何のためにこういうことをしたのか理解できなかったが、彼ら一行は、こうした仕方で投げ込んだのは、農夫たちが「計量する」豊かな収穫を保証するか、「計量された」適正な量の流れを保証し、川の流れが大量にやって来て地が水浸しにならぬためであると言っている。

第二十章

タクシラの王宮所在地について

一　彼らが川を渡ると、行政官から遣わされた道案内人はただちに彼らをタクシラ(1)（図像）に連れて行った。インド人の王がそこに王宮をもっていたからである。彼らによれば、インドス川の向こうの住民はその土地でつくられる亜麻布の長衣や木靴を着用し、雨のときには帽子を被るが、上流階級の者は綿の服を着る。彼らによれば、綿花はポプラのような幹をもち柳のような葉をもつ木の上で大きくなる。アポロニオスは綿でつくった服を気に入ったそうである。哲学者が着用する灰色のすり切れたぼろ服(2)に似ていたからである。実際、木綿はインドからエジプトの多くの聖所に送られている。

二　彼らによれば、タクシラは、規模において、ニノスの町(3)に似ており、ギリシアの諸都市のように、左右対称に城壁が築かれていて、ポロス王(4)の往時の領地を支配していた人物の王宮所在地だった。彼ら一行によれば、彼らは城壁の前で、長さが一〇〇プース(5)に少し足りない、貝殻石(6)で建てられた神殿を目にしたそうである。その境内には、そのように大きく、そのように多くの列柱をもつ神殿にしては比較的小さな聖所があったが、それは驚くに値するものだった。どの壁面にもポロス王とア

タクシラ、古代の僧院跡

(1) この場所は、現在のパキスタンのラワルピンディの北西にある地域。
(2)「すり切れたぼろ服」のギリシア語読みはトリボーン。
(3) この町はシリアのヒエラポリスを指す。ダミスの生地でもある。第一巻第三章一参照。
(4) この王はアレクサンドロスを相手に戦いJhelumとChenabの間の土地を支配した。以下ではポロスを「ポロス王」と表記する。
(5)「一〇〇プース」は文字通り「一〇〇足」、転じて「一〇〇フィート」。
(6) この石は貝殻ないしはその破片がまざった石灰岩で地中海諸国で見られるが、タクシラでそれが使用されていた証拠はないとされる。

レクサンドロスの事績が刻まれた青銅板が釘打ちされていたからである。その上には、青銅や、銀や、金や、また黒ずんだ青銅で、象や、馬、兵士、兜、楯などが、槍や、投げ槍、そして剣など――すべては鉄製だった――と一緒に描かれていた。彼らが、たとえばゾイクシス(1)や、ポリュグノトス(2)、エウプラノル(3)らのよく知られた絵について、この制作者は陰影や、真実味(4)、遠近感を好んでいると批評するように、彼らは、同じ効果がここでも顕著で、素材が色のように混じり合わされていたと言っている。

生前のアレクサンドロスの性格

三　絵のエートス自体も喜ばしいものだった。ポロス王はこれらの絵をマケドニア人アレクサンドロスの死後に捧げたが、このマケドニア人は、これらの絵の中で、傷ついたポロス王を自分の側につかせ、インドは以後彼のものとなったが、それをポロス王に与えている勝利者として描かれている。彼らはまた、ポロス王がアレクサンドロスの死を嘆き、高貴で勇敢な王として彼の死を悼んだと言い、またインドからの退却後(5)、生前のアレクサンドロスが、謙《へりくだ》るあまり、王のように語ることは一度としてなく、インド人に命じたことも一度としてなかったと言っている。彼は行政官のようにどこまでも謙《へりくだ》っており、自分の友人を喜ばすためには何でも行なった。

第二十一章

インド人のポロス王について

一　わたしは、このポロス王（図版）について、次のことを書き記しておかないわけにいかない。マケドニア人アレクサンドロスが渡河しようとしたときである。一部の者は、アレクサンドロスは一丸となったインドと直接対決などしないと言って、ポロス王にヒュパシス川やガンゲス川の向こうの住民と同盟を結ぶようにと助言した。それにたいして、ポロス王は、「もしわたしの領地が同盟者なしでは救われないようなものであれば、わたしにとっては治めな

「アレクサンドロスに打ち破られるポロス王」
フランドルの制作者、1325-1335年ころ

（1）ゾイクシスは前四世紀に活躍したルカニアのヘラクレア出身の画家。
（2）ポリュグノトス（前四七五－四四七年に活躍）はアテナイで活躍した画家。
（3）エウプラノルは前四世紀にアテナイで活躍した画家、彫刻家。
（4）「真実味」のギリシア語読みはト・エンプヌーン。このギリシア語の原義は「息をしていること」。
（5）「インドからの退却後」。ジョーンズ訳では欠落。

い方がましだ」と答えた。ある者が彼にダレイオス[1]が捕まったと伝えると、ポロス王は叫んで言った。「彼は王だ、人間ではない」と。象使いが、彼がこれから戦おうとして乗る象に飾りを付けていたとき、彼は言った。

「王よ、こちらがあなたさまを救います[2]」。

ポロス王は答えて言った。

「いや、わたしがこれを救う。もしわたしがわたし自身になることができれば」。

ある者たちが彼に、川に犠牲を捧げるよう、そうすればマケドニア人たちの筏《いかだ》を受け入れないですむし、アレクサンドロスの前進を阻止できると助言した。

ポロス王は答えて言った。

「武器をもつ者を呪うことはできない」。

二　戦闘が終わったときのことである。アレクサンドロスが神のような人で、性格の点で人間を越えているように見えたとき、ポロス王の親族のひとりが言った。

「ポロス王よ、もしあなたが渡河してきた彼に跪拝していたならば、あなたは戦闘で負けはしなかっただろうし、そのように多くのインド人を失うこともなかっただろうし、またあなた自身が負傷することもなかっただろう」。

ポロス王は答えて言った。

「わたしはアレクサンドロスの大いなる野望を耳にしていたので、もしそうすれば、彼は跪拝するわたしを奴隷と見なしたでしょうが、彼は戦っていたわたしを王と見なしました。わたしは憐れみを受けるよりも驚嘆されるのを好み、失望することはなかったのです。わたしはアレクサンドロスが期待したような男に自分自身をしました。わたしは一日にしてすべてを失い、そしてすべてを取り戻しました」。

これは彼らがインド人のポロス王に帰す性格である。彼らはまた、彼がインドでもっとも美男で、トロイアの英雄たち以後に輩出したどんな英雄よりも背丈があり、アレクサンドロスと一戦を交えたときには非常に若かった、と言っている。

第二十二章

アポロニオスとダミスの間での絵談議

一　アポロニオスは、来客たちの到着が王に告げ知らされるまで、この神殿で長いこと時間潰しをせねばならなかった。

（1）この王はペルシアのアケメネス王朝の最後の王ダレイオス（ダリウス）三世（前三八〇頃－三三〇年）を指す。彼は前三三一年のガウガメラの戦いの後、アレクサンドロスに捕えられる。

（2）「あなたさまを救います」のギリシア語はセ……ソーセイ。コベットはセ……オイセイに読み改め、「あなたさまを運びます」とする。

アポロニオスは尋ねて言った。

「ダミスよ、描いたものは存在するのか？」

ダミスは答えて言った。

「もちろんです。もし真理のようなものが存在すれば」。

アポロニオスは尋ねて言った。

「この技法は何をするためだ？」

ダミスは答えて言った。

「存在するすべての色を混ぜ合わせるためです。青色に緑色です。白色に黒色です。赤色に黄色です」。

アポロニオスは尋ねて言った。

「では何のために混ぜ合わせるのか？　化粧した女のような、上面《うわつら》の色調だけのためでないとしたら」。

ダミスは答えて言った。

「模倣[1]のためです。犬や、馬、人間、船、その他太陽の下にあるすべてのもの[2]を模すためです[3]。実際、絵描きはときにこの地方で出現するといわれる四頭立ての馬車に乗ったヘリオス神[4]自身を、またときに天空[5]や神々の家[6]の下絵を描くときには天[7]の燃え上がっている部分を摸そうとするのです」。

「ではダミスよ、模倣が絵なのだな？」

彼は答えて言った。

「それ以外の何でありましょうか？　もしそうでなければ[8]、それはお笑いで、何も考えずに色を混ぜ合わせていると見なされます」。

二　アポロニオスは言った。

「雲が互いに途切れたときに夜空で見られるもの、たとえばケンタウロス[9]やトラゲラポス[10]、それにゼウスに誓って[11]言うのだが狼[12]や馬[13]だが、おまえはこれをどう説明するのだ？　模倣の結果であるとでも？」

ダミスは答えて言った。

「そのように見えます」。

アポロニオスは尋ねて言った。

「ではダミスよ、神は絵描き[14]なのか？　神は神的なことと人間的なことを分けて秩序づけるが、有翼の馬

（1）「模倣」のギリシア語読みはミーメーシス。
（2）「太陽の下にあるすべてのもの」。テクストでは「太陽が目にするすべてのもの」。
（3）「模すためです」のギリシア語はエクセイカサイ（→エクセイカゾー）。
（4）この神は本巻第十二章二に登場。
（5）「天空」のギリシア語読みはアイテール。
（6）「家」。あるいは「聖所」。
（7）「天」のギリシア語はウーラノス。
（8）「もしそうでなければ」。テクストでは「もしこれをしなければ」。
（9）ケンタウロスは上半身が人間で、下半身が馬の半人半馬の怪物。ここでのケンタウロスは複数形。
（10）トラゲラポスは半身が山羊で半身が鹿の怪物で、アリストパネスに出てくる。ここでのトラゲラポスは複数形。
（11）「ゼウスに誓って」。ジョーンズ訳はこの語句を訳出しない。
（12）ここでの「狼」は複数形。
（13）ここでの「馬」は複数形。
（14）「絵描き」のギリシア語読みはゾーグラポス。このギリシア語の原義は「動物たちを描く者」、「自然を描く者」。

車を乗り捨てると、腰をおろし、砂浜の少年のように、これらのものを面白半分に描くのか?」

ダミスは議論がとんでもない所へ立ち至りそうになって思わず赤面したが、アポロニオスは彼を見下したりはしなかった。彼は辛辣な反論を差し控えたからである。

アポロニオスは言った。

「ダミスよ、おまえの言おうとしていることはこれではないのか? 神に関する事柄であるが、天に現われるいくつかのものは形がなくて偶然的であるが、(1)模倣はわれわれの本能なので、われわれはそれらを秩序あるものに戻して、それらをつくりだしている」。

ダミスは答えて言った。

「アポロニオスさま、われわれはこの問題の方を考えましょう。より妥当ではるかによい問題だからです」。

三 アポロニオスは言った。

「ダミスよ、模倣は二重的である。われわれは模倣をひとつは手や理性によるものと——これは絵である——、ひとつは理性だけによるものと考えよう」。

ダミスは言った。

「二重的ではございません。われわれは一方をより完全なものと見なさねばなりません。それは理性と手でもって模倣することができる絵だからですが、他は一方の一部なのです。なぜなら人は、絵描きでなくとも、理性でもって事柄を理解しそれを模倣することができるからです。ただしその者はそれを描くのに手を使うことはできません」。

アポロニオスは尋ねて言った。

「ダミスよ、その手は怪我か何かで、あるいは病気で痛めたというのか？」

ダミスは答えた。

「ゼウスに誓ってそうではありません。これまで刷毛や、画材、絵の具などに触れたこともなく、絵を描くことを知らないからです」。

四 アポロニオスは言った。
「ではダミスよ、われわれはどちらも、模倣は人間にとって本能に由来するが、絵を描くことは業《わざ》に由来することに同意している。同じことが彫刻についても言えるように思われる。しかし、おまえは、人物画をたんに色を使って描かれたものだ、とは考えていないようにわたしには思われる。なぜならば、そのための一色が昔の絵描きたちを満足させていたからで、人物画が進むにしたがい、四色を、ついでそれ以上の色を使用したからだ。線描でも、色なしでも、光と影でもついていれば、それは人物画と呼ぶに値する。なぜならわれわれはそこに、類似性や、容姿、知性、羞恥、大胆さなどを見て取ることができるからである。たとえこれらのものに色がなく、血や、人物の髪の毛や髭の色が示されていなくても、全体が一色で描かれていても、その人物が金髪か白髪かは伝えられる。たとえわれわれがインド人のひとりを白い線で描いても、肌が黒いように見えると思われる。低くて上を向いた鼻や、縮れ毛、突き出た顎、目のあたりの一種の驚きの

（1）「形がなくて」のギリシア語はアセーマ。あるいは「徴がなくて」。

表情などは、描かれたものを黒い感じのものにし、彼がインド人であることを、その絵を理解しようとして見る者に伝える」。

五　アポロニオスはつづけた。

「だから、わたしは次のように言うであろう。絵描きの作品を見る者は模倣の能力が必要である。人は描かれている生き物が何であるかが心の中で分からなければ、描かれた馬や牛を素晴らしいと言ったりはしないからである。人はだれも、ティモマルコスが狂人として描いたアイアスを、もし彼のイメージを想起し、彼がトロイアで牛の群れを殺した後、絶望の中で腰をおろし、思いを自殺に向けたことなどを心に思い浮かべることができなければ、賛嘆することなどないであろう。しかし、ダミスよ、われわれはポロス王のこれらの金属作品をたんに青銅製のものとは見なさない。絵のようにも見えるからである。しかし、絵でもない。青銅がかぶされているからである。われわれは、アキレウスの楯に関して、ヘパイストスの手伝いがホメロスの中で描かれているのと同じで、それらを、絵を描くことと青銅細工をする術を持ったひとりの男の巧みな作品と考えよう。これらの絵はまた〝殺したり殺されたりするつわものども〟の戦闘場面に満ちており、人は青銅製であっても、大地は血で汚れていると言うであろう」。

(1) (2) (3) (4)

第二十三章

アポロニオス、王の客人として招かれる

これらのことを熱心に論じている尊師のもとに、王からの使いの者たちと通訳が到着し[5]、王は彼を三日間客人として遇することを——見知らぬ者が町にそれ以上長く滞在することは法に適っていないとされた——伝え、彼を王宮に案内した。わたしはすでに町の城壁がどんなものであるかを語っている。彼ら一行によれば、それはアテナイのように、人家は狭い所に整然と密集していたそうである。それらは外から見れば一階立てであるが、近くに行ってみると、地上より下につくられたものであり、地下の部分も地上の部分も同じ高さだった。

(1) 画家としてのティモマルコスの詳細は不明であるが、Johann Joachim Winckelmann, *Essays on the philosophy and history of art*, p. 219 によれば、彼が描いた「狂人アイアス」と題する絵はユリウス・カエサルによって高額で購入された。
(2)「金属作品」のギリシア語読みはタ・ダイダラ。
(3) この楯はアキレウスがヘクトルと戦うために使用した楯を指す。ホメロス『イリアス』第十八歌四七八以下は、ヘパイストスの手伝いに言及している。
(4) ホメロス『イリアス』第四歌四五一、第八歌六五参照。
(5)「到着し」のギリシア語はエピスタンタイ。ここでの時制は歴史的現在。

第二十四章

ヘリオス神の聖所

彼らによれば、彼らはヘリオス神の聖所を見たそうで、そこには象のアイアスや、金をかぶせたアレクサンドロスの像(1)、そしてポロス王の他の作品――こちらは黒色の青銅だった――も捧げられていた。聖所の壁は金色に輝く赤色の石でつくられており、それは太陽光線に似た光を放っていた。その基底部自体は真珠でつくられていた。それはすべてのバルバロイが聖なる物のために使用するもので、象徴的な仕方で嵌《は》め込まれていた。

第二十五章

簡素な王宮

彼らによれば、王宮の中には豪華な館もなく、衛兵や見張りの者もおらず、彼らは上流階級の家々のように、若干の家僕と王の謁見を待つ三人か、もしかしたら(2)四人の者を目にしただけだそうである。彼らによれば、彼らはこの飾り気のなさをバビュロンの豪華絢爛《ごうかけんらん》よりも賞賛したが、近づくと、内部はさらに一層飾り気がなかったそうである。なぜなら、彼らによれば、男子の間(3)や、柱、そして居住部分全体が簡素だったからである。

第二十六章

アポロニオス、王と語り合う

一　アポロニオスにはインド人の王は哲学をするような人物に見えた。彼は、通訳を傍らに立たせて、言った。

「王よ、わたしはあなたを哲学をなさるお方とお見受けし、喜んでおります」。

王は答えて言った。

「あなたがわたしをそのように考えてくれて非常に嬉しい」。

アポロニオスは尋ねて言った。

「これはあなた方の慣習なのでしょうか、それともあなたが王国を中庸(4)の方へと向けられたのでしょうか？」

(1) ここでの「像」は複数形。

(2)「もしかしたら」のギリシア語はオイマイ。「思うに」の訳語を与えることができるが、ジョーンズ訳は省略。

(3) ここでの「男子の間」は複数形。

(4)「中庸」のギリシア語読みはト・エピエイケス。ここでの中庸は「ほどほどであること」を指す。

王は答えて言った。

「ほどほどに、(1)がわれわれの慣習です。もっとほどほどであるように心がけております。わたしはどんな人よりも多くをもっておりますが、必要とするものはわずかなものです。大半はわたしの友人たちのものだと考えております」。

アポロニオスは答えて言った。

「あなたの宝庫が祝福されますように。もしあなたがご友人たちの価値を金や銀以上のものとされるのであれば、多くのよきものが彼らからあなたのために生じます」。

王は言った。

「わたしは富の一部を敵対者にも分け与えております。かつてこの地方に絶えず敵対的な行動を取るバルバロイが住んでおりました。彼らは国境を越えてわたしの国へ侵入してきましたが、わたしはこの金でもって彼らを配下の者にしました。今やわたしの領地は彼らによって警備されております。彼らはわたしの所有物を狙って徘徊したりはせず、近隣のバルバロイ――彼らは獰猛です――を活動できないようにしております」。

アポロニオスはポロス王が彼らに金を払ったかと尋ねた。

王は答えた。

「ポロス王は戦争を愛したが、わたしは平和を愛している」。
二　王はこれらの言葉でアポロニオスをすっかり魅了した。彼は王の言葉に激しく打たれたが、あるときアポロニオスがエウプラテス(2)を哲学していないとなじったところ、王はこう言った。「それはともかく、われわれはインド人プラオテス――これがこのインド人の名前だった(3)――に敬意を払おう」と。

王に大いに取り立てられた行政官は、さまざまな色の(4)石を嵌め込んだ黄金の冠りをかぶらせようとしたが、王は言った。

「たとえわたしがそのようなものを所望する者のひとりであったとしても、アポロニオスに会ったので、わたしは今やそうしたものを拒否し頭からはぎ取るであろう。わたしはそのような冠をかぶるにふさわしいとは一度たりとも考えたことがないので、いったいどうして今、客人を知らずにさせてわたし自身を忘れて、王冠で飾り立てることなどできるだろうか？」

三　アポロニオスが食事についても尋ねると、王は答えた。

「葡萄酒であるが、わたしはヘリオス神に捧げる程度たしなんでいる。またわたしが狩りで捕獲するものを他の者たちは食している。わたしにとっては自らを鍛錬したというだけで十分である。わたしが口にするものは野菜や、ナツメヤシのピス(5)と果実、そして川が育むすべてである。わたしはまた、わたしの両の手が育てた木々から取れる多くのものを口にしている」。

（1）「ほどほどに」のギリシア語はソープロノース。

（2）この人物は三三頁註（1）参照。

（3）ジョーンズ訳の註によれば、タクシラの統治者の中でこの名で知られる王はいない。

（4）「さまざまな色の」。テクストでは「多色の」。

（5）これは双子葉植物の茎の中心をなす円柱状の柔組織を指す。

アポロニオスはこれらのことを聞くとわが意を得たとばかりに、ダミスの方をちらちらと見やった。[1]

第二十七章

王、アポロニオスの前に謙り、宴席に招く

一　彼らがバラモン僧のもとへの旅[2]について余すところなく語り終えると、王はバビュロンの王のもとから遣わされた道案内人を、バビュロンからやって来た者にはそうするのが習慣であったので、客人として遇するように命じ、糧食を持たせて行政官のもとから去らせた。ついで王は、アポロニオスの手を取り、通訳に席を外すよう命じると言った。

「よろしかったら、酒の相手[3]にしていただけないでしょうか?」

王は彼にギリシア語で尋ねたのである。

アポロニオスは驚いて言った。

「なぜあなたは、最初から、このようにギリシア語でお話しくださらなかったのですか?」

王は答えて言った。

「わたしは自分自身を知らずして身[4]の程知らずに思われるのを恐れました。わたしは女神テュケーにわたしがバルバロスであるように見えてはなりません。わたしはあなたに圧倒され、しかもあなたがわたしを喜んでくださることを見て、わたしはわたし自身を隠すことができなくなりました。告白いたしますが、わたしはギリシア語に堪能です」。

二　アポロニオスはさらに尋ねて言った。

「では、なぜあなたご自身がわたしを宴席(5)に招かず、わたしがあなたを招くようお命じになるのでしょうか？」

王は答えて言った。

「わたしはあなたがわたしに優ると考えるからです。知恵は王以上のものです」。

こう言うと、王はアポロニオスとその一行を彼が沐浴するのを習慣としている場所に案内した。沐浴場は長さが約一スタディオン(6)の苑(7)であった。中央にはプールが掘られていて、そこには飲むことのできる冷たい泉の水が流れ込んでおり、そのどちらの側にも、王がギリシア人のやり方でやり投げや円盤投げの練習ができるトラックがあった。王の身体はその若さゆえに——彼は二七歳であった——、またその鍛錬のおかげで強健であった。王は準備体操を十分にすると、水に飛び込み、泳ぐことで自身を鍛えるのであった。彼らは

---

(1) この一文はダミスが肉好きであったことを示唆。
(2) 本書第一巻第十八章参照。
(3)「酒の相手」のギリシア語読みはシュンポテース。通常であれば、哲学的談義が期待されるシュンポシオンから「酒の飲み仲間」の訳語を与える。
(4)「自分自身を知らずして」のギリシア語はメー・ギグノースコーン。デルポイの格言に「汝自身を知れ」がある。
(5)「宴席」のギリシア語読みはト・シュンポシオン。一七七頁註(5)参照。
(6) 一スタディオンは約一八五メートル。
(7)「苑」のギリシア語読みはパラデイソス。

沐浴を終えると、会食の間へ向かった。そのさい彼らは、王の前で飲むときのインド人の慣習にしたがい、花冠をかぶった。

第二十八章

王の宴席と余興について

一　この宴席について語らずにすますのはよくないであろう。ダミスが詳しく書き残しているからである。王は五人を超えない近しい親族の者と一緒にスティバス(1)の上で横になりながら食事を取るが、他の者たちはすべて椅子で食事を一緒に取る。中央には、台座のような、人間の膝ほどの高さがある食卓がしつらえられており、その周囲は三〇人の者の輪ができるほどだった。彼らは、その食卓の上に、月桂樹の葉や、月桂樹に似ているがインド人によい香りを放つ他の草木の葉を置き、その中に魚や、家禽、丸ごとのライオンの肉、鹿の肉、猪の肉、虎の臀部《でんぶ》の肉――彼らはこの猛獣の他の部位の肉は食べようとはしない。彼らによれば、虎は誕生後すぐにその前足を立て、昇るヘリオス神に向かって上げるからである――などが置かれる。招かれた客人は立ち上がると、食卓へ向かい、自分の好きなものを取るか切り分けるかして、自分の椅子の所へ戻り、腹一杯食べる。そのさいたくさんのパンをも食べる。

二　彼らが十分に食べて満足すると、銀や金の杯が運び込まれる。各自にひとつ、一〇人の客人(2)に十分な数である。彼らは飲み水を与えられる動物のように、前屈《まえかが》みになってその杯から飲む。彼らは飲みながら、危険で集中力が要求される余興を披露する。ある少年は、踊り子たちを支える男のように、矢が彼を目指して上に向かって放たれるや高く放り上げられる。少年は、地上高くにいるとき、くるりと回転して自らを矢の上に行かせる。もちろん、回転に失敗すれば矢を打ち込まれてしまう。何しろ、弓を射る者は、射る前に、宴席についている者たちの間をまわり、鏃《やじり》を示し、試しに彼らに矢を与えるからである。輪状のものの中に矢を放ったり、髪の毛の中を狙ったり、壁板の前に立たせたわが子に向かって矢を放ち、矢でもって体型の輪郭線を書いたりしたが、彼らは、飲みながら、これらのことを夢中になってやった。彼らは酔っぱらっても仕損じることがなかった。

第二十九章

哲学をする者について

一　ダミスと、彼と一緒にいる者たちは標的とされたものに仰天し、彼らの放つ矢の正確さに驚きの声を上げたが、王と一緒に同じ食卓について食事をしていたアポロニオスは、そのようなものにはさほど関心を示さず、王に向かって言った。

（1）これは藁やイグサなどをしきつめたものであるが、ここでは茣蓙みたいなものを想像すればよいのであろうか？

（2）「客人」のギリシア語読みはシュンポテースで、「一緒に酒を酌み交わす者」を意味する。

「王よ、わたしにお話しください。あなたはなぜギリシア語がこれほど堪能で、またこの地方のどこで哲学を学ばれたのかを。哲学の学びを教師たちに帰すことはできないとわたしは考えるからです。インドではこれを教える教師はひとりもいそうもないからです」。

二　王は笑いながら言った。

「昔の人は、船でやって来た者を海賊であるかどうかと詮索したものです。残酷であっても、彼らは海賊行為を日常茶飯事のことと考えていたからです。しかしわたしには、あなた方が、訪問先の者たちが哲学者であるかどうかを尋ねようとしているようにお見受けする。哲学は人間の側のもっとも神聖な営みですが、あなた方は市井《しせい》の人もこれをしなければならないと考えておられる。わたしは、あなた方の間ではそれが海賊行為に似たものである考えております。人びとによれば、自分に[1]似た男に出会うことはないそうです。哲学は、多くの者にとって、他の者からちょいと脱がした服のようなもので、人はそれを体型に合わなくても身につけ、他人の服を引きずりながら着て飛び回っているのです。ゼウスに誓って言いますが、海賊どもが法に抵触することを知りながら略奪に夢中になっているように、こちらの市井の者は胃の腑を満足させ、ウェヌスに属するもの[2]や、華美な装身具などに夢中であると言われております。あなた方の所では、もしだれかが偽金をつくったり[3]、幼子を市民として偽って登録したりすれば[4]、またこれ以外にもわたしが知らないことがあると思いますが、その者を死刑に処する法[5]があると思います。しかし、あなた方の間では、哲学をしていると虚偽の申し立てをしたりする者や、それを貶める者を拘束する法はないと思いますし、この者たちを監視する役人はひとりも任命されてはおりません」。

第三十章

哲学を志す若者は

一　王はつづけた。

「しかし、わたしたちの間では、少数の者だけが哲学をしようとしますが[6]、彼らは次のようにして試されます。女神テュケーによって[7]一八歳の年齢に達した若者は——あなた方の所でもこの年齢で、エペーボス[8]を基準にしていると思います——、ヒュパシス川[9]を渡り、探し求めてきた[10]師となる者[11]のもとへ赴き、哲学をし

（1）「自分に」。テクストでは「あなたに」。

（2）「ウェヌスに属するもの」のギリシア語はアプロディシオイス（→アプロディシオイ）。

（3）「偽金をつくったり」。テクストでは「流通貨幣を貶めたり」。

（4）「偽って登録すれば」のギリシア語はパレングラポイ（→パレングラポー）。成人に達した者の名前の傍らに未成人の名前を書く行為を指しているように見える。

（5）ここでの「法」は複数形。

（6）「哲学をしようとしますが」。あるいは「哲学をすることに手を染めますが」。

（7）「女神テュケーによって」。ジョーンズ訳はこの語を訳出しない。

（8）「エペーボス」は一九頁註（3）参照。

（9）この川は本巻第二十一章一に登場。

（10）「探し求めてきた」のギリシア語やホールメーカス。テクストでは「あなたが探し求めてきた」となるので、ギリシア語をホールメーケ（現在完了形、三人称単数）に読み改める。

（11）「師となる者」のギリシア語読みはアネール。ギリシア語の原義は「男」、「人」。

たいことをはじめて公に口にします。それはもし志願者が純粋な学徒でなければ、師となる者がその者を拒否できるようにするためです。わたしが〝純粋〟という言葉を使用したのは、まずもってその者の父親や母親に関してですが、彼らに非難すべきものが何もないということです[1]。ついでその者の両親から三世代まで遡って、彼らのうちのだれも暴力的でなく、ふしだらでなく、不正な金儲けをしていないかが調べ上げられます。もしそのような欠陥が彼らの中にないことが分かり、また何の汚点もまったくなければ、次に面接しテストをいたします。最初に、彼がよい記憶力の持ち主かどうかがテストされます。次には、彼が性格的に慎み深い者であるか、そのふりをしてないか、酔ったりしないか、大食いでないか、天狗にならないか、悪ふざけをしないか、性急でないか、人を罵ったりしないか、父親や、母親、教える者、教導する者に従順であるか、そしてこれらのことにまして、自分の容貌を悪徳のために使わないかなどが調べ上げられます。

二　彼を生んだ者たちの情報や、彼らの親たち[2]についての情報は、証人たちや誰でもが入手できる文書記録から収集されます。インド人が死亡すると、法[3]が任命したひとりの役人が彼の家[4]に赴き、彼の生前の暮らしを書き留めるからです。もし役人が虚偽の報告をしたり、騙されたりすれば、法はひとりの人間の生涯を偽ったかどでその職を完全に停止して処罰いたします。エペーボスの情報ですが、彼らは彼らを直接見て分析いたします。人間の性格の多くは目によって判断され、また多くは眉や頬の解釈や観察を待っております。これらによる性格判断に長けた賢い者は、[5]鏡の中のイメージのようにして、人間の精神を見詰めるのです。

ここでは哲学は非常に重んじられ、インド人はその探究を尊んでおります。そのため哲学を志す者が厳しい審査を受け、数多く[6]のテストを受けることは絶対的な必然となっております。われわれが教師について哲学をすることや、われわれの所では哲学するにはテストがあることなどは、ここまではっきりと申し上げましたが、わたし自身の生い立ちは次のようなものです」。(7)

第三十一章

王の語るその生い立ち

一　王はさらにつづけた。

「わたしの祖父は王で、わたしと同じ名前でしたが、父は普通の人でした。彼はまだ幼かったときに捨てられ、二人の親族の者が、インド人の法(8)にしたがって、彼のために後見人になりました。彼らは彼に代わって王国の統治を行なったのですが——ヘリオス神に誓って申し上げますが——、奉仕の精神や中庸の精神を

---

(1)「何もないということです」のギリシア語はメー……アナパイノイト。テクストでは「[調査しても]何も明らかにされなかった」。

(2)「彼らの親たち」。テクストでは「彼らを生んだ者たち」。

(3)ここでの「法」は複数形。「法律」と訳出すべきか？　次出の「法」も同じ。

(4)「家」のギリシア語読みはトゥラー。このギリシア語の原義は「扉」。

(5)「鏡」のギリシア語読みはカトプトロン。もちろん、古代の鏡はガラス製のものではなく、よく磨かれたメタル製のものである。

(6)「数多くの」。テクストでは誇張的表現の「無数の」。

(7)「われわれの所では」。ジョーンズ訳ではこの一語が欠落。

(8)ここでの「法」は複数形。

もってではなかったので、彼らの配下の者には彼らが圧政者に見え、その支配は歓迎されなかったのです。そこで一部の有力者が彼らに反旗を翻《ひるがえ》し、祭りのときに彼らを攻撃し、(1) インドス川で犠牲を捧げている彼らを殺し、(2) 彼ら自身が権力を簒奪《さんだつ》すると国家を治めたのです。そこで父の親族の者は、まだ一一歳に達していなかった父のことを恐れました。彼らは彼をヒュパシス川の向こう側の、そちらに住む王のもとへやったのです。王はわたしよりも多くの者を支配し、その土地はここよりもはるかに肥沃でした。

二　王は父を養子にしようと欲しましたが、父はそれを断りました。彼はそのさい、自分の支配権を奪った女神テュケーとは争いたくないと申しましたが、王に自分が賢者たちのもとへ出かけて哲学を学ぶことを許してくれるよう嘆願しました。なぜならば、そうすれば彼は自分の王国での不幸をもっと容易に耐えられるからでした。王が彼を元の地位に(3) 復位させようとしたとき、彼は言ったそうです。『もしわたしが誠実に哲学を学んでいる姿をあなたがご覧になったら、復位させてください。そうでなければ、わたしを今のままにしておいてください』と。そこで王は自ら賢者たちのもとへ赴くと、すでに高貴な性格を示しているこの少年の世話をしてくれれば、彼らにたいし大いに恩義を覚えると申しました。彼らは彼らで彼の中にそれ以上のものを認め、自分たちの知恵の一部を与えると挨拶し、身を乗り出して学ぼうとする彼を熱心に教えたそうです。それから六年が経ったとき、王は不治の病に罹りましたが、王は、死ぬ前に、父を迎えにやり、(4) 王国の共同統治者として彼を自分の息子に引き合わせ、(5) また彼に青春真っ盛りの娘と婚約させました。(6)

三　わたしの父は、王の息子がお追従を口にする者や、葡萄酒、その他その種の悪に屈しているのを見ると、彼への疑念で一杯になって言ったそうです。『あなたはこれらのものを手元に置き、あなたの全権力を楽しむがよい。わたしはわたしのものである王国を取り戻すことさえできなかった。そのわたしがわたしに属さない王国に手を出そうとすることなどは性急で愚かしことに見えるであろう。しかし、あなたの妹さんはお与えください。あなたのものの中でただそれだけでわたしには十分です』と。

父は彼女との結婚の許しを得ると、王が妹に持参金として与えた肥沃な七つの村で、賢者たちの近くで暮らしたのです。わたしはこの結婚から生まれた子であり、父はわたしにギリシア的な教育を施すと、わたしを賢者たちのもとへ連れて行きました[7]。わたしはそのとき一二歳だったので、多分早すぎたかもしれません。しかし彼らはわたしをまるで自分の子のようにして育て上げてくれました。なぜなら彼らはギリシア語を知っている者たちを預かると[8]、とくに彼らを可愛がり[9]、彼らをその精神においてすでに自分たちと同じだと考

---

(1)「攻撃し」のギリシア語はエピティテンタイ。ここでの時制は歴史的現在。

(2)「殺し」のギリシア語はクテイヌーシ。ここでの時制は歴史的現在。

(3)「元の地位」。テクストでは「父の地位」。

(4)「迎えにやり」のギリシア語はメタペンペタイ。ここでの時制は歴史的現在。

(5)「引き合わせ」のギリシア語はアポパイネイ。ここでの時制は歴史的現在。

(6)「婚約させました」のギリシア語はホモロゲイ。ここでの時制は歴史的現在。

(7)「連れて行きました」のギリシア語はアゲイ。ここでの時制は歴史的現在。

(8)「預かると」のギリシア語はデクソーンタイ。ここでの時制は歴史的現在。

(9)「可愛がり」のギリシア語はアガポーシ。ここでの時制は歴史的現在。

えたのです」。

第三十二章

一　王はさらに語りつづけた。

「わたしの両親が時をおかず相次いで亡くなると、賢者たちはわたしに、村々に行き、自分の世話は自分ですするようにと命じました。もう一九歳だったからです。わたしの親切な叔父はすでにわたしから村々を奪っておりました。彼は父が手に入れていた小さな土地さえわたしには残さなかったのです。彼は土地はすべて自分の王国に属すると言い張りましたが、わたしには大きな好意を示し、おかげでわたしはこうして生かされたわけです。わたしはわたしの母の解放奴隷たちから寄付を受けたものの、わたしには四人のお付きの者がおりました。あるときわたしが『ヘラクレスの子ら』(1)の芝居を読んでいたときのことですが、ある人がここからわたしの所へやって来て、父の親友の書簡を届けてくれました。彼はわたしにヒュドラオテス川(2)を渡り、ここの王国に関わる者たちと話し合いをもつようにと強く求めました(3)。わたしがその気になれば、それを取り戻すことができると彼は大いに期待したのです。

二　わたしが思うに、神々のひとりはこの芝居をわたしの精神の中に導き入れました。そこでわたしは、託宣にしたがって、川を渡りました。そして道中のわたしは、王国の簒奪者《さんだつしゃ》のひとりがすでに亡くなっていることや、ひとりがこの王宮(4)の中で幽閉されていることを聞いたのです。そこでわたしは急いで進み、通過する村々の住民に向かって、わたしがだれそれの子であると大声を上げて伝え、ほかならぬわたし自身の王国を求めて前進しました。人びとは喜びの声を上げて挨拶し、わたしが祖父に似ていると考えてわたしについて来ました。彼らには手の中に収まる剣や槍がありました。わたしにしたがう者の数は増え続けました。わたしが城門に近づくと、中にいる者たちは非常に喜んでわたしを歓迎し、ヘリオス神の祭壇から松明に火をともし、城門の前に出てくると、わたしをここに導いたのです。しかも父や祖父のために多くの讃歌をうたいながらです。中にいたぐうたら男ですが、彼らは彼を取り囲むと獄に入れてしまいました。もっともわたしは、彼がこうした仕方で死ぬことがないようにと嘆願しました」。

第三十三章

アポロニオス、賢者たちについて尋ねる

一　アポロニオスは答えて言った。
「あなたは『ヘラクレスの子らの帰還』を地で行く話を潤色なしで語ってくださいました。神々はその心

---

(1) これは現存するエウリピデスの芝居。アルゴスの王エウリュステウスをヘラクレスの子らを迫害したため処罰されたことに触れている。

(2) この川は本巻第九章二、第三十二章一に登場。

(3)「強く求めました」。あるいは「命じました」。

(4) ここでの「王宮」は複数形。

遣いゆえにほめ讃えられますように。有徳の人物が自分自身のもののために戻ってきたとき、その帰還を助けられたからです。

それはともかく、これについて、すなわち賢者たちについてわたしにお話しください。この者たちは一度としてアレクサンドロスの手に陥らず、彼のもとへ引いていかれても、天について哲学的なことを語らなかったのですか?」

王は答えて言った。

「その者たちはオクシュドラカイ人(1)です。その部族の者はつねに自由を求め、戦う準備ができております。彼らは自分たちが徳については何も知らないが、知恵を実践していると申しております。正真正銘の賢者たちは、ヒュパシス川(2)とガンゲス川(3)の間で、アレクサンドロスが足を踏み入れなかった土地におります。彼が近づかなかったのは、多分、そこにあるもの(4)を恐れたからではなく、聖なる占いが彼にそこに近づくなというしるしを与えていたからだと思います。たとえ彼はヒュパシス川を渡って、賢者たちの住む近辺の土地を取ることができたとしても、この者たちが住んでいる要塞(5)に手を出すことは(6)、一万のアキレウス(図版)や三万のアイアスを率いていくことができても、できなかったでしょう。彼らは向かって来る者たちを相手に戦うことをしませんが、彼らは聖人で神々の寵愛を受けておりますので、雷や雷鳴を投げつけて彼らを撃退してしまうのです」。
二　王はつづけて言った。
「人びとによれば、エジプトのヘラクレスとディオニュソスが、武器をもって、インドの土地に侵入したことがあったそうです。彼らはそのとき一緒になって賢者たちに立ち向かい、攻城器をつくり、彼らの要塞(7)を陥落させようとしました。しかし、賢者たちは何の反撃も試みず、動じることもありませんでした。攻撃を仕かけた者たちにはそう見えました。ところがこの者たちは、接近すると、自分たちの武器に激突した突風と落雷で飛ばされ、ヘラクレスはそのとき、黄金でできた楯を失ったと言われております。賢者たちは、ひとつにはヘラクレスの栄光のために、またひとつには楯に施された浮き彫り細工のために、それを献げ物としました。なぜならその浮き彫り細工は、ヘラクレス自身がガデ

「アキレウスとアイアス」
壺絵（アキレスが左、アイアスが右）、前530-520年ころ、ヴァチカン美術館（エトラスカン美術館）

(1)ジョーンズ訳の註によれば、この者たちはアケシネス川とヒュドラテス川の間に住んでいた。
(2)この川は本巻第二十一章一、第三十章一、第三十一章一に登場。
(3)この川は本巻第九章二ほかに登場。
(4)「そこにあるもの」のギリシア語はタ・エン・アウテー。具体的に何を指すのかは不明。
(5)「要塞」のギリシア語読みはテュルシス。ここでの「要塞」は実際の要塞を指すのではない。
(6)「この者たちが住んでいる要塞に手を出すことは」。ここでのジョーンズ訳は曖昧な訳文を与えている。
(7)「要塞」のギリシア語読みはコーリオン。前出の「要塞」のギリシア語とは異なる。

イラ(1)を地境とし、山々を地境の柱と見たて、その間に外洋があることを受け入れていることを示しているからです。これはまた、ガデイラに到達して、そこを地境としたのはテバイ人のヘラクレスではなくて、エジプトのヘラクレスであることを示しております」。

第三十四章

聞こえてきた陽気な騒ぎ

一　横笛の音とともに歌声が聞こえてきたとき、彼らはこんなことを語り合っていた。アポロニオスが王にこの陽気な騒ぎは何かと尋ねると、王は答えて言った。

「インド人は、王が就寝しようとするとき、王に助言の歌をうたうのです。王がよい夢を見て、目覚めたときには臣下の者にたいしてご機嫌が麗しくあるためなのです」。

アポロニオスは尋ねて言った。

「王よ、いったいどうしてこうしたことを受け入れられるのですか？　彼らがあなたに子守歌をうたっているからですか？」

王は答えて言った。

「わたしは笑いません。王はそれを慣習(2)のためだとしなければなりません。王は助言を一切必要としてはなりません。なぜならば、王が中庸と親切心をもって行なうものはすべて、疑いもなく臣下にたいしてよりも自分にたいしてより大きな喜びをもたらすからです」。

第三十五章

酒を飲む者と飲まない者の睡眠について

一　このようなことを語り合った後、彼らは就寝したが、夜が白みはじめると、ほかならぬ王がアポロニオスとその一行の者が就寝している部屋に入ってきた。王はアポロニオスの眠る寝床(3)を手探りで探しあてた後、尊師に向かって語りかけ、彼が今何を考えているのかと尋ねた。

王は言った。

「あなたは寝てはおられないでしょう。水ばかりを飲み、酒を笑って断っておられたので」。

アポロニオスは尋ねて言った。

「酒は飲まないで水を飲む者は寝つけないとお考えなのですか？」

王は答えて言った。

(1) この場所はスペイン南西部、大西洋に面したカディス湾に面した港町を指す。本書第五巻四章参照。

(2)「慣習」のギリシア語読みはノモス。

(3)「寝床」のギリシア語読みはスキンプース。この寝床は藁でつくられた簡易ベッドを指す。

「もちろん彼らは眠ります。しかしそれは浅い眠りです。その眠りは精神にではなくて、彼らの目頭にとどまっている、とわたしたちが言うようなものです」。

アポロニオスは言った。

「双方にです。多分、より精神の方にです。もし精神が休息を取れなければ、目もまた眠りを受け入れることはできません。ですから錯乱した男は決して寝つくことができないのです。彼らの精神が鼓動しているからです。彼らの思いはあちこちに飛びます。彼らの目つきは次第に恐ろしい凶暴なものとなります。不眠状態の大蛇の目つきに似ております」。

二 彼はつづけて言った。

「では王よ、わたしたちは睡眠の働きや、何が人間に啓示されるかについて明快に知りましたので、わたしたちはここで、眠りで、水しか飲まない者は酒に酔う者よりもどんな点で不利なのかを考えてみましょう」。

王は言った。

「議論をすり替えてはなりません。(1) もしあなたが酒に酔っている者を議論の対象にするならば、その者は少なくとも寝つけないと言えるでしょう。その狂った判断力は彼をきりきり舞いにさせ、次つぎに騒ぎを引き起こさせる。酒に酔った後で眠ろうとする者はみな、屋根にまで持ち上げられ、ついで地上に落とされるように感じるのはなぜなのでしょうか？ イクシオン(2)に見られたと言われるような回転(3)が彼らを襲います。それゆえ、観察に値するのは酒に酔っている者ではなくて、酒を飲んでも飲まれない者であり、その者が寝つけるかであり、またその者が酒をまったく飲まない者よりもはるかによいかどうかだと思います」。

第三十六章

アポロニオス、睡眠についての議論をつづける

一　このときアポロニオスがダミスに語りかけて言った。

「わたしは今賢いお方と議論している。対論の訓練をよく積んでおられるお方だ」。

ダミスは答えて言った。

「そのようにお見受けいたします。ここは、多分、メランピューゴス(4)のそれではないでしょうか。わたしも王が口にされた議論にすっかり魅了されております。ですから今こそは、ここで目を覚まして、議論を終わりにする機会です」。

(1)「議論をすり替えてはなりません」のギリシア語はメー・ソピズー。あるいは「ソフィストを演じてはなりません」。

(2) この人物は、ラピタイ族の王で、親族を殺害した最初の人間。ヘラの愛を求めたためゼウスに罰せられ、タルタロスの永遠に回転する火の車につながれた。この火の車輪を「イクシオンの車輪」と呼ぶ。

(3)「見られたと言われるような」。テクストでは「起こると言われるような」。

(4) ギリシア語（ト・）メランピューグー（→メランピューゴス）は、冥府（ハデス）の下の日のささない深みを指す形容詞。ゼウスはこの深みにタイタンを幽閉した。

そこでアポロニオスは頭を枕から持ち上げて言った。

「わたしたち水しか飲まない者にはぐっすりと眠れるという利点があります。わたしはあなたの議論を踏まえてそれを明らかにしましょう。酒に酔っている者の判断は混乱しており、飲まない者よりもおかしくなりがちだと、あなたははっきりと言われました。わたしたちは酩酊している者が月を二つ見たり、太陽を二つ見ているると錯覚するのを見ますが(1)、少ししか飲んでない者は、まったくの素面《しらふ》であっても、そのような勘違いは何もいたしません。いつも歓喜と喜びでいっぱいです。多くの場合、これらの感情は、うまくいったからということで味わうのではありません。これらの者は、これまで一度も法廷で発言したことがなくても、注意深く発言し、そして懐に一ドラクメー(2)がなくても豊かであると申します」。

二　アポロニオスはつづけて言った。

「王よ、これらのことは狂気になる感情です。なぜならば、喜びを感じること自体が判断を狂わすからです。わたしは、自らを非常に裕福であると考えておりますが、眠りから覚めて飛び起きてしまいよく眠ることができない人を多く知っております。これは諺にある『たとえよきものでも憂いを生み出す(3)』ということでしょう。人間のためには眠るための薬がつくられており、彼らはそれを飲むか塗布したりして、眠りにつきます。まるで死んだようになってぐったりします。しかしそれからしばらくしますと、記憶喪失の状態で起き上がり、自分たちは今いる所以外の場所にいると考えたりします。人びとが飲むもの、より正確に言えば、肉体や精神に過剰に注がれるものは、真の眠りや適切な眠りを導入するものではなくて、深くて半ば死んだような眠りか、たとえ快適なものであっても、浅くてそのとき入り込んできた思いによって細切れにされた眠りなのです。もしあなたが喧嘩腰になられるのではなくて議論を好まれるのであれば、あなたは多分[4]これに同意されるでしょう。

三　しかし、わたしの飲み仲間[5]は、存在するもの[6]をあるがままに[7]見ており、存在しないものを云々したり想像したりすることはありません[8]。彼らが軽薄に見えたことはこれまで一度もなく、また愚かさや単純さで満ち溢れているようにも見えず、羽目を外すこともなく、正午近くでも[9]、アゴラが賑わうときでも[10]、冷静沈着で、どこまでも理性的です。またたとえ夜遅くまで学んでも、彼らは日中まどろむことはありません。睡魔が、ちょうど酒で回らない首を押さえつけている主人のように、彼らを押さえつけることはありません。

（1）エウリピデス『バッコスの信女』九一八―一九に、ペンテウスの言葉として「どうも陽が二つに見えるような気がする。いや陽ばかりではない。このテバイの七つの門まで二重に見えるぞ。……」（松平千秋訳）とある。

（2）「懐に」のギリシア語はエンドン。ジョーンズ訳は「家に」とする。

（3）この格言の出所は不明。

（4）「多分」のギリシア語はタカ。あるいは「すみやかに」。

（5）ここでの「飲み仲間」は酒でも酌み交わしながら議論をする者たち（シュンポタイ↓シュンポテース）を指すが、ここでは必ずしも「酒」は強調されてはいない。

（6）「存在するもの」のギリシア語はタ・オンタ。

（7）「あるがままに」のギリシア語はホース・オンタ。あるいは「存在するがごとくに」。

（8）「云々したり想像したりすることはありません」。テクストでは「記述したり、輪郭を描いたりすることはありません」。

（9）「正午近くでも」。これは一日のもっとも暑い時刻を指す。

（10）「アゴラが賑わうときでも」。これは「夕方近くになっても」の意。

彼らは見た目にもしゃんとしており(1)、そして眠気がつくときには、汚れなき魂で眠りを受け入れるのです。成功で浮《うわ》ついたり、失敗でくよくよしたりしません。冷静なる魂はこのどちらにも等しく無縁であって、この二つの感情のどちらにも膝を屈したりはしません。そのためそれは、眠りから起こされることなく、もっとも健康的で、もっとも穏やかな休息を享受するのです。

第三十七章

アポロニオス、睡眠についての議論をさらにつづける

一　夢に起因する予言(2)——それは人間が受ける賜(3)のうちでもっとも神的なものでしょうが——は、酒で鈍らされてはいない、それを受け入れるのに汚れがなく周囲に気配りする魂にはもっと容易に認識されるものなのです。詩人たちがオネイロポロイ(4)と呼んでいる幻の解釈者たちは、魂がそれを認めた時刻をあらかじめ尋ねておかなければ、どんな幻をも解釈することができないでしょう。もしその幻が明け方の睡眠で朝早く見たものであれば、魂は、酒から清められているので、正しく予言できる(5)と理解して(6)、彼らはそれを解釈します。しかしもしその幻が、魂がまだ酒の影響で鈍らされている浅い眠り(7)の中か夜中のものであれば、彼らは賢明にも判断(8)を差し控えます。神々もこれをよしとし、素面《しらふ》の魂の中に託宣を口にする力(9)を置きますが、わたしはそのことを明白に示しましょう。

二　王よ、かつてギリシア人の間にアンピアラオス(10)と呼ばれる託宣する男がおりました」。

王は言った。

「知っておりますよ。テバイから戻ってきたとき大地が生きながらにして呑み込んでしまったオイクレウスの子のことを言っておられるのですね」(11)。

アポロニオスは答えた。

「王よ、その人物です。彼は、今、アッティカで託宣をしております。彼は夢を解釈者のもとへ持ち込む

(1)「彼らは見た目にもしゃんとしており」。テクストでは「彼らは自由であり、まっすぐであるように見える」。
(2)「予言」のギリシア語読みはト・マンティコン。
(3)「人間が受ける賜」のギリシア語はタ・アントローピナ。原意は「人間からのもの」、「人間に属するもの」。
(4)ギリシア語オネイロポロイ(単数形はオネイロポロス)は、「夢」を意味するオネイロスと「掘り起こす」、「耕す」を意味する動詞ポレオーから成る。
(5)「正しく」のギリシア語はヒュギオース。ギリシア語の原義は「健康的に」。
(6)「予言できる」のギリシア語はマンテウオメネース(←マンテウオマイ)。
(7)「浅い眠り」。テクストでは「最初の眠り」。
(8)「賢明にも」。テクストでは「賢い者たちなので」、「賢者たちなので」。
(9)「託宣を口にする力」のギリシア語はト・クレースモーデス。
(10)この人物はアンピアレオスとも呼ばれるが、伝説上のアルゴスの託宣家
(11)「オイクレウス」。「オイクレス」と呼ばれることもある。

ので、祭司たちはこちらの解釈者を捕まえると、一日分の食料と三日分の酒を取り上げましたが、それは彼が一点の曇りなき[1]魂でもって託宣の言葉を引き出せるようにするためでした。もし酒がよい睡眠薬であれば、賢いアンピアラオス[2]は見者たち[3]には反対の仕方で自らのために準備し、酒樽[4]のように酒のいっぱい入っている、聖なる神殿に連れて行かれるよう命じていたでしょう。

三　わたしはギリシア人やバルバロイの間で非常に評判のよい託宣を多く挙げることができます。それらの託宣では、祭司は三脚台[5]からの託宣[6]を告げる前に水を——酒ではありません——口に含みます。ですから、王よ、わたしや水しか飲まない者すべてを、神の霊に導かれている者[7]とお考えください。わたしどもはニュンポレープトイ[8]であり、素面のバッコイ[9]だからです」。

王は言った。

「ではアポロニオスよ、わたしをあなたのグループの信奉者[10]にしてもらえないだろうか？」

アポロニオスは答えて言った。

「もちろんです。あなたが臣下の者に退屈な人間と見えなければよいのですが。王族の者が実践する哲学は、あなたの場合のように[11]、調和が取れ穏健であれば、素晴らしい融合を生み出します。しかし、もしそれが厳しくて度を越したものであれば、王よ、それは退屈であなた方の宴席と比べれば慎ましすぎるように見えるかもしれませんが、やっかむ者は、それには虚勢のようなものがあると言うに違いありません」。

第三十八章

アポロニオス、ヘリオス神を拝す

彼らがこれらのことを論じていると、陽がすでに出ていた。彼らは外に出た。アポロニオスは、王が使節

(1)「一点の曇りなき」のギリシア語はディアランプーセー。より正確には「照り輝く」。
(2)この人物は本書第四巻第二十四章一にも登場。
(3)「見者たち」のギリシア語読みはホイ・テオーロイ。
(4)「酒樽」のギリシア語読みはアンポレウス。このギリシア語は葡萄酒の樽を意味するアンピ・ポレウスの縮約形。ここでは人名アンピアラオスとの間に言葉遊びが認められる。
(5)「三脚台」のギリシア語読みはトリポドス（→トリプース）。これは本来アポロン神殿の青銅の三脚台を指す。祭司はその上に座り託宣を告げた。
(6)「三脚台からの託宣」のギリシア語はタ・エク・トゥー・トリポドス。「タ」の後に、マンテイアが省略されていると理解する。
(7)「神の霊に導かれている者」（テオポレートス）。このギリシア語は「神を身にまとった者」とも訳出できる。
(8)「ニュンポレープトイ」（単数形はニュンポレープトス）は「水の神ニンフに取り憑かれた（者）」くらいの意味であろうか。
(9)「バッコイ」（単数形はバッコス）は「葡萄酒の神」。
(10)「グループの信奉者」のギリシア語はティアソーテーン（→ティアソーテース）。このギリシア語の原義は「酒を飲んで大騒ぎをする飲み仲間」。王はこのギリシア語を反語として使用している。
(11)「あなたの場合のように」。テクストでは「それ［哲学］があなたにおいて［そう］見えるように」。

やそうした者たちの接見などをしなければならないことに気づくと、言った。

「王よ、あなたは王としての職責をはたさねばなりません。その間ヘリオス神のためにわたしを自由にさせてください。わたしは日課としている祈りを捧げねばなりません」。

王は言った。

「ヘリオス神があなたの祈りをお聞きになられるように。神はあなたの知恵を喜ぶすべての者をお喜びになられる。わたしはあなたが戻ってくるのを待とう。わたしはいくつかの裁きをしなければならない。あなたがその場にいてくれれば非常に助かるのだが」。

第三十九章

アポロニオス、王に助言する

一　陽がすでにだいぶ上がったころに戻ってくると、アポロニオスは王が行なった裁きについて尋ねた。
王は答えて言った。

「今日は裁きをしなかったのです。聖なる兆しがわたしになかったからです」。

そこで、アポロニオスは尋ねて言った。

「なぜあなたは裁きで、出陣や遠征のときのように、聖なる兆しに寄り頼むのですか？」

王は答えて言った。

「ゼウスに誓って言いますが、もし裁く者が正しいものから外れれば、ここにも危険はあるのです」。この言葉は、アポロニオスには適切に思われた。彼は王に今一度尋ね、彼が裁こうとした事案が何なのかと聞いた。

彼は言った。

「こうお尋ねするのは、あなたがどちらの側に有利な判決を下そうかと[1]躊躇し、迷っておられるようにお見受けするからです」。

二　王は答えて言った。

「正直言って、わたしは迷っております。そのためあなたに相談役になっていただきたいのです。ある男が別の男に宝が隠されている土地を売ったのです。後になって、土地に亀裂が入ると、そこから黄金の壺が見つかりました。土地を売った者は、それは自分に所属するものであり、もしそこに彼のお宝があることを前もって知っていたならば、その土地を売らなかったであろうと言っているのです。他方、その土地を買った者は、今や自分に属している土地で見つけたものは自分が所有者であると申し立てているのです。どちらの申し立てももっともですが、もしわたしが双方で黄金を分けるようにと命じるならば、わたし単純バカと見られるでしょう。そんな決定は年老いた女でさえできるからです」。

三　アポロニオスは答えて言った。

（1）「有利な判決を下そうかと」。テクストでは「投票しようかと」。

「黄金をめぐるこの争いは、どちらの男も哲学をしていないことを明らかにしますが、もしあなたが次のことにご留意されれば、最善の判断を下すことができるように思われます。神々は何よりも徳をもって哲学をする者を、次には[1]悪事をこれまで一度も働いたことがないように見える罪とは無縁の者を顧みられます。神々は哲学をする者には神的な事柄と人間的な事柄を正しく識別する力をお与えになりましたが、他のよき者には暮らすに十分なものだけをお与えになるので、彼らは必要な物が欠けたからといって不正を働く者にはなりません。ですから、王よ、あなたは天秤で計るようにこの二人を計り、双方の暮らしぶりをお調べください。神々は、どちらかが悪人でなければ、その者から土地を奪うとはわたしには思われませんし、買った者が売った者よりもよい人間でなければ、その者に土地の下にあるものを与えはしないでしょう」。

四　翌日、係争中の両人がやって来て争った。土地を売った者は大地の中の神々に犠牲を捧げる日課を怠っていたいい加減な人物であることが分かり、他方は善良で、かつ非常に敬虔で神々を大切にする者に見えた。それゆえ、アポロニオスの判断は正しかったのである。その善良な男は、神々からこれらのものを手に入れたかのようにして去って行った。

第四十章

近づく別れの時

一　さて係争中の事案がこうして決着を見たので、アポロニオスはインド人の王のもとへ行って言った。

「王よ、今日はあなたがわたしを客人にされてから三日目でございます。明日の朝、法の定める所にしたがって旅立たねばなりません」。

王は答えて言った。

「いや、法でさえあなたにこれを要求しておりません。到着したのは午後なので、明日も滞在することができます」。

アポロニオスは答えて言った。

「お心遣い(2)ありがとうございます。あなたはわたしのために法を拡大解釈しているようにお見受けいたします」。

王は答えて言った。

「あなたのためにそれを破ることができればと願っているだけです。ところでアポロニオスよ、わたしに教えてくれませんか。あなたが乗っていると人びとが言っている駱駝ですが、駱駝がバビュロンからあなた方をわたしのもとへ引いて来た(3)のではないのですか?」

アポロニオスは答えて言った。

(1)「何よりも……次には」。テクストでは「第一に……第二に」。

(2)「お心遣い」。テクストでは「贈り物」。

(3)「引いて来た」のギリシア語はアグーシン。ここでの時制は歴史的現在。

「そこからでございます。ウァルダネスさまが駱駝をくださいました」。

王は尋ねて言った。

「駱駝はすでにバビュロンからかくも遠距離を歩いてきたのですから、あなた方を再び乗せて行くことができるのですか?」

二 アポロニオスは黙していたが、ダミスが答えて言った。

「王よ、わが師はこの旅路や、わたしどもがこれから入って行く部族については何も存じていないのです。わが師は、あなたやウァルダネスさまのような方がどこにでもいて、インドに到達することなどは児戯にも等しいものだと考えております。駱駝ですが、わが師は彼らがどんな状態にあるのかをあなたには申し上げてはおりません。駱駝の状態は最悪で、わたしどもが彼らを運んでいるのであって、その反対ではございません。わたしどもは他の駱駝を必要としております。もし彼らがインドの荒れ地のどこかでへたばってしまえば、わたしどもは座して猛禽類の鳥や狼が駱駝に近づかないよう威嚇して追い払いますが、だれもそれらがわたしどもに近づかないよう威嚇はしてくれないのです。わたしどもはその傍らで滅びるからです」。

王は答えて言った。

「わたしが何とかしましょう。わたしはあなた方に別の駱駝を差し上げましょう。あなた方は四頭を必要としているのではないでしょうか。インドス川の行政官は別の四頭をバビュロンに送るでしょう。わたしにはインドス川の近くに全身が白い駱駝の群れがおりますので」。

三 ダミスは言った。

「王よ、道案内人もお与えくださらないでしょうか？」

王は言った。

「もちろんです。わたしは道案内人に一頭の駱駝と糧食を与えましょう。年長の賢者(3)ヤルカスに書状を送るので、彼はアポロニオスをわたしに劣らぬ者として歓迎し、またあなた方を知を愛する者として、また神のような人(4)の同行者として歓迎するはずです」。

インド人はまた彼らに、金子や、宝石、亜麻布の服、それに類する無数のものを与えた。しかしアポロニオスは、ウァルダネスがすでに道案内人にこっそりとそれを与えていたので、金ならば自分には十分にあると言ったが、亜麻布の服は頂戴したいと申し出た。それが野暮ったくてまさにアッティカ風のすり切れたボロ服に似ていたからである。

アポロニオスはまた宝石のひとつを手に取って言った。

「おお、汝見事な宝石よ。わたしは汝を今このときに神々の助けなしで目にしたのだ」。

---

(1)「かくも遠距離を」。テクストでは「かくも多くのスタディオンを」。

(2)「わたしどもは」。テクストではこの後に、不要な「彼は言った（エペー）」が置かれている。

(3)「年長の賢者」。テクストでは「賢者たちの中の年長者」。

(4)「神のような人」のギリシア語はアンドロス・テイウー（↓アネール・テイオス）。この語句は「神々から遣わされた人」とも訳出できる。

わたしは、彼がその宝石に口にはできない何か神的な力を認めたのだと想像している。ダミスと他の同行者は、金を断ったが、宝石を両手いっぱいに取った。自分たちの国へ戻ったとき、神々に捧げるためだった。

第四十一章

彼らがそこに次の日も滞在すると——インド人の王は彼らと別れるのを望まなかった——王は彼らにヤルカス宛の書状を手渡した。[1] それには次のように書かれていた。

王がしたためたヤルカス宛の書状

王プラオテスがわが師ヤルカスとその仲間の者に挨拶を送る。アポロニオスは、非常に賢い人物であるが、あなた方を自分自身よりも賢いと考えており、学びのためにあなた方の土地に向かう。あなた方が知っているすべてのことを彼が学んだとき、彼を送り出してほしい。彼はあなた方から学んだことは何ひとつ忘れることはない。彼はもっとも素晴らしい人物で、記憶力は抜群である。父なるヤルカスよ、あなたがわたしに王国をお与えくださったときにわたしが座った玉座を彼に見せてやってほしい。彼に同行する者もこのように偉大な師への献身ゆえに賞賛に値する。あなた自身やあなたの仲間の者がご健勝であるように。

第四十二章

アポロニオスの一行、タクシラを離れる

彼らは、タクシラを離れ二日路を進んだとき、ポロス王がアレクサンドロスに立ち向かって戦ったと言われている平原に入った。彼らによれば、その場所で城門を見たそうであるが、それは何も取り囲んではおらず、トロパイオン(2)を吊すために建てられたものだった。城門の上には八頭立ての戦車に乗ったアレクサンドロスの像――イッソス(3)でダレイオスの太守に立ち向かうその立ち姿である――が捧げられていた(図版)。実際、互いに遠く離れていない所に二つの城門が建てられていたと言われる。一方にはポロス王の彫像があり、他方にはアレクサンドロスの彫像があった。わたしには戦いの後で会したときのもの

「イッソスの戦い」
ポンペイ出土のモザイク画、ナポリの国立考古学博物館

(1)「手渡した」のギリシア語はディドーシ。ここでの時制は歴史的現在。

(2) ここでの「トロパイオン」は複数形。戦勝を記念するものを指す。

(3) この場所の近くで、アレクサンドロスが前三三一年にダレイオス三世に大勝利を収めた。

だと考えられる。一方は挨拶をしているように見えるが、他方は跪拝しているように見える。

第四十三章

アポロドロスの一行、ヒュパシス川に達す

彼らの一行はヒュドラオテス川[1]を渡っていくつかの部族を通過すると、ヒュパシス川[2]に到達した。彼らはそこから三〇スタディオン[3]進むと、次のように書き記された祭壇[4]に遭遇した。

父なるアンモン[5]、兄弟なるヘラクレス[6]、アテナ・プロノイア[7]、オリュンピアのゼウス、サモトラケ島[8]のカベイロイ[9]、インドのヘリオス、デルポイのアポロンに。

彼らによれば、そこには青銅製の銘板も捧げられており、「アレクサンドロスはここに立ち寄った」と書き記されていた。われわれはアレクサンドロスが自分の帝国の国境に敬意を表わすためにその祭壇を建てたと想像するが、銘板はヒュパシス川の向こう側のインド人が捧げたようにわたしには思われる。アレクサンドロスをそれ以上進軍させなかったことを誇るために。

(1) この川は本巻第九章二、第十七章三ほかに登場。
(2) この川は本書第三巻第一章参照。
(3) 三〇スタディオンは五五五〇メートル。
(4) ここでの「祭壇」は複数形。
(5) アンモンはエジプトの生産と太陽の神アメン(アムン)のギリシア名で、ギリシア人はそれをゼウスと、ローマ人はユピテルと同一視した。ヘロドトス『歴史』第二巻四二、および松平千秋の註参照。
(6) この人物は、ゼウスとアルクメネの間の子。ヘロドトス『歴史』第二巻四三ほか参照。なお、ヘラクレスはヘラクレエスの縮約形。
(7)「アテナ・プロノイア」。あるいは「プロノイアなるアテナ」。これは「予知の女神アテナ」の意。アテナは知恵の神として崇拝された女神。パラスとか、パラス・アテナと呼ばれることが多い。
(8) この島はエーゲ海北東部のサモトラキ島を指す。
(9)「カベイロイ」(複数形)は、サモトラキ島やレスボス島などで拝された農耕神を指す。ヘロドトス『歴史』第二巻五一参照。

第三巻

第一章

ヒュパシス川について

一　インドを貫流するヒュパシス川(1)（図像）の規模やその驚くべき植生や生態系などについては、以下のことを知っておく必要がある。

この川の源流(2)は平原からほとばしり出ているもので、そこからして航行が可能である。もっとも先に進めば航行できなくなる所がある。ごつごつした岩が川の両側で互い違いに水面上に現われ出て、その曲がりくねった流れが必然的に川を航行不能なものとしている。その川幅はエウロペ(3)を貫流する最長の川とされるイストロス川(4)に匹敵する。同じような大きさの樹木が川岸に生えており、その樹木はインド人が結婚式のときに香水とする香りのある樹脂を浸潤《しんじゅん》させる。結婚式に招かれた者がこの香水を新郎新婦に振りかけねば、その儀式は無効と見なされ、かつ女神アプロディテ(5)の覚えめでたき者でなかったとされる。

二　彼らによれば、この川岸の樹木と、この川でのみ棲息するあの有名なクジャク魚(6)がこの女神に捧げられている。この魚は青い背びれや、まだらの鱗《うろこ》、その気になったときに広げる黄金の尾鰭《おひれ》などのために鳥と同じ名前が付けられている。この川には白いウジ虫のような生き物がいる。それは溶けて油となる。この油からは炎が生じ、それはガラスの容器の中でだけ燃えつづける。王だけが、城壁を落とすときに、この生き物の捕獲が許される。なぜならば、その脂身が防御物に触れるや、火炎道具にたいして人間たちが考案したどんな消火装置をも凌駕する炎を上げるからである。

ヒュパシス川

第二章

野生の驢馬とその角からつくられた杯

一　彼らによれば、野生の驢馬もこの土地の沼地で[7]捕獲される。この動物[8]は前頭部に角があり[9]、それを武器にして雄牛のように猛々しく戦う。

---

(1) この川は古代のインド人には Arjikuja of the Vedas あるいは Vipasa として知られていたが、ギリシア人にはヒュパシス川として知られていた。
(2) ここでの「源流」は複数形。
(3) エウロペは地理的な名前としてホメロスに最初に登場する。
(4) この川はダニューブ川を指す。
(5) この女神は愛と美の女神で、ローマ神話のヴィーナスに相当。
(6) この魚は以下の説明のほかは未詳。
(7)「土地の沼地で」。テクストでは「これらの沼地で」。
(8)「この動物」。テクストでは「これらの動物」。
(9) ここでは野生の驢馬を指すのではなく、一角獣を指すようにみえる。

インド人はこの角で杯をつくる。その杯から飲む者は、その日は病気にならず、怪我をしても痛みを感じることはない。その者は火の中をくぐることもできる。それは飲めば体によくない薬物にも効く。この杯は王のもので、王だけがこの動物を捕獲できる。

二　アポロニオスはこの動物を見たことがあると言って、その性格を賞賛している。ダミスが彼に、杯についての話を受け入れるかと尋ねたところ、彼は答えて言った。

「わたしはそれを信じよう。ただしこの地に住むインド人の王が不死であることを聞けばだが。かくも健康的で薬効のある飲み物をわたしや他の者に与えることができるお方は、当然のことながら、ご自身のためにそれを使い、毎日泥酔するまでこの角の杯から飲んでおられるにちがいない。この杯のおかげで酩酊してもだれも非難できないと思う」。

第三章

アポロニオスの一行が出会った女

彼ら一行によれば、彼らはその場所で、頭のてっぺんから胸元まで黒く、胸元から足元まで真白な女に出会ったそうである。彼ら自身は彼女を恐れて逃げ出したが、アポロニオスはこの女に手で触り、彼女の正体を知った。そのような女性は、インドでは、アプロディテ(1)のために聖なるものと見なされている。黒い肌と白い肌を合わせもつ女性は、エジプトのアピス(2)のように、女神に仕えるために生まれてくる。

第四章

一　カウカソス山脈の向こうの樹木や動物たち

彼らはそこから先では、エリュトラ海[3]にまで伸びるカウカソス山脈を越えたことや、そこは芳香を放つ樹木で鬱蒼《うっそう》としていたことなどを述べている。その山すその丘陵には肉桂[4]の木が生えている。それは葡萄の巻きつるに似ているが、山羊によって肉桂であることが確認されている。もしだれかがその肉桂を山羊に差し出せば、山羊は差し出された手を犬のようにしてなめるからであり、その場から離れても、鼻をくんくんさせながらついて行く。もし山羊の群れがそれから引き離されると、それは好物の蓮の実から無理矢理引き離されたかのように悲しげな鳴き声を上げる。

(1)「黒い肌と白い肌を合わせもつ女性」。テクストでは「多色の女性」。
(2) アピスは古代エジプトで崇められた聖牛で、白い斑点のある黒い牛。
(3) このエリュトラ海は、アッリアノス『インド誌』に付した大牟田訳の註（一四一）参照。アレクサンドロスの艦隊の指揮官ネアルコスはペルシア湾を最初にエリュトラ海として発見した。
(4)「肉桂」のギリシア語表記はキンナモーモン。これはギリシア人がフェニキア語から借用した言葉だとされる。

胡椒の木とその実の集め方について

二　一方、山間部では、乳香の高木や、その他多くの種類の樹木、そしてその実が畑を耕すのをまねる猿どもによって収穫される胡椒《こしょう》の木などが生育している。この胡椒の木はどんな木にも似ていないが、彼らはそれを観察しているので、わたしはそれを説明しよう。

この胡椒の木は、実の房にいたるまでどこまでもギリシア人の間の柳の木に似ているが、違う点は、それが人間たちの近づくことなどできない崖に生育していることである。彼ら一行によれば、猿の集団は山の裂け目や窪地などに棲息しているそうで、インド人は猿を非常に尊重すべきものと見なしているので、猿が胡椒の実を取り入れているときには、彼らは犬や武器を使用して、ライオンが猿に近づかないようにする。病にあるライオンは薬を求めて――この果肉は病に効く――、あるいは年老いてしまったため食べ物を求めて、猿に襲いかかる。ライオンは老齢に達して鹿や猪を仕留めることができなくなると、残っている力を振り絞って猿を食い尽くす。しかし人間は猿を無視することはしない。彼らは猿を恩恵を与えてくれるものであると考えているので、猿のために、ライオンに向かって槍を手にするのである。

三　胡椒の実の集め方は次のとおりである。

インド人は下方にしならせた木々に近づくと、実を集め、木々の周辺に少しばかり切り開いた場所をつくると、人間にとってまったくの役立たずのものを廃棄するかのようにして、そこに胡椒の実を集める。猿は上方から、また人間が足を踏み入れることのできない場所からこれらの一連の作業を見守り、夜になると、インド人の作業をまねして木々から実の房をもぎ取り、それらを切り開いた場所に運び込む。明け方、インド人は何の努力もなしに、実際猿どもが一息ついて寝入っているときにできた香料の山を運び出すのである。

第五章

山を越えると

一　彼ら一行によれば、彼らは山を越えると、水がひたひたとある導水路によって分たれた畝《あぜ》を見たそうである。導水路のあるものは斜めに走り、あるものはまっすぐに走り、その水はガンゲス川(1)から引かれたものだった。これらの畝はその地方の地境となり、大地が干上がったときには、その平地を灌漑する。彼らによれば、ここの土壌はインドで最良のものであり、その地域で最大の耕作地となっている。ガンゲス川に到達するには一五日の道のりとなり、海から猿のいる山までは一八日の道のりとなる。山に沿って平地が伸びており、その土壌はどこでも黒々としていてすべてのものがよく生育する。彼らによれば、彼らはそこで葦《あし》ほどの背丈がある小麦や、エジプト産のものよりは三倍も大きな豆、そしてゴマの実やキビ、そのどれもが大きく生育していたのを見たそうである。

二　彼らによれば、この場所ではナッツ類が生育し、それらはしばしばこの地の聖所(2)に珍しいもの(3)として

(1) ガンジス川を指す。
(2) ここでの「聖所」は複数形。
(3)「珍しいもの」。あるいは「驚くべきもの」。

捧げられているそうである。しかし葡萄の木は、リュディア(1)やマイオニア(2)のそれのように、大きくはならないが、それがつくりだすものは飲めるもので、収穫の時期になるとよい香りを放っている。彼ら一行によれば、彼らはまたその地で、月桂樹のような木に遭遇したそうである。それはもっとも大きな石榴《ざくろ》のような実をつけ、殻の中の真ん中あたりはヒヤシンスの花のように青く、また四季が生み出すどんな果実よりも甘美であった。

第六章

アポロニオスの一行が遭遇した大蛇たち

一　彼ら一行によれば、山を降りるとき、大蛇(3)が獲物を追いかけ回しているのを目撃したそうである。わたしはそれについて是非語っておきたい。このような事柄に関心を払う者は、野兎について、どのようにしたらそれが捕獲されるか、また捕獲し得るかについて多くのことを書いてきた。それゆえ、死闘を尽くす追(4)いつ追われつの話を見過ごすことなどはとんでもないことであろう。なにしろ、わたしがこれらのことを書いているその人物が見逃してはいないのだから。

二　インドの地方にはどこでも、途方もなく大きな大蛇たちが無数に棲息している。湿地帯には大蛇がたくさんおり、山々もそうであり、蛇のいない丘陵などはない。湿地帯に棲息する大蛇は体長が三〇ペーキュス(5)にもおよぶが、動きは緩慢であり、それらには前だつとさかのようなものはない。それらは雌の蛇に似ており、背中はどす黒く、他の変種のものと比べると鱗のようなものは少ない。ホメロスがアウリスの泉に棲息する蛇を「朽葉色の蛇」として語るとき、彼はそれについて多くの詩人よりも洞察力のある記述をしている。他の詩人はこれと関係するネメアの杜に棲息するものを、湿地帯では見られない、とさかのようなものがあると語っている。

（6）（7）（8）

第七章

山すそなどに棲息する大蛇たち

一　山すそや山の背に棲息する大蛇は獲物を求めて平地に降りてくる。彼らは、どんな点でも、湿地帯に棲息するどんな大蛇にもまさる。彼らは成長すると湿地帯の大蛇よりも大きくなり、流れの急峻な川よりも早く動き回り、どんな生き物も彼らから逃れることなどはできない。彼らはとさかのようなものがある。小

（1）リュディアは小アジア西部の王国を指す。
（2）この場所は小アジアのサルディスの辺りの地域を指す。
（3）「大蛇」のギリシア語表記はドラコンテス（→ドラコーン）。
（4）「死闘を尽くす」。テクストでは「ダイモーン的な」。
（5）三〇ペーキュスは約一三メートル五〇センチ。
（6）アウリスはボイオティアの港。
（7）ホメロス『イリアス』第二歌三〇八参照。
（8）「ネメアの杜に棲息するもの」。ネメア（ギリシアのアルゴリス地方北部の谷）の杜に棲息するとされた神話上の大蛇はドラコーン・ネメイオスと呼ばれるが、それについては偽アポロドロス（二世紀）『ギリシア神話』第三巻六四参照。

さいときにはその部分はふつうに盛り上がっているが、成長するにしたがい非常に大きなものとなり、他方、大蛇の体色は濃赤色となり、背中はのこぎりの歯のようになる。

二　これらの大蛇には髭のようなものがあり、鎌首を高くもち上げると、鱗のようなものが銀のようにきらめく。彼らの目玉は火のような真っ赤な色の石であり、それは多くの不可思議なもの[1]への抗しがたい力をもっていると言われている。平地の大蛇は、象をおびき寄せるので――これは追いかけるものと追いかけられるものの双方にとって、身の消耗戦となる――、狩人には好都合な状況となる。そして大蛇を捕獲する者は、目や、皮、歯などをも戦利品とする。その歯は、どこから見ても、もっとも大きな猪のキバに似ている。違うのは、こちらの方が細くて湾曲しており、大きな魚のそれのように非常に鋭利であることである。

第八章

山に棲息する大蛇

一　山に棲息する大蛇には金色の鱗のようなものがある。その体長は平地の大蛇にまさり、巻き髭みたいなものがある。それもまた金色である。彼らには平地の大蛇よりも目立つまゆ毛のようなものがある。そのまゆ毛の下には恐ろしい威嚇的な目がある。彼らは地中に潜むときには、がらがらと音を立てる[2]。深赤色のとさかのようなものからは、松明よりも明るい火のようなものが輝き出る。これらの大蛇は象をも捕えるが、彼らは次のようにしてインド人によって捕獲されてしまう。

二　インド人は黄金の文字を深紅色の布切れに縫い込み、この文字に催眠させる呪文を唱えて、大蛇の潜む穴の前に置く。この布切れが大蛇のまばたきひとつしない目を捉える。インド人はまたそれに向かって秘密の呪文(3)を唱えるので、それに導かれてその頭を穴からちょこっと突き出し、その文字を縫い込んだ布切れの上に寝入ってしまう。そこでインド人はそこに横たわっている大蛇を斧でもって襲い、その首を切断し、体内の石を取り出す。彼らによれば、山に棲息する大蛇の頭の中には石があり、それらはさまざまな色合いの光をきらめかせ、ギュゲス(4)がはめていたとされる指輪のように秘密の力をもっている。

三　しかし、大蛇はしばしば斧を手にし呪文を唱えるインド人を捉えると、自分の穴の中に引きずり込んで山を揺るがしたりする。人びとによれば、これらの大蛇はエリュトラ海(5)の近くにある山々にも棲息しており、そこでは彼らの発する恐ろしいシューという音が聞こえると言われる。彼らは海まで降りてくると、沖合いの深い所まで潜りながら泳いで行く。この生き物の寿命はだれも知らず、たとえ口にしても、信じがたいものであろう。わたしは大蛇たちについてこのようなことを知ったのである。

(1)「不可思議なもの」。あるいは「隠されたもの」。

(2)「ががらと音を立てる」。テクストでは「青銅を打つような音を立てる」。

(3)「呪文」。あるいは「知恵」。

(4) ギリシア神話中のギュゲスは羊飼いで、姿が相手に見えなくなる指輪を発見するとリュディアの王の宮殿に忍び込んで王を殺し、自ら王になった。プラトン『国家』第二巻三五九A―三六〇Dは、ギュゲスの黄金の指輪に触れている。

(5) ここでのエリュトラ海はインド洋を指す。なお、このエリュトラ海は本巻第二十章二参照。

第九章

山の下の町

山のすそ野の町は非常に大きい。彼ら一行によれば、そこはパラカと呼ばれている。[1] 町の中央［の聖所？］には、大蛇の頭が多数奉納されている。その地域のインド人はこの種の狩りを若いときから行なっているからである。彼らはまた、大蛇の心臓か肝臓を食べれば、その生き物の発する音や気持ちを理解できるようになると言っている。彼ら一行は、先に進んで行くと、家畜の群れを世話している牧童の横笛を聞いたと最初は思ったそうであるが、それは白い鹿の群れの鳴き声であった。インド人はその乳が栄養分に富んでいると信じて、それを搾《しぼ》っている。

第十章

アポロニオスの一行、賢者たちの館へ近づく

一　彼ら一行はそこから四日間にわたり、好運にも恵まれて、人の往来のある地域を進み、賢者たちの館[2]に近づいた。道案内人は自分の駱駝に膝まずくよう命じると、急いで飛び降りた。恐怖で汗がしたたり落ちていた。しかしアポロニオスは自分がどこに到着したかを知っており、インド人が覚えた恐怖を笑い飛ばし

て言った。「この者は、たとえどこかの大海を横断して港に入っても、目にした陸地に気が滅入り、港にいることに恐怖を覚えるであろう」と。彼はそう言うと駱駝を座らせた。彼はここまでそのようなことに慣れていたのである。

二　道案内人をそのようにひどく怯《おび》えさせたのは、賢者たちに近づいたからである。インド人は彼らを自分たちの王よりも恐れているのである。この国を治めている王自身が、すべてのことに関して、何を言い何をなすべきかをここにいる者たちに、助言を求めて神のもとへ遣わした者に聞くようにして尋ねるのである。彼らは王に(3)何をすれば適切であるかを徴《しるし》でもって教え、適切でないものを禁じ、そして徴でもって警告する。

第十一章

彼ら一行が出会ったひとりの若者

彼ら一行によれば、彼らが近くの村──そこは「賢者たちの丘(4)」から一スタディオン(5)足らずの所にある

(1) パラカはここ以外は未詳。
(2)「賢者たちの館」のギリシア語はトーン・ソポーン・テュルセイ(↓テュルシス)。ギリシア語テュルシスには通常「塔」、「要塞」の訳語が与えられる。
(3)「王に」。テクストでは「彼に」。
(4)「賢者たちの丘」のギリシア語はオクトゥー(↓オクトス)・トーン・ソポーン。
(5) 一スタディオンは約一八五メートル。

――で旅装を解こうとしたとき、ひとりの若者が彼らの方に向かって走って来たのを目にしたそうである。若者はどんなインド人よりも肌が黒く、その額には三日月のような斑点がついていた。後になって聞いたことだが、ソフィストのヘロデス[1]の里子であるメムノン[2]――彼はエチオピア人だった――にも同じ斑点が現われていたそうである。それは彼がまだ若かったときに生じ、長じて大人になると、小さくなりはじめ、やがて消えた。彼らによれば、このインド人は金色のアンクラ［錨］と呼ばれるものを身につけていたが、インド人たちはそれをすべてのものに力を与える護符と考えている。

第十二章

若者、アポロニオスを賢者たちのもとへ案内する

若者はアポロニオスの方に向かって駆けってやって来ると、彼にギリシア語で挨拶したが、それ自体は驚きではなかった。その村の者はだれもがギリシア語を話したからである。しかし彼が「誰それさんこんにちは」と挨拶すると、それは一行のだれをも驚かすものだった。しかしそれは尊師に、そこにやって来た目的を確信させるものとなった。というのも、尊師はダミスを見て、「われわれはついに賢者たちのもとへ到着した。彼らはあらかじめ何でもお見通しのように見える」と言ったからである。彼はすぐにインド人の若者に何をすべきかと尋ねた。彼は彼ら賢者たちに会うのを切望していたからである。

それにたいしてインド人の若者は答えて言った。

「こちらの方たちはここで旅装を解いてください。しかし、あなたさまはそのままお越しください。彼ら自身があなたさまを招いておられるからです」。

この「自身が」は、アポロニオスにはピュタゴラス的であるように思われた(3)。そこで彼は喜んでインド人について行った。

第十三章

賢者たちの暮らす丘について

彼らによれば、賢者たちが暮らす丘は、アテナイのアクロポリス(4)の高さの所にあった。そこは平地から上方の場所に立っているが、アテナイと同じく、自然の岩場が四方を等しく堅牢強固なものにしていた。岩場の至る所に、二つに割れた蹄《ひづめ》の跡や、滑り落ちたときについたひげや顔らしきものの跡、背中らしきものの跡が見られる。ディオニュソスが、ヘラクレスと一緒にその場所を略取しようと試みたとき、パン神たち(5)が

(1)この人物はギリシアの修辞家ヘロデス・ホ・アッティコス(一〇一―一七七年)を指す。彼の父アッティコス(六五―?)は、九五年にローマで元老院議員になり、またユダヤ知事を務めた。

(2)メムノンの頭像(高さ二七センチメートル)は、現在、ベルリンの国立美術館で見ることができる。

(3)ピュタゴラスの弟子たちは師の言葉を引くときには「彼自らが言われた」と言った。

(4)アクロポリスは要塞化された丘を指す。

(5)この神は古代ギリシアの森林や原野、牧羊の神。

斜面の戦闘には強いと考えて、そこを攻撃するよう彼らに命じた。しかし彼らは、賢者たちの雷に打たれて至る所で倒れ、彼らの誤算の痕跡が岩場に刻まれた。(1)

彼らによれば、彼らは丘の四周に雲がかかっているのを見たそうである。その丘の上では、インド人が、その好みにより、人目につくような仕方か、そうでない仕方で暮らしている。彼らは丘に別の門(2)があるのかどうかを見ることはしなかった。そこにかかっている雲のため、門が開いているのか閉じられているのかはっきりと見えなかったからである。

第十四章

アポロニオスが目にした井戸や火口について

一　アポロニオスによれば、彼はインド人の若者の後にしたがって、ほぼ南方面からその丘に登った。彼が最初に目にしたのは深さ四オルギュイア(3)の井戸で、そこからは青白い光が水面に向かって上っていた。(4)この光は、太陽が真上にくると、その光線で引き上げられて上方に向かい、熱した虹の光のようになる。アポロニオスは後になって知ったのだが、井戸の底には鶏冠石(5)があり、インド人はその水を聖なるもの(6)と見なし、だれもそれを汲み上げたり飲んだりすることがなかった。インドの全地域はそこを誓いの場所としていた。

二　アポロニオスによれば、この場所の近くに火口があった。そこは鉛色のにぶい炎を吹き上げていたが、噴煙は上がっておらず、また何の臭気もなかった。この火口からの流出は一度としてなく、煮えたぎったも

西洋古典叢書

月報 82

第Ⅳ期＊第19回配本

クロトン
【コロンナ岬にそびえるヘラ神殿の石柱】

目次

2010年6月
京都大学学術出版会

アテナイへの「あこがれ」とピロストラトス

桑山由文

最近は日本にいながらにして、オリーヴ油やワインをたやすく手ごろな値段で入手できるようになっており、十数年前とは隔世の感がある。料理だけでなく、美容や健康といった面がメディアに取り上げられる機会も増えてきた。そういう話を耳にするにつけ、思い出すのは、大学学部生時代、専門研究のとば口に立った頃の懐かしい記憶である。ゼミの最中のふとした折に、先生が、古代ギリシア人はどのような経験をしたのか知りたく思い、実地に色々と試してみたのだが、肌にオリーヴ油を塗ることだけは性に合わなかった、とおっしゃったのである。それを聞いた私は、学者魂とはこういうものかと感嘆したのと同時に、やはりどれだけ強いあこがれを抱いていても、人間、馴染むことと馴染まないこととがあるものなのだなあなどと考えていた。

元首政期ローマ帝国治下のギリシア知識人のメンタリティを考える際、問題となってくるのは、彼らが有した、古典期アテナイを中心とする過去のギリシア文化への「あこがれ」をどう理解するかである。これは、単にその頃の文学作品を好み、同時代のものを軽蔑するといったことだけではなく、己の価値観や行動様式さえもなるべく古のそれに近づけ、模倣しようというものであった。すなわち、ギリシアの場合は、人々が「ローマ化」したのかどうかという、ローマ支配下のどの地域にも当てはまる問題に加えて、ギリシア人の行動様式や価値観がどの程度「古典期化」していたのかも考慮に入れねばならないのである。もっとも、こうした「古典期化」は、文化面での優越を信じるギリシア人が、新興のローマ帝国の支配下に自分たちが置かれている現実となんとか折り合いをつけようとした結果でもあった。

本書の著者ピロストラトスも、このような屈折した心性のギリシア人の系譜に連なる人物である。レムノス島出身で、アッティカ風の文章を正統とし、後半生はアテナイに居住して「アテナイ人」と称されるほど、この都市とその象徴する古典期に深く傾倒していた。彼の価値観は、本書『テュアナのアポロニオス伝』や『ソフィスト列伝』にも反映している。たとえば、ローマ時代に活躍したギリシア弁論家たちのうち、彼が最も高く評価するのはヘロデス＝アッティコスであった。この人はまさしくアテナイ中心主義の権化とでも呼べるような人物として描かれているし、実際にそうであったろうと考えられている。

元首政期のギリシア知識人のメンタリティを考える際の主史料はこのピロストラトスの書物であるので、本来彼らが有していた価値観と、ピロストラトスの価値観とを分離して考えることは難しい。ただ、ピロストラトスの生きた後二世紀末から三世紀前半にかけての時代には、ギリシア本土、中でもアテナイの状況はそれまでとは大きく異なるものとなっていた。元首政期に入ってからのギリシア本土、つまり属州アカイアは、ギリシア文化圏における地位は相対的に低く、中央からの関心も薄れていた。アテナイも、往時の繁栄を失い、属州アカイアの一都市に転落して久しかった。

ところが、後二世紀のうちに、アテナイはその姿を大きく変えていくことになる。実は古のギリシア文化への「あこがれ」は、単にギリシア人だけが持ったのではなく、ギリシア世界出身ではない人々にも広く共有されていた。ハドリアヌス帝のアテナイへの思い入れは名高い。彼は一元老院議員であった時代からアテナイを訪れ、筆頭アルコンや名誉市民になるなどこの都市に深い関心を示していたが、皇帝となってからは、思いが高じるあまり、アテナイに大幅なてこ入れを行なった。都市中央には「ハドリアヌスの図書館」を建て、南東部ではオリュンピエイオン（ゼウス＝オリュンピオス神の聖域）を完成させ、さらに、この都市をパンヘレニオン都市同盟の盟主に据え、ギリシア本土どころか、ギリシア世界の中で一流の都市に「復活」するように取り計らったのである。この動きを継承・発展させて、アクロポリス南麓に今でも残るオデイオンや、復元されて先年のオリンピックでもマラソン競技の目的地に使用されたスタディオンを建設したのが、上述のヘロデスであった。彼らの「あこがれ」は目に見えるものとなり、現実世界を改変するにいたったのである。

しかし、どれほど過去へあこがれ、その時代の文化こそを理想として没入しようとしても、そこにはおのずと限界がある。弁論の主題を過去の時代に求めるという程度ならともかく、嗜好や行動様式までも模倣しようとする場合、完全とはいかない。馴染むことと馴染まないこととがあるのである。また、現実には、当時のギリシアはローマ帝国の一部であった。ヘロデスは元老院議員として経歴を歩み、ピロストラトスはセウェルス帝の后ユリア＝ドムナの保護を受けて帝の各地への移動にも随伴した。両者とも妻はギリシア人ではなく、ローマ元老院議員家系の出であり、息子は元老院議員としての道を歩んでいる。

アテナイの「復興」も古のアテナイのかたちをそのまま再現するという訳にはいかなかった。オリュンピエイオン完成には、前六世紀のペイシストラトスの事業を引き継いだという意味があったが、ローマ風の様式が随所に見られる。「ハドリアヌスの図書館」は首都ローマの「平和の神殿」の様式を用いたものであり、ヘロデスのオデイオンはローマ風の劇場であった。

それにもかかわらず、これらの建築物は、同時代のギリシア人から高く評価されていたようである。パウサニアスの『ギリシア案内記』は、同時代の建築物を無視し、古のものを賛美する傾向が強いのであるが、しかし、ハドリアヌス帝やヘロデスの建築活動にはわざわざ言及している。本来のかたちとはかなり異なってはいたものの、古のギリシアへの「あこがれ」を具現化したという点で、パウサニアスの賛同を得ていたのであろう。

ピロストラトスが時を過ごしたアテナイは、このような都市であった。彼は、「あこがれ」の力がどのように現実を変えうるのかを目の当たりにしつつ、文筆活動にいそしんでいた。「あこがれ」によって実体化されたものが、さらなる「あこがれ」を呼び覚ましていたとでもいえる。後二世紀初頭までのギリシア知識人は、盛時のおもかげを失い、うらぶれたアテナイを眺めながら、今はもうない過去を幻視しようとした一方、ピロストラトスは、先人が「再現」した「夢の都」アテナイにて、過去に思いを馳せていたのである。彼の作品は、ただの憧憬からではなく、ローマ帝国の長きにわたる支配の下で、過去と現在に折り合いがついた中から生まれてきたものであった。

翻って、現在の日本におけるワインやオリーヴへの深い関心。これも一種の「あこがれ」の実体化であろう。筆者も、師のひそみに倣い、地中海の食文化に舌鼓を打ちつつ、ローマ時代のギリシア知識人に思いを馳せる日々である。

（西洋史・京都女子大学准教授）

ヘロデスのオデイオン（筆者撮影）

アクロポリスから見たスタディオン（左上）とオリュンピエイオン（筆者撮影）

連載

西洋古典ミニ事典 (36)

ギリシアの神話 (2)

ギリシア神話でとりわけ有名なのはトロイア戦争の物語である。この物語はホメロスの『イリアス』『オデュッセイア』からわれわれのよく知るところであるが、これらの二作品は戦争物語の全体ではなく、一部を語るものでしかない。戦争の発端はアテナとヘラとアプロディテの三女神が美を争ったことに始まるが、これを語っているのは「叙事詩の環（エピコス・キュクロス）」のひとつ『キュプリア』である。審判者となったアレクサンドロス（パリス）は、ヘレネとの結婚を約束させ、アプロディテに軍配を上げる。ヘレネはすでにスパルタ王メネラオスの妻となっていたが、アレクサンドロスはかの地へ行って、主人メネラオスがクレタに出かけた留守に、ヘレネと共にスパルタを出奔する。このヘレネ誘拐はトロイア伝説において最も重要な事件であり、アレクサンドロスがヘクトルとともにトロイアの王子であったことからトロイア戦争を引き起こすきっかけとなったものであるが、その細部において伝説はいくつかの食い違いをみせている。ひとつは、ヘレネを連れたパリスが、順風に恵まれて三日目にトロイアに着いたというもの、またひとつは漂泊してフェニキアのシドンに着いたというもので、ヘロドトスは前者が『キュプリア』での、後者は『イリアス』の筋書きであるから、これを根拠に『キュプリア』はホメロスの作品ではないと推測している。『キュプリア』は、ポティオスの『ビブリオテーケー』にプロクロスの『クレストマティア』（このプロクロスは五世紀の新プラトン主義哲学者ではなく、二世紀の文法学者だとする説が有力）の一部が紹介されていて、その中に叙事詩の環の梗概を載せていることで、その内容が知られる。しかし、それを読むと女神のヘラが嵐を起こして、パリスの一行はトロイアへ行く前にシドンに流されることになっていて、こうなると訳が分からなくなってくる。ところがさらに、ヘロドトスはヘレネが行ったのはトロイアではなく、エジプトであるという証言も紹介している。それによれば、ヘレネもその財宝もエジプト王プロテウスの許に留め置かれ、後日メネラオスは無事のヘレネと再会したと言われている。

このように伝説の細部において違いがあっても、そのどれを採用するかは詩人の手に任される。ホメロスはエジプトに赴いた話を聞き知っていたが、これは叙事詩（エポポイイエー）向きではないと判断したのだろうとヘロドトスは推測している。要するに、叙事詩は歴史とは異なるということである。アリストテレスは、歴史にとって重要なのは時間の統一性であるが、叙事詩の場合には行為の統一性が重要であると述べている。すなわち、同じ時期に生じた海戦は単に偶然的な関係しかなく、ひとつの結末に向かって収束していく必要がないが、叙事詩の場合にはそのことが善し悪しの決め手となるということである。アリストテレスはさらに、トロイア戦争の一部始終の出来事を詩にするのではなく、物語の必然的な展開のみを作品にしたという理由で、ホメロスの天才ぶりを褒め称えている。その証拠に、『イリアス』『オデュッセイア』からはわずかな悲劇のテーマを取り出すことしかできないが、『キュプリア』からは多くの悲劇作品ができると言っている。

　ヘレネの行く先が作品で異なっているのは、夫を見捨て戦争の原因となったという意味で悪女であるのかどうかという、ヘレネへの評価と関係しているのかもしれない。ヘレネのトロイア行を非難する詩を書いて両眼の視力が奪われてしまい、改めて取り消しの詩（パリノーディアー）を書いたステシコロスという詩人がいたとプラトンは『パイドロス』で言っている。プラトンの『国家』によれば、トロイアに行ったのはヘレネの幻であったということで、エウリピデスは『エレクトラ』でこのヘレネ幻影説を採択している。

（文／國方栄二）

●**月報表紙写真**――前五三〇年頃サモスから南イタリアに移住したピュタゴラスはクロトンに最初の拠点を構え、彼の学派・教団は急速に大勢力を形成する。しかし旧勢力との確執も絶えず、晩年にはメタポンティオンやタラスに居を移した。今日のクロトン（クロトーネ）には中世の城塞跡（かつてのアクロポリス）くらいしか残っていないが、一一キロメートルほど南東に突き出たコロンナ岬の北先端には、古来の森の広がりの中に往時を偲ばせる遺構が多数見られる。それらを象徴するように立っている一本のドーリア式石柱は、前五世紀のヘラ神殿の名残りである。ヘラ女神はピュタゴラス派と対立するアカイア系住民の守護神でもあったが、サモスにも巨大なヘラ神殿があり、偶然ながらやはり今日一本の石柱のみが高くそびえている。（一九九四年九月撮影　高野義郎氏提供）

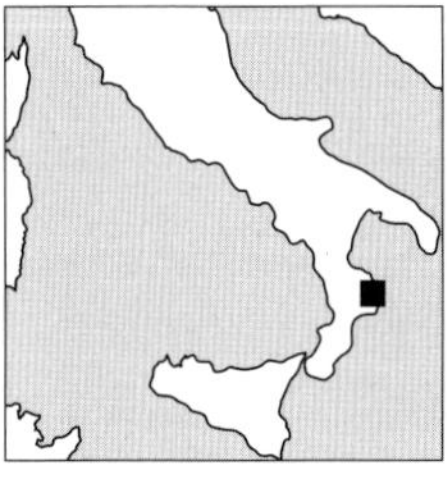

西洋古典叢書

［第Ⅳ期］全25冊

★印既刊　☆印次回配本

●ギリシア古典篇

アキレウス・タティオス　レウキッペとクレイトポン★　中谷彩一郎 訳
アラトス他　ギリシア教訓叙事詩集★　伊藤照夫 訳
アリストクセノス他　古代音楽論集★　山本建郎 訳
アリストテレス　トピカ★　池田康男 訳
アルビノス他　プラトン哲学入門★　中畑正志 編
ガレノス　ヒッポクラテスとプラトンの学説　2　内山勝利・木原志乃 訳
クイントス・スミュルナイオス　ホメロス後日譚　森岡紀子 訳
クセノポン　ソクラテス言行録　内山勝利 訳
セクストス・エンペイリコス　学者たちへの論駁　3☆　金山弥平・金山万里子 訳
テオプラストス　植物誌　1★　小川洋子 訳
デモステネス　弁論集　2★　木曽明子 訳
ピロストラトス　エクプラシス集　羽田康一 訳
ピロストラトス　テュアナのアポロニオス伝　1★　秦　剛平 訳
ピロストラトス　テュアナのアポロニオス伝　2　秦　剛平 訳
プラトン　饗宴／パイドン★　朴　一功 訳
プルタルコス　英雄伝　1★　柳沼重剛 訳
プルタルコス　英雄伝　2★　柳沼重剛 訳
プルタルコス　モラリア　1★　瀬口昌久 訳
プルタルコス　モラリア　5★　丸橋　裕 訳
プルタルコス　モラリア　7★　田中龍山 訳
ポリュビオス　歴史　2★　城江良和 訳

●ラテン古典篇

クインティリアヌス　弁論家の教育　2★　森谷宇一他 訳
スパルティアヌス他　ローマ皇帝群像　3★　桑山由文・井上文則 訳
リウィウス　ローマ建国以来の歴史　1★　岩谷　智 訳
リウィウス　ローマ建国以来の歴史　3★　毛利　晶 訳

のが火口の外に溢れ出ることもなかった。インド人は、うっかりして過ちを犯したとき、この場所で身を清めるが、そのため賢者たちはこの井戸を「証しの井戸」と、また火を「赦しの火」と呼んでいる。彼ら一行によれば、彼らはここで黒い石でつくられた二つの壺、「雨の壺」と「風の壺」を見たそうである。「雨の壺の口」はインドが干ばつに襲われ苦しめられたときに空けられ、雲を立ちこめさせ、全地に水やりがなされるが、雨が降りすぎると、壺の口は閉じられて降雨量が調整される。「風の壺」はアイオロスの袋(7)と同じ役割を果たしている。というのも彼らは、風を必要とする季節になると壺を空けて風のひとつを解き放ち、そのおかげで大地が繁栄している。

アポロニオスの一行が目にした神々の像

三　彼ら一行によれば、彼らは神々の像(8)に出会ったそうである。何も驚くべきことではないが、ある神像

(1)「誤算」のギリシア語表記はディアマルティアー。ジョーンズ訳はこのギリシア語に「不信仰」の訳語を与えているが、適切であるようには思われない。
(2)「別の門」。テクストでは複数形。
(3)一オルギュイアは両腕をいっぱいに伸ばした長さで、四ペーキュスに相当。
(4)「上っていた」。テクストでは「送られていた」。
(5)これは赤みがかったオレンジ色の鉱物。
(6)「聖なる」のギリシア語はアポレートン。あるいは「口にしてはならない」。
(7)ホメロス『オデュッセイア』第十歌一九―二八によれば、アイオロスはオデュッセウスの船旅が早まるようにともろもろの風を閉じ込めた袋を与えた。
(8)「像」のギリシア語表記はアガルマ。

はインドやエジプトの神像(1)であるが、ある神像はギリシア人のもとにあった神像の中のもっとも古いもの、すなわちアテナ・ポリアス(2)の神像、デロス島のアポロン(3)の神像、湧水のディオニュソス(4)の神像、アミュクライのアポロン(5)の神像、そしてまた似たような古い神像だった。インド人(6)はこれらの神像を立てると、ギリシア的なやり方で拝している。人びとは自分たちがインドの中央部に住んでいると申し立て、この丘の小高い所をへそと見なしている。彼らはその上で、彼ら自身が太陽の光線から火種を取ったと申し立てる火をまつって儀式を執り行なっている(7)。毎日昼頃になると、彼らはこの聖なる火に向かって讃歌をうたっている。

第十五章

賢者たちについて

一　さて賢者たち(8)がどんな者たちで、丘の上でどのような暮らしをしているか、それについては尊師自らが触れている。というのも尊師はエジプト人を相手にした講話のひとつで、次のように言っているからである。「わたしはインド人のバラモン僧たち(9)を目にしたことがある。彼らは地上で暮らしているが、地上ではない。彼らには壁はないが、壁がめぐらされている。彼らは何も所有していないが、すべてのものを所有している」と。

尊師は少しばかり哲学的に書いているが、ダミスによれば、大地は彼らが選んだ草で寝床をつくり、彼らはその上に寝るそうである。ダミスによれば、彼は彼らが地上から二ペーキュス(10)もある所に浮いているのを見たそうである。そうするのは彼らが奇をてらうからではなく——賢者たちはこの手のことを嘆かわしいものとしている——、太陽に向かって行なうものをすべて、神への捧げものと見なすからで、彼らは地から浮き上がりながら行なうのである。

(1)以下ではテクストにない「神像」の語を補う。

(2)この神像への言及は、古くはホメロス『イリアス』第六歌三〇二—三〇四に見られる。トゥキュディデス『歴史』第二巻一五は、アテナイ市で執り行なわれるこの女神の祭典に言及している。アレクサンドロス大王は前三三四年以降のある時期に、プリエネの町に到達するとそこでこの女神に捧げる神殿を建造させている。その碑文は十九世紀になって考古学者のリチャード・プルランによって発見されている。B. F. Cook, *Greek Inscriptions* (London, The British Museum Press, 1987) 参照。

(3)「デロス島の」。あるいは「デロスの祭典の」。デロス島はエーゲ海南西部、キュクラデス諸島のひとつ。次出のアポロン(とアルテミス)の誕生の地。

(4)トゥキュディデス、前掲書、前掲箇所はこの「湧水のディオニュソス」に言及している。

(5)「アミュクライのアポロン」は、パウサニアス『ギリシア記』第三巻一一-九参照。なおアミュクライはスパルタの南東約四キロメートルの地点にあった町。

(6)「インド人」。テクストでは「これらのインド人たち」。

(7)「儀式を執り行なっている」のギリシア語はオルギアズーシン。

(8)「賢者たち」のギリシア語は、「男たち」を意味するホイ・アンドレスであるが、ここには特別のニュアンスが込められているので、他の場所でもすでに使用されている「賢者たち」を意味するホイ・ソポイと同格と見なし、以下、一々断ることなしに「賢者たち」の訳語を与える。

(9)「バラモン僧たち」のギリシア語はブラクマーナス(→ブラクマーネス)。この僧は本書第一巻第一章にすでに登場。

(10)二ペーキュスは約九〇センチメートル。

二　太陽光線から取り込んだ火は実体があるように見えるが、それは祭壇の上に捧げられるわけではなく、ランタンの中に入れて消えないようにしておかれるわけでもない。それは太陽から来て水に反射した光線に似ており、大気の中でとどまって微光を放っているかのように見える。彼らは太陽が四季を支配しているので、四季のために太陽に祈りを捧げ、四季がそれぞれの時期に地上に来て、インドが豊穣になるように求め、そして夜には太陽光線が夜の妨げにならぬよう、それが自分たちによって導かれるのであれば、今あるところにとどまっているよう懇願する。以上は、アポロニオスの言葉「バラモン僧たちは地上にいるが、地上にいない」の意味である。

三　「壁はないが、壁がめぐらされている」は、彼らがその下で生きている「空気」を指している。彼らは野外で生活しているようだが、蔭を自分たちの上に置いているので、雨が降っても濡れず、自分たちが望むときに太陽の下にいることができる。ダミスは「何も所有していないが、すべてのものを持っている」を、次のように解釈した。ディオニュソス(1)はバッカス祭の参加者(2)と乱痴気騒ぎで大地を震わせるときに、泉の水が彼らのために大地から流れ出るように、それらの泉はこれらのインド人(3)が客人として迎えられるときには、姿を現わしてもてなす。それゆえアポロニオスは、準備は何もしていないが、欲するものをいつでも手に入れる彼らを、「持たずして持っている」と適切にも言うのである、と。

四　彼らは髪の毛を長く伸ばすのを習慣としている。かつてのスパルタ人や、トゥリオイ人(4)、タレントゥム人(5)、メロス島民(6)、またスパルタ的な慣習(7)をよしとしたすべての民族の者たちのようにである。そして彼らは髪の毛を白いミトラ(8)で束ねている。彼らは裸足で、われわれが着る片袖《かたそで》チュニカ(9)のようなものを着ていた。

服の素材は大地に自生する木の綿[10]で、パンピュリア[11]のそれのように白いが、それよりも柔らかく、オリーブ油のようなべとついたものが滲み出る。彼らはこの素材で聖なる服をつくるが、もしインド人以外の者がこの木を引き抜こうとしても、大地はそうはさせない。彼らが身につけている指輪と杖は万能で、その神秘的な力[12]のために尊ばれている。

---

(1) この神は本書第二巻第二章二ほかに登場。
(2)「バッカス祭の参加者」のギリシア語表記はバッコイ。ローマ神話でのバッカスは酒の神で、ディオニュソスの別名。
(3) これは賢者たちを指す。
(4)「トゥリオイ人」のギリシア語表記はトゥーリオイ(↓トゥーリオス)。
(5) この場所はイタリアのタラント湾に臨む港町。「タレントゥム人」は、その港町の住民を指す。
(6)「メロス島民」のギリシア語表記はメーリオイ。この島はエーゲ海西部のキュクラデス諸島のひとつ、その島から一八二〇年にヴィーナス像が発見され、「ミロのヴィーナス」で知られるようになった。
(7)「スパルタ的な慣習」のギリシア語表記はタ・ラコーニカ。あるいは「スパルタ的なもの」。
(8) ここでのミトラはヘッドバンドのようなものであろう。
(9)「片袖チュニカ」のギリシア語表記はエクソーミス。チュニカには両袖なしのものや片袖のものがあり、前者だと両肩がはだけることになる。
(10)「木の綿」のギリシア語表記はエリオン。木綿みたいなものか? ピロストラトスは本書第二巻第二十章一で、ビュッソスという言葉で木綿に言及している。
(11) この場所は小アジア南部の古代地方を指す。この時代はローマの属州。
(12)「神秘的な力」のギリシア語はアレートー。あるいは「口にはしてならない力」。

第十六章

アポロニオスが賢者のヤルカスと交わした挨拶

一　アポロニオスが近づくと、他の賢者たちも近寄ってきて両手で抱擁して挨拶したが、ヤルカスだけは高い椅子の上に座ったままだった。この椅子は黒みがかった青銅でつくられていたが、金色の神像(1)で飾られていた。他の者の椅子も青銅製だったが、神像はなく(2)、高さは少しばかり低かった。彼らがヤルカスよりも下に座ったからである。

ヤルカスはアポロニオスを認めると、ギリシア語で挨拶し、インド人の書状を求めた。アポロニオスが彼の予知能力(3)に驚いてみせると、ヤルカスは文書記録の中に「デルタ」と呼ばれる書状が欠けていると言った。それを書いた者が気づかなかったのである。事実そのとおりだった。

二　書状を読み終えると、ヤルカスは尋ねて言った。

「アポロニオスよ、あなた方はわたしたちのことをどう思っておられるのか？」

尊師は答えて言った。

「わたしはみなさん方にお会いするために遠路はるばるやって参りましたが、わたし以外にだれがこんなことをしたでしょうか？」

ヤルカスは尋ねて言った。

「あなたに欠けているものでわたしどもにある知識は何であるとお思いでしょうか？」

尊師は言った。

「わたしが察するに、みなさん方の思考(4)はわたしのそれよりも賢く、はるかに霊的です。もしわたしがみなさん方からわたしの知らないことを何も見出すことができなければ、わたしにはこれ以上学ぶべきものがないことを学んだことになるでしょう」。

三　インド人は答えて言った。

「ここにやって来る他の者には、どこから来たのかとか、その目的は何かと尋ねたりしますが、わたしたちはやって来た者について何も知らないことはありません。それこそはわたしたちの知恵の最初の証しなのです。まずはそのことをお目にかけます」。

こう言うと、彼はアポロニオスの父方と母方の出自や、アイガイでのすべての体験、どのようにしてダミスが彼のもとへやって来たのか、彼らが道中で何を語り合ったか、他の者が語り合っているとき何を学んだ

(1)「神像」のギリシア語表記はアガルマ。アガルマは礼拝の対象となる像を指して使用されるギリシア語なので、ここではこの訳語を与える。

(2)「神像はなく」のギリシア語はアセーモイ。あるいは「しるしはなく」。

(3)「予知能力」のギリシア語表記はプログノーシス。ジョーンズ訳はこのギリシア語に「千里眼」の訳語を与える。適切かもしれない。

(4)「みなさん方の思考」のギリシア語はタ・ヒューメテラ。あるいは「みなさん方のもの」。

かを説明した。このインド人はこれらすべてを、まるで彼らの旅に同道していたかのように、息つく間もなくはっきりと語った。(1)

四 仰天したアポロニオスは、いったいどこで知ったのかと尋ねると、彼は答えて言った。

「あなたはこの知恵の一部に与ってここにやって来られましたが、すべての知恵に与ってではありません」。

尊師は言った。

「それでは知恵のすべてを教えていただけるでしょうか？」

ヤルカスは言った。

「惜しげもなくです。それは学ぶに値するものを出し惜しみしたり隠したりすること以上に哲学的です。それに、アポロニオスよ、お見受けするにあなたは神々の中でわれわれがもっとも敬意を払っている女神ムネモシュネ(2)の恩寵をたっぷりと受けておられます」。

尊師は言った。

「あなたは即座にわたしが得意としてきたものを見抜かれた」。

彼は言った。

「アポロニオスよ、わたしどもはあらゆる種類の魂を見てきております。多くの手がかりでそれを調べてきたのです。しかし今は昼近くなので、わたしどもは神々への捧げ物の準備をしなければなりません。今はこちらに専念いたします。この後、わたしどもはあなたが議論したいと願っておられる事柄について議論いたします。よろしければあなたはわたしどもが執り行なうすべての儀式に参加できます」。

尊師は言った。

「もちろんです、ゼウスに誓って。もしわたしがみなさん方が行なわれるすべてのものを吸収しないのであれば、あなた方のもとへ到達するために渡ったカウカソス山系やインドス川に悪いことをしたことになります」。

ヤルカスは言った。

「存分に吸収してください。さあ、参りましょう」。

第十七章

賢者たちの聖なる儀式について

一　さて彼らは水の湧出している泉へ行くと――ダミスは、それを見た後で、それをボイオティア(3)のディルケ川(4)と比べたと言っている――、裸になり、ついで琥珀色に輝く軟膏を頭に塗った。それにはインド人の体温を高める効果が非常にあり、体からは湯気が出て、熱い湯につかるときのように、汗が流れ落ちるのだ

(1)「息つく間もなく（アプネウスティ）」。あるいは「立て板に水に」、「べらべらと」。

(2)この女神は本書第一巻第十四章一に登場。

(3)この場所はアテナイ北西の地方を指す。

(4)この川はボイオティアの都市テベを流れる川を指す。

った。彼らは、水に飛び込んで沐浴すると、花環で飾られ、たくさんの讃歌が聞こえてくる聖所(1)へ向かった。

二　彼らはそこに合唱団の形のように囲むようにして立つと、ヤルカスを捕獲用のネットに見立て、手にした突き棒(2)で地を叩いた。すると彼らは高さ二ペーキュス(3)の空中を弧を描くようにして飛ばされた。ついで彼らはアテナイでアスクレピオス神(4)に捧げられてうたわれるソポクレスの『パイアン』(5)に似た歌をうたった。そして彼らが着地すると、ヤルカスは、アンキュラ［錨］を運んでいた少年を呼び寄せて言った。

「アポロニオスさまの友人たちの世話をするのだ」。

すると彼は彼らの所へ飛んで行き、はやぶさよりも早く舞い戻ってきて言った。

「わたしはその方たちの世話をすでにしております」。

彼らは聖なる儀式の大半を執り行なうと、椅子に座って休んだが、ヤルカスは少年に向かって言った。

「賢者アポロニオスさまのためにプラオテスの玉座を持ってくるのだ。それにお座りになって話ができるからだ」。

第十八章

「自分自身を知る」ことについて

アポロニオスが玉座に座ったので、ヤルカスは言った。

「お尋ねになりたいことがあれば、なんなりとお尋ねください。あなたはすべてのことを知っている賢者たちのもとへやって来られたからです」。

そこでアポロニオスは彼らが自分たち自身について知っているかどうかを、彼らがギリシア人のように「汝自身を知ること」を達成するに難しいことと考えているかと尋ねた。

ヤルカスは、アポロニオスの予想に反して、次のように言った。

「われわれはすべてを知っております。われわれは自分自身を知ることではじめるからです。われわれのうちのだれも、自分自身を最初に知らずしてこの種の哲学に向かうことはありません」。

アポロニオスはこのときプラオテスからかつて聞いたこと、すなわちこれから哲学者になろうとする者が、それを試みる前に、どのようにして自分自身を試すのかの話を思い起こした(6)。アポロニオスは「自分自身」についても納得したので、彼の話を受け入れた。

アポロニオスは次に彼らが自分たち自身を何と見なしているかと尋ねた。ヤルカスは「神々と見なしている」と答えた。アポロニオスがなぜかと尋ねると、彼は答えて言った。「なぜならば、われわれは善良な人間だからだ」と。

(1)「たくさんの讃歌が聞こえてくる」。テクストでは「讃歌でいっぱいの」。
(2)「手にした」。テクストでは「上にされた」。
(3)二ペーキュスは約九〇センチメートル。
(4)この神は本書第一巻第七章二ほかで登場。
(5)パイアンは「祈願のうた」の意。
(6)本書第二巻第二十六章以下参照。

この答はアポロニオスには非常に洗練されたもののように見えたので、後になって彼は、自分自身についての弁明の中でドミティアヌス帝(1)に向かって同じ言葉を口にした。

第十九章

霊魂や前世について

一　アポロニオスは質問をつづけて言った。
「あなた方は霊魂についてどうお考えですか？」

　ヤルカスは答えて言った。

「それはピュタゴラスがあなた方ギリシア人に、そしてわたしどもがエジプト人に伝えたものです」。

アポロニオスは尋ねて言った。

「ではあなたも、前世では、(2)ピュタゴラスが自らをエウポルボス(3)であると称したように、トロイア人かアカイア人か何かであったとおっしゃるのですか？」

インド人は答えて言った。

「トロイアは当時そこに航行してきたアカイア人に滅ぼされました。そしてその物語(4)が今度はあなた方ギリシア人を滅ぼしたのです。あなた方は唯一の英雄をトロイアへ遠征した者だと考えて、あなた方の土地や、エジプトの土地が、そしてインドの土地が生み出したもっと多くの、そしてもっと聖なる英雄を無視しておられます。しかしあなたはわたしに前世の肉体についてお尋ねになったので、今度はわたしにお答えになってください。トロイアを攻撃しに来た者や、トロイアのために来た者の中でだれがもっとも傑出していたとあなたはお考えになっているのですか？」

アポロニオスは答えて言った。

「わたしはペレウス[5]とテティス[6]の子アキレウス[7]だと思います。この人物はホメロスによって、非常に美丈夫で他のすべてのアカイア人よりも偉大であるとうたわれ、またその偉大な行為が記録されております。彼はまたアイアス[8]やニレウス[9]のような男たちを高く評価しておりますが、その二人は美しさと高貴さにおいてアキレウス（図版）につぐとしてお

「ゼウスに犠牲を捧げるアキレウス」
ホメロス『イリアス』の写本挿絵、イタリアのアンブロジアーナ図書館所蔵

（1）この人物はローマ皇帝ドミティアヌス（在位八一－九六年）を指す。ギリシア語表記ではドメティアノス。本書第八巻第五章一参照。
（2）「前世では」。テクストでは「この肉体に入る前は」。
（3）本書第一巻第一章参照。
（4）ここでの「物語」は複数形。
（5）この人物はテッサリアのプティエ地方の領主。
（6）この神は海の神。
（7）この人物は本書第一巻第一章一に登場。
（8）ここでのアイアスはオイレウスの子であって、テラモンの子ではないように見える。前者はホメロス『イリアス』第二歌五二七以下に頻出、後者は第二歌五二八以下に頻出。
（9）ニレウスはアグライエとカロポスの間の子。ホメロス『イリアス』第二歌六七一参照。

ります」。

ヤルカスは言った。

「アポロニオスよ、わたしの先祖をアキレウスと、いや先祖の肉体と比較してみてください。それこそはピュタゴラスがエウポルボスと見なしたものだからです」。

第二十章

エチオピア人とガンゲス王

一　ヤルカスは言った。

「エチオピア人(1)がここに住み、インドの部族であった時代がありました。当時エチオピアはまだ存在していなかったのですが、エジプトはメロエの町(2)とナイル川の瀑布(3)の向こう側に国境をもち、ナイル川の源流(4)があり、デルタの河口で終わっておりました。エチオピア人たちがこの地でガンゲス王の下に暮らしていたときには、大地が彼らを潤沢に養い、神々が彼らを守っておりました。しかし彼らがこの王を殺し、他のインド人が彼らを穢《けが》れていると見なすと、大地はもはや彼らがそこにとどまることを許さなかったのです。大地は彼らが播いても種が発芽して穂をつけないようにし、彼らの妻を流産させ、家畜に十分な飼い葉を与えさせなかったのです。そして彼らがどこに町をつくろうと、大地がそれを陥没させ、崩落させたのです」。

二　ヤルカスはつづけた。

「さらにガンゲス王の怨霊(5)は、彼らが前に進もうとするときには、彼らを駆り立て、群衆を騒ぎに巻き込み、彼らが大地に殺人犯や血でその手を汚している者たちを犠牲として捧げるまで、平和を与えなかったのです。このガンゲス王は背丈が一〇ペーキュス(6)もあり、他のどんな男よりも美しく、ガンゲス川の息子だったのです。彼の父はインドを洪水で水浸しにしましたが、彼はその流れをエリュトラ海の方へと変え、洪水を大地と和解させたのです。そのため大地は彼が生きているときには豊かに産出し、その死後に報復したのです」。

三 「ホメロスは、ヘレネ(7)のために、アキレウスをトロイアへやって来させたのですが、ホメロスは彼が一二の町を海上から攻め落とし、一一の町を陸戦で攻め落としたとか(8)、妻が王に奪われると、彼は激怒し、……」(松平千秋訳)。

---

(1)「エチオピア人」のギリシア語はアイティオペス。

(2)メロエ(メロエー)の町はスーダンのカルトゥム北東方のナイル川に臨む古代エチオピアの首都を指す。

(3)カタドゥーポイはナイルの瀑布を指す。ヘロドトス『歴史』第二巻一七に「ギリシア人の通念に従っていえば、瀑布とエレパンティネの町以北に広がるエジプト全土は二つに分れ、それが、一方はリビア、他方はアジアという二つの呼称に分属しているということになろう。すなわちナイルは瀑布を起点としてエジプトを真っ二つに切って海に注いでいるが

(4)ここでの「源流」は複数形。

(5)「怨霊」のギリシア語表記はパスマ。

(6)一〇ペーキュスは約四メートル五〇センチ。

(7)この人物はテュンダレオスの妻レトとゼウスの間の娘。

(8)ホメロス『イリアス』第九歌三二二参照。

自ら冷酷で獰猛になったと述べております。

これらのことをインド人のガンゲス王と比べてみましょう。

彼は六〇の町を創建しました。それは最大の苦労を強いられるものでした。町々の略奪が創建よりも栄えある仕事だなどと考える者はおりません。彼はまた、スキュタイ人(1)がこの土地に向かってカウカソス山系の彼方から遠征してきたとき、彼らを追い返しました。自分の国の自由を守ろうとした立派な人物であることを示すことは、奴隷制を町に持ち込むことよりもはるかによいことなのです。とくにかどわかされては困る女たちが危険にさらされているときには。彼は現在プラオテスが支配している地方の支配者と同盟を結び、その男が無法と欲望の限りを尽くし、彼の妻を彼から奪っても、誓いを破らず、自分は厳かに誓いをしたのだから不正を働かれても彼を攻撃することなどできないと言ったのです」。

第二十一章

[ヤルカスはさらにつづけた。]
「もしわたしがわたし自身を賞賛してかまわないのであれば、わたしはこの英雄ガンゲスについてはまだお話しできます。なぜならば、四歳のときに明らかにしたように、わたしが彼だからです。このガンゲス王は、あるとき、鋼鉄(2)のように硬い七本の剣を地に打ち込みました。そのため、どんな危険もこの地方に寄りつかなくなったのです。神々はわたしどもに、剣が打ち込まれた場所に行き犠牲を捧げるように命じら

れましたが、その場所がどこであるかを明かしてはおりません。当時わたしはまだ幼子でしたが、予言者たち(3)を堀割の所へ連れて行き、剣はそこにあると言って、そこを掘るように彼らに命じたのです」。

第二十二章

哲学に敵対的なひとりの若者について

一 〔ヤルカスはさらにつづけて言った。〕「ひとりのインド人からもうひとりのインド人に話が移ってしまいますが、驚かないでください。彼には——二〇歳くらいの若者を指して——、どんな人よりも哲学にたいして生得の適性があります。ご覧のように、肉体は強健で見事に鍛え上げられております。火をかけられても刃物で切られてもびくともしないのです。しかし、これらの賜をもってしても彼は哲学の敵なのです」。

アポロニオスは尋ねて言った。「ヤルカスよ、この若者の性格のどこに問題があるのですか？　もし彼が天与のものに非常に恵まれてい

(1) この民族は黒海とカスピ海の北方、ヨーロッパ南東部とアジアにまたがった地域に住む者たちを指す。

(2) 「鋼鉄」。テクストでは「アダマント」。

(3) 「予言者たち」のギリシア語はエクセーゲータース（→エクセゲーテース）。あるいは「夢の解釈者たち」。

ながら、哲学に向かわないなら、[1] そしてまたもし彼があなた方と一緒にいながら、学ぶことを愛さないのであれば、これほど残念なことはありません」。

二 ヤルカスは答えて言った。

「彼はわたしどもと一緒ではありません。彼は不覚にも捕獲されたライオン[2]に似ております。自分は檻《おり》に入れられていて、自分を飼い慣らそうと自分を殴ったりするのではないかとわたしどもを恐れております。この若者はかつてのトロイアのパラメデス[3]です。彼の最大の敵はオデュッセウスとホメロスです。彼は一方を、自分を石打ちにする陰謀で告発し、他方を、自分を一行にも書くに値しないと考えたと告発しました。彼が持ち合わせた知恵は何の益にもならず、ホメロスはまったく取るに足らぬ多くの者たちの評判を高めましたが、パラメデスはホメロスから何の賞賛も得てはいないのです。[4] そして彼はオデュッセウスに何の悪事も働いていないのに彼の犠牲になったのです。そのため彼は、哲学にたいしては敵対的で、自分の性格を嘆いているのです。この人物はパラメデスであり、彼は書くことを学ばずして書くことができるのです」。

第二十三章

王の到着の知らせと、アポロニオスの前世は？

一 彼らがこのような会話を交わしているとき、ひとりの使いの者がヤルカスの所へやって来て言った。

「王が今夕早く到着されます。ご自身の仕事についてあなたさまとご相談されるそうです」。

ヤルカスは言った。

「こちらにお越しくださるようにしてください。あの立派なお方は、ギリシアの方を知った後では、立ち去ってしまわれるかもしれません」。

彼はこう言うと、中断した話を再開し、アポロニオスに尋ねた。

「あなたは、あなたの前世の(5)肉体が何で、前には何であったのか言えるでしょうか?」

アポロニオスは答えて言った。

「わたしにとってそれはたいしたものではないので、それについてはほとんど覚えておりません」。

ヤルカスは尋ねて言った。

「エジプトの船の船長であったことが、なぜたいしたことでないとお答えになるのですか? わたしが見るにあなたはそれだったのです」。

二 アポロニオスは言った。

「ヤルカスよ、あなたは正しいことをおっしゃる。わたしはそれだったのです。わたしはそれをたいした

(1)「哲学に向かわないなら」。テクストでは「哲学に挨拶をしないなら」。
(2)ここでの「ライオン」は複数形。
(3)この人物はトロイア戦争でのギリシア軍総司令官アガメムノンの副官。嫌がるオデュッセウスを無理に出陣させ、後にこれを恨まれて殺された。
(4)この人物はエウボイアの王ナウプリオスと王女クリュメネとの間の子であるが、その名前はホメロスの『イリアス』や『オデュッセイア』には見られない。
(5)「前世の」。テクストでは「最初の」。

ものでないと見なしたばかりか、蔑まれたものと考えました。それはちょうど統治したり軍隊を率いるのと同じで、人間にとって大切な仕事ですが、海に出る者には響きの悪いものなのです。ともかく、わたしが一生懸命にしたことを、当時の人はだれも賞賛に値するとは考えてくれませんでした」。

「あなたが一生懸命にされたとおっしゃる働きとは何なのでしょうか？　船が沖合いに流されそうになったときにそうさせないで、マレア岬[1]やスニオン岬[2]を迂回したことや、舳先《へさき》や艫《とも》はどの方向から風を受けるのかをはっきりと見定めたこと、多くの岩場が頭を出しているエウボイア島[3]の浅瀬で船を操舵したことなのでしょうか？」

第二十四章

アポロニオスと海賊の元締めたち

一　アポロニオスは答えて言った。

「あなたは船の操舵の方に話を向けておられるので[4]、またそのときのわたしにはよいことをしたと思うものがありますので、どうかお聞きください。当時海上にはフェニキア人[5]の海賊が横行しており、彼らは港町に出入りしては、だれが何を運んでいるかを聞き出しておりました。海賊の元締めはわれわれの船の豪華な積み荷を見ると、わたしを傍らに呼び寄せ、船荷のどれほどがわたしの分け前になるかとわたしに話しはじめたのです。わたしの船は四人の者が操舵しておりましたので、わたしの取り分は一〇〇〇ドラクメーであると申しました。そして彼らは尋ねて言いました。『おまえには家があるのか？』と。そこでわたしは『一軒の粗末なあばら家が、プロテウス(6)がかつて住んだことのあるパロス島(7)にある』と申しました。すると彼らはわたしに尋ねて言いました。『ではおまえは海ではなく土地が、あばら家ではなくて家がほしくないのか？　この船荷の大きさの一〇倍もするやつで、それを手にすれば操舵士を悩ます海上の大しけなどの際限なきトラブルからおさらばできるというものだ』と」。

二　アポロニオスはつづけた。

「わたしは申しました。その気になればいいのですが、わたしは自分を略奪にふさわしい人間だとは思っておりません。わたしは少しばかり賢くなり、その操舵術のおかげで評判を取っているのです、と。ところが彼らは、もしわたしが彼らの欲する略奪のために彼らの一味になるのならば、一万ドラクメーを詰め込んだ財布をわたしに与えると言ったのです。そこでわたしは必ず彼らの一味になると言って、彼らに腹の中

---

(1) この岬はペロポンネソスの南東に位置する岬。

(2) この岬はギリシア東部、アッティカ半島の南端に位置する。

(3) この島はエーゲ海西部に位置する。

(4)「向けておられるので」のギリシア語はエンビバゼイス。動詞エンビバゾーの原意は「船に乗せる」であり、ここでは「操舵術」との関連で、この語が意識的に選択されているように見えるが、それを日本語に直すのは困難である。

(5)「フェニキア人」のギリシア語表記はポイニクス。

(6) このプロテウスは、本書第一巻第四章参照。

(7) この島はナイル川の河口の西端に位置する。後の時代につくられた灯台は有名。また伝承によれば、その島でモーセ五書のギリシア語訳がなされた。

にあるものを包み隠さずに口にするようにと励ましてみたのです。すると彼らは、自分たちが海賊の元締めであると言い(1)、彼らが船を乗っ取るのを妨害しないようわたしに求めたのです。わたしはそこから出航後どの港町に入るかを決めておらず、岬で投錨するつもりでおりました。海賊の乗る船がその風下で停泊していたからです。彼らは、わたしを殺さない、またわたしが懇願する者は死なずにしておくとわたしに誓おうとしました」。

三　アポロニオスはさらにつづけた。

「わたしは彼らを諭すことが安全であるとは考えませんでした。彼らがその計画を放棄して海上でわれわれの船を襲撃するかもしれなかったからです。わたしはわれわれが公海上のどこかで殺されるのではないかと恐れました。そこでわたしは彼らの望むことには何でも聞き従うと約束し、彼らがこれらすべてを必ず守ると誓約するよう求めました。彼らは誓ったので――彼らは聖所で話し合いをしておりました――、わたしは、あなた方は船(2)の所へ戻ってください、われわれは今晩出港するからです、と告げました。わたしは取り分の金のことを持ち出し、彼らが船を捕捉する前にわたしには本物の貨幣で支払ってほしいと要求し、さらに彼らの一味であるかのようにもっともらしく振る舞いました。そこで彼らは進み、わたしは岬の所で針路を変更して公海に向かったのです」。

ヤルカスは尋ねて言った。

「アポロニオスよ、これらは正義の業であるとお考えですか？」

彼は答えて言った。

「もちろん、人間愛にとってもです。人間の魂を売り渡さないためにも、商人たちのものを彼らに手渡さないためにも、そして船乗りである自分が金の誘惑に負けないものであることを示すためにも[3]、このわたしの行動は多くの徳をひとつにしたものだと思います」。

第二十五章

ギリシア人の考える正義について

一　インド人のヤルカスは笑って言った。

「あなたは不正義を働かないことが正義であるとお考えのようです。思うにすべてのギリシア人がそう考えているようです。わたしはかつて当地にやって来たエジプト人から、ローマの歴代の総督は、むき出しの斧をかざしながらあなた方の所へ行く[4]、と聞きました。彼らは自分たちが統治する民が悪しき者であるかどうかをまだ知らないのですが、たとえ彼ら自身が正義を売り物にしていなくても、あなた方は彼らを正義の

(1)「言い」のギリシア語はレグーシ。ここでの時制は歴史的現在。
(2)「船」。テクストでは「海賊たちの船」。
(3)「金の誘惑に負けないものである」。テクストでは「金以上のものである」。
(4) ジョーンズ訳によれば、ローマの地方総督は死刑を執行する権限を誇示するために、その行進では、お付きの者が斧をかざした。

人と言うのです。わたしはまた、奴隷商人もそちらでは同じことをすると聞いております。もし彼らがカリア[1]の奴隷を連れてあなた方の所へ行き、あなた方に彼らの性格を述べることがあれば、彼らは、奴隷の中に盗みを働く者がいないことを自慢します。その人の下に置かれるとあなた方が言う統治者ですが、あなた方は彼らをも立派な者とします。そしてあなた方は奴隷に与える同じ自慢の言葉で彼らをほめそやし、そして任期が終われば彼らを熱心な統治者として送り返します。あなた方はそのように考えているのです」。

ミノスについて、タンタロスについて

二 ［インド人のヤルカスはつづけた。］

「あなた方の中のもっとも賢い詩人ですが、彼らは、たとえあなた方がそう望んだとしても、あなた方が正義の人や徳ある人であることに同意いたしません。ミノス[2]（図版）はその残虐さですべての者を凌駕しましたが、彼は船で海上に出ている者や陸にいる者を奴隷にしましたが、それにもかかわらず詩人たちは正義の笏でもって敬意を払い、冥界[3]で彼を、霊魂を裁くために審判の座に座らせております[4]。さらにタンタロス[5]（図版）ですが、彼は善人で、友人たちを神々から与えられた不死に与らせておりますが、それにもかかわらず詩人たちは彼に食べ物や飲み物を与えないで

「冥界でのミノス（中央）」
カノサ出土の壺絵を模した、クレタ島でつくられた壺絵

おります。また彼の頭の上に石を吊るし、この神のような善人に手ひどい仕打ちを与えている者もおります。わたしはそうするよりも、大量のネクタル[6]を彼に注いでやればよかったと思います。なぜならばそれこそは、彼が他の者に人間愛から潤沢に与えたものになるからです」。

三　彼はこう言うと同時に、左手にある神像を指し示したが、そこには「タンタロス」と刻まれていた。それは四ペーキュス[7]の像で、五〇歳くらいの男の姿をしていた。男はアルゴス[8]流の着こなしであったが、マントをテッサリア

「タンタロス」
ウィリィ・グラサウアー、1864年作

---

(1) この場所は小アジア南西部の地域を指す。
(2) この人物はゼウスとエウロパの間の子。
(3)「冥界」のギリシア語表記はハーデース。
(4) ホメロス『オデュッセイア』第十一歌五六八に「そこでわたしはゼウスのはえある子ミーノース（ミノス）を見た。彼は黄金の笏を手に座って、死人たちを裁き……」（高津春繁訳）とある。
(5) この人物はプリュギアの王で、ゼウスの子とされることもある。わが子ペロプスを殺して料理し、それを神々に供した罪で、冥界の一番下にあるタルタロスに繋がれた。ここではあごまで達している水を飲もうとするそれは引き、頭上に実っている果実をとろうとして手をだすと遠のいてしまうとされた。タルタロスについては、ホメロス『イリアス』第八歌一三、四八一、タルタロスにおけるタンタロスについては、ホメロス『オデュッセイア』第十一歌五八二参照。
(6)「大量のネクタル」のギリシア語はリムネーン……ネクタロス。テクストでは「ネクタルの貯水池」。ネクタルは神々の飲む生命の酒、不老不死の酒を指す。
(7) 四ペーキュスは一メートル八〇センチ。
(8) この場所はギリシアの南東部、アルゴリス湾に臨む古代都市。

人のように、左右を合わせて着ていた。彼は杯から渇きを訴えるひとりの者にとって十分な量のものを飲んでいたが、杯の中には蒸留された混ざりもののない液体がこぼれ落ちることなく泡立っていた――彼らがこの液体を何だと考えていたのか、そして何のためにそれを飲むのかについては、わたしはすぐにも明らかにしよう。詩人をタンタロス[1]攻撃へと駆り立てたのは、彼が口舌の徒であったからだと想像してはならず、彼が人類にもネクタルを飲ませたからなのです。[2]神々は怒りを彼にぶちまけてはおりません。もし彼が神々の敵であったならば、彼はインド人によって――インド人は神々にもっとも愛された者で、神々の助けなしでは何も行ないません――善人であるとは判断されなかったでしょう」。[3]

第二十六章

王の到着のための準備は？

一　彼らがこれらのことを話していると、[4]村から騒々しい人声が聞こえてきた。そのときほかならぬ王がメディア人[5]のように少しばかりきらびやかに着飾って到着したのである。

ヤルカスは苛立って言った。

「もしプラオテスがここで旅装を解いておられるのであれば、厳粛な儀式のように、すべてが沈黙に支配されます。あなたはそれをご覧になれるでしょう」。

アポロニオスはこの言葉から、王がプラオテスに、わずかではなく、哲学をするあらゆる面で劣っていると想像してみせた。賢者たちは王の到着に無関心で、午後の到着で王が必要とするものを何も準備していなかった。アポロニオスはそれを知ると尋ねて言った。

「王はどこにお泊りになるのですか？」

彼らは答えた。

「ここです。わたしどもは、夜になったら、王がこちらにお越しになった目的について、いろいろと伺います。夜の方が[6]いろいろな思いにはよいからです」。

二　アポロニオスは尋ねて言った。

「こちらに来られるお方のために食卓は用意されるのでしょうか？」

彼らは答えて言った。

「ゼウスに誓って、もちろんです。土地の産物すべてを並べた大きな食卓が」。

彼は尋ねて言った。

「それではすぐにでも減量ですか？」

---

(1) これは神々が飲む不老不死の酒を指す。

(2)「飲ませたからなのです」。テクストでは「与らせたからなのです」。

(3)「神々の助けなしでは」。テクストでは「神［々］の外では」。

(4)「話していると」のギリシア語はディアトリーボンタス。あるいは「時間潰しをしていると」。

(5) この民族は現在のイラン北西部にあった古代王国の住民を指す。

(6)「夜の方が」。テクストでは「その時間が」。

彼らは答えて言った。

「少しばかりです。わたしどもは多くの御馳走に手をつけることができますが、少ししか取りません。しかし王のご意向により、王のためにたくさんの御馳走が用意されるのです。もっとも王はどんな肉料理(1)にも箸をつけません。ここでは禁じられているからです。口にされるのは乾燥果実や、根菜、旬のもの、すなわちインドの土地で今収穫できるすべてのもの、そして四季が次の年にと与えてくれるすべてのものです」。

アポロニオスは言った。

「ご覧ください、そのお方がやって来られます」。

第二十七章

王の入場と会食のはじまり

一　実際そのとき王が、兄弟と息子をしたがえ、金や宝石を燦然と輝かせながら近づいてきた。アポロニオスは立ち上がろうとしたが、玉座のヤルカスは、それは自分たちの慣習ではないからと言って、彼を制した。ダミスによれば、彼自身はその場にはいなかったそうである。彼はその日村に滞在していたからであるが、アポロニオスからこの会見の模様について聞くと、彼はそれを書き留めて彼の物語の中に入れたのである。彼によれば、彼らが座っていると、王は賢者たちに向かって、まるで祈っているときのように、手を差し伸べ、彼らは彼らで、彼が求めているものに同意するかのように頷《うなず》いてみせた。すると王は、神の聖所に入る者のように、その約束に大喜びした。王の兄弟とその息子――非常に美男な若者だった――は、たとえ彼らがお付きの者たちの奴隷であったとしても、それ以上の心遣いを払われてはいなかった。

二　これらのことの後、インド人は立ち上がると、食事に手をつけるようにと王に咳払いしてうながした。王は非常に喜んでこの誘いを受け入れると、ピュティアの三脚付きの鼎《かなえ》が四つ、ホメロスの中のそれのように現われて、人手を借りずに、彼らの席へ行った(2)。それにつづいて、ギリシア人の間で知られているガニュメデス(3)やペロプス(4)のように、黒っぽい青銅でつくられた酌人たちであった。そして床にはどんな寝床よりも柔らかな草が敷き詰められていた。乾燥果実や、パン、野菜、旬のもの(5)が運ばれ、すべては、たとえ料理人たちがそれらを準備したとしても、それ以上に見た目に美しく盛り付けられていた。他方、三脚付きの鼎

---

(1)「肉料理」。テクストでは「命あるもの」。

(2)ホメロス『イリアス』第十八歌三七三―三七九はヘパイストスが鋳かけていた「二〇もある三脚鍋［鼎］」について触れて、「その一つ一つの台の下には、黄金づくりの車輪がついていて、人手を借りずに、神々が集まる席に、ひとりでにはいってゆき、またひとりでに屋敷へ戻ってくるという仕掛けになってる、まったく見るのも驚嘆すべきものだったが……」（呉茂一訳）と書いている。

(3)ここでの「ガニュメデス」は複数形。この人物はトロイアの美少年で、神々の酒の酌をするためにゼウスに誘惑されてオリュンポス山で連れて行かれ、そこで永遠の生命を与えられた。

(4)ここでの「ペロプス」は複数形。この人物はタンタロスとディオネの間の子で、父に殺されオリュンポス山の神々の食事として供されたが、ヘルメスによって復活させられた。この人物はホメロス『イリアス』第二歌一〇四以下参照。

(5)「旬のもの」のギリシア語表記はトロークタ。生で食べられる野菜や果実を指す。

の二つが葡萄酒と一緒に流れて来たが、他の二つのうちのひとつには温水の取り口[1]が、他のひとつには冷水の取り口が付いていた。

三　インドからギリシア人のもとへ持ち込まれる宝石類は小粒であるため、首飾りや指輪に嵌め込まれているが、インド人のもとで採れる石は大きいため、葡萄酒入れや葡萄酒の冷却容器となる。葡萄酒と水を混ぜ合わせる容器は夏の盛りで渇きを訴える三〇人もの者をうるおすことができるほど大きなものだった。ダミスによれば、青銅製の酌人たちは葡萄酒と水を巧みに汲みだし、宴会のときのように、杯が行き渡るようにした。一同は会食のときのように横臥した。王が最初に席につく習慣はギリシア人やローマ人の間で非常に尊ばれたが、ここではそういうことはなく、各自が好きな所に座った。

第二十八章

アポロニオス、王に紹介される

一　酒がしばらくの間酌み交わされていると、ヤルカスは王[2]に、その隣で横になっているアポロニオスを指し、また彼が有徳で神のような人物であることを手の仕草で示して、「王よ、ギリシアの賢者の健康を祈念して乾杯しとうございます」と言った。

王は答えて言った。

「予はこの方と村で旅装を解いている者たちはプラオテスとご縁があると聞いておるが」。

ヤルカスは答えて言った。

「まことにお聞きになったとおりでございます。ここでもまた彼はプラオテスさまの客人でございます[3]」。

王は尋ねて言った。

「彼の職業は何だ？」

ヤルカスは答えて言った。

「もちろん、プラオテスさまと同じです」。

王は言った。

「おまえが言った、彼が出自のよさとは関係ない職業に就いても何の不思議もない」。

ヤルカスは言った。

「王よ、哲学やプラオテスさまをもっとよく知ってください。あなたさまが少年であったときには、そのようなお言葉も、若気の至りで大目に見られましたが、今や大人になろうとされておられるのですから、そのような愚かで思慮なき言葉はお慎みください」。
二　アポロニオスはヤルカスを通訳にして言った。

(1)「取り口」のギリシア語表記はクレーネー。ギリシア語の原義は「井戸」、「泉」。
(2)「王」。テクストでは「彼」。
(3)「ここでもまた彼はプラオテスの客人でございます」。テクストでは「その方はここでも彼を客人として遇しておられます」。

「王よ、哲学しないことがあなたに何を与えたでしょうか？」

王は答えて言った。

「あらゆる徳だ。わたしはヘリオス神の化身であることを知った」。

アポロニオスは彼の自惚れを制しようとして言った。

「もしあなたが哲学をされるのであれば、そのようなことはお考えにならないでしょう」。

王は言った。

「ご立派なお方よ、あなたは哲学をするのでお伺いするが、あなたはご自分のことをどう考えておるのですか？」

アポロニオスは答えて言った。

「もしわたしが哲学をすれば、わたしは立派な人間に見えるのでしょうか？」

王は手を天に差し伸べて言った。

「ヘリオス神に誓って言うが、あなたはプラオテスに成り代わって(1)やって来たのですね」。

アポロニオスはこの言葉を手がかりにして(2)言った。

「もしわたしがプラオテスに成り代わっているのであれば、わたしのここまでの旅は無駄でなかったことになります。もしあなたが今彼に会うようなことがあれば、あなたは彼がわたしに成り代わっていると申すでしょう。彼はわたしのためにあなたに書状をしたためようとされましたが、彼はあなたが立派なお方であるとおっしゃられたので、わたしは書状で煩わしたくなかったのでお断りいたしました。だれもわたしのことで彼に書状を書いてはおりません」。

第二十九章

王の態度の変化

ここで王の最初のぞんざいな口の利き方は終わりをみた。彼はプラオテスによく言われたことで気をよくし、その尊大な態度を忘れたからである。

王は穏やかな調子で言った。

「立派な客人よ、ようこそ」。

アポロニオスは答えて言った。

「王よ、あなたもです。あなたも今しがた到着されたとお見受けいたします」。

王は尋ねて言った。

「だれがあなたをわれわれのもとへ遣わしたのですか?」

---

(1)「プラオテスに成り代わって」のギリシア語はプラオートゥー・メストス。テクストでは「プラオテスでいっぱいの」、「プラオテスで満たされた」。

(2)「手がかりにして」のギリシア語はヘルマイオン。あるいは「幸先のよいものとして」、「ラッキーなものとして」。

アポロニオスは答えて言った。

「この方たち、この賢い神のような方たちです」。

王は尋ねて言った。

「客人よ、ギリシア人の間でのわたしの評判はどうでしょうか？」

アポロニオスは答えて言った。

「ここにいるギリシア人と同じほど高いものです」。

王は答えて言った。

「わたしはギリシア人のもとにあるものを何ひとつ尊んではおりませんが」。

アポロニオスは答えて言った。

「そのことをギリシア人に伝えましょう。彼らはオリュンピアであなたに冠をかぶせるでしょう」。

第三十章

賢者たちの適正な数は

一　王はヤルカスの方に近寄って言った(1)。
「この客人は酔わせたままにしておきましょう。それにしてもなぜあなたは彼と一緒にいる彼の兄弟や息子を同じ宴席(2)やその他の栄誉に与るに値する者としなかったのか、その理由をわたしにお聞かせください」。

ヤルカスは答えて言った。

「彼らはいつか王になると思っておりますので、無視されていても無視されていないことを学ばねばなりません」。

王は賢者が一八人いることを知ると、なぜそんなにもいるのかと再びヤルカスに尋ねた。その数は四を二乗したものでもなく、また一〇や、一二、一六などのように、よく使われる数のひとつでもなかったからである。

二　インド人のヤルカスは答えた。
「わたしどもは数の奴隷ではありませんし、数はわたしどもの奴隷でもありません。わたしどもが敬意を払われるのは、その知恵とその徳のためです。わたしどもはときに現在いる者の数以上であり、またときにそれ以下なのです。わたしは聞いておりますが、わたしの祖父が加えられたとき、賢者は七〇人おり、彼は一番若かったそうです。彼が一三〇歳の年齢に達すると、彼はここでただひとりになってしまいました。彼以外の者はだれも生き残ってはいなかったからです。当時インドのどこにも哲学者や有徳の士はいなかったのです。そこでエジプト人が彼を至福な者の中に書き留めたときのことですが彼はひとりでこの賢者の座を四年間も守ってきたのです。彼は彼らに、賢者が少ないことでインド人を非難することなどやめるようにと

(1)「近寄って」のギリシア語はプロスクリティス。あるいは「寄りかかって」とも訳せる。ここで王たちは床に横になって食事を取ろうとしている。
(2)「同じ宴席」。テクストでは「共通の食卓」。

嘆願したのです」。

三　インド人はつづけた。

「アポロニオスよ、われわれはエジプト人からエリス(1)(図版)の習慣や、一〇人でオリュンピアの競技の審判を務めるヘラノディカイ(2)について聞いておりますので、われわれは賢者たちの規定(3)を容認することなどできないのです。彼らはその選出をくじの気まぐれ(4)にゆだねており、そのため賢くない者(5)でもくじによって選出されたりするのです。もし彼らが賢者たちを最善なる仕方で、あるいは投票(6)で選ぶのであれば、過ちを犯すかもしれませんが、同じものではありません。なぜならば、その数を一〇人と固定してしまえば、仮に適格者が一〇人以上いても、この数のため、一部の者は当然払われるべき敬意の念を奪われ、また仮にいなくても、一〇人の者はだれも適格者でないと見なされないからです。そのためエリス人(7)は、その数が時代によって異なっても、適格者の数が変わらないよう、はるかに賢明な仕方で対処しようとするのです」。

第三十一章

王と奴隷たち

一　王はこれらのことを熱心に論じている彼らの気を散漫なものにしようとした。そのため彼らをその話題から逸らそうとしたり、人を驚かせようとたわけたことを絶えず口にしたりした。

さて王が今一度、彼らが熱心に論じているのは何かと尋ねると、アポロニオスは答えて言った。

「わたしどもはあるいくつかの重要な事柄について話しております。それはギリシア人の間でよく取り上げられる事柄ですが、あなたはそれらを取るに足らぬものだとお考えになるでしょう。なにしろあなたはギリシア的なものには背を向けておられるからです」。

王は答えて言った。

「いかにもそうです。それでも聞きたいのです。わたしにはあなた方が、クセルクセスが奴隷にしたアテナイ人について話をしているようにお見受けするのですが」。

二 アポロニオスは答えて言った。

「わたしどもは別のことを話題にしております。あなたは何か勘違いして(8)

エリスのオリュンピアにあるヘラの神殿

(1) この場所はギリシア西部、ペロポンネソス半島にあった古代の地方。

(2) ヘラノディカイは術語なので、それをここではいかす。

(3) 「賢者たちの規定」。あるいは「賢者たちのために設けられている規定」。

(4) 「くじの気まぐれ」。テクストでは「何の予見できないくじ」。

(5) 「賢くない者」のギリシア語はパウロス。ここでのパウロスは「賢い者（ソポス）」の対立概念と捉えておく。

(6) 「投票で」のギリシア語はカタ・プセーポン。この投票は「小石」による。

(7) エリス人のギリシア語表記はエーレイオイ。

(8) 「勘違いして」のギリシア語はアトポース・テ・カイ・プセウドース。アトポースには「場違いな」のニュアンスが込められているように思われる。

アテナイ人のことを持ち出されましたが、これだけはお聞きしてよろしいでしょうか？　王よ、あなたのもとには奴隷はおるのでしょうか？」

王は答えて言った。

「一万はいる。彼らのうちのひとりとして買われた者はいない。彼らはみな家で生まれ育った者だ」。

そこでアポロニオスはもう一度、ヤルカスを通訳として、王自身が自分の奴隷のもとから逃げ出したことがあるかどうか、また奴隷が王のもとから逃げ出したことがあるかどうかと尋ねた。

王は彼を鼻先で笑って言った。

「それは奴隷のような卑しい質問だ。しかしわたしは答えてあげよう。逃げ出す者は奴隷であって、概して悪いやつだ。主人が締め上げたり鞭打ちしたりできる相手から逃げ出すことなどあり得ない」。

アポロニオスは言った。

「王よ、それならば、クセルクセスがアテナイ人の奴隷であることがあなたによって証明されたことになります。彼は悪い奴隷として彼らのもとから逃げ出したからです。彼は海峡での海戦で彼らによって打ち負かされると、ヘレスポントス(1)での接近戦を恐れるあまり、その夜にも逃げ出したからです(2)」。

王は言った。

「しかし彼は自らの手でアテナイを焼き払ったではないか」。

三　アポロニオスは答えて言った。

「王よ、彼はこの蛮行にたいして前例のない報いを受けたのです。彼は自分が滅ぼしたと考えた者のもとから、足早に逃げ去りました。クセルクセスが行なった遠征の思いに照らして彼の行動を考えてみますと、一部の者が彼をゼウスの再来と見なしたのは当然だと思われますが、彼は逃亡したので、わたしは彼を人間の中でもっともみじめな男ではないかと考えております。もし彼がギリシア人の手で殺されていたならば、だれが彼以上に栄えある弔辞を受けることができたでしょうか？　いったいだれのためにギリシア人は彼の墓以上に大きな墓を記念してつくることができたでしょうか？　いったいだれが彼を記念して武具を身にまとった競技会や音楽会を催さなかったでしょうか？　もしメリケルテス[3]や、パライモン[4]、リュディア[5]からの流入者ペロプス[6]が——最初の二人は彼らの母の乳房で亡くなり、三番目はアルカディア[7]と、アルゴリス[8]とイストモス[9]の内陸を隷属化した——、ギリシア人により永遠の栄光に高められたとしても、いったい何の賞賛をクセルクセスは、徳を本来的に尊び、斃《たお》れた者の賛美を自分たち自身の栄光と考える英雄たちから、受けなかったのでしょうか？」

---

(1) この地名はダーダネルス海峡（マルマラ海とエーゲ海を結ぶ海峡）の古代名。
(2)「その夜にも」。テクストでは「一晩で」。
(3) メリケルテスのギリシア語表記は複数形。
(4) パライモンのギリシア語表記は複数形。
(5) リュディアは小アジア西部の古代の王国。
(6) この人物はアトレウスの父で、アガメムノンの祖父。ホメロス『オデュッセウス』第二歌一〇四以下参照。
(7) この場所は古代ギリシアのペロポンネソス半島にあった高原。
(8) この場所はギリシア南東部の一地方。
(9) コリントス地峡で隔年に開催されたイストモス（イストミア）祭典ではメリケルテスが記念された。

第三十二章

タンタロスの杯

一　アポロニオスがこれらのことを語っていると、王は突如涙にかきくれて言った。
「わが愛する友よ、あなたはわたしのためにギリシア人を立派な英雄にしてくれた」。

アポロニオスは言った。

「王よ、それでもなお彼らにたいして悪感情をお持ちでしょうか？」

王は答えて言った。

「客人よ、エジプトからここにやって来る者はギリシア人の国民性を悪く言う。彼らは自分たちこそが聖なる者、賢い者、そしてギリシア人が執り行なっているような犠牲の祭儀やその他の祭儀の創始者であると自負する。彼らは言っているのだ。ギリシア人によいものは何もなく、彼らは横柄な者、粗雑な者、無秩序の権化、噂話が好きな者、奇跡物語に飛びつく者、貧乏人、しかもそれを名誉なものとしてではなく、盗みを働く口実として誇示する者だと言う。しかし、彼らが名誉を重んじる善良な者たちであることをあなたからお聞きしたので、これからはギリシア人のために乾杯し、彼らを賛美し、ギリシア人のためにできるだけ祈り、エジプト人の言葉を信じないようにしよう」。

二　ヤルカスは言った。

「王よ、わたしもまたあなたのお耳がエジプト人によって汚されたことを承知しておりましたが、あなたがこの方のような助言者を持たれるまでは、ギリシア人のために何も弁解しないことにしておりました。しかしあなたは今、ひとりの賢いお方によってよりよい人間とされたのですから、今はタンタロスの杯を飲みほし、夜を徹して熱心に論じなければならぬ話題を枕に眠りにつきましょう。ギリシア人の教えですが、それは他のどんな人類の教えよりも甘美ですが、わたしはこれからはあなたがこちらにお越しくださるときには、あなたのお耳をそれで満たすつもりでございます」。

彼はこう言うと同時に、杯に向かって前屈《まえかが》みになりながら、乾杯をして回った。杯はすべての者に十分なものを供した。泉の水が湧き上がるときのように、飲み物はなみなみとつがれた。アポロニオスも口にした。インド人がこの乾杯を友好のためとしたからである。彼らはタンタロスをその酌人としている。彼を人間たちにとってもっとも友情あつき者と見なしたからである。

第三十三章

王、アポロニオスを王宮に招く

一　大地は酒を飲む彼らの下に広がった長椅子となって彼らを受け入れた。(1) 真夜中になってはじめて、彼

(1) 人びとは地に寝そべりながら酒を飲んでいた、ということであろう。

らは立ち上がり、真昼のように中天で停止している光を賛美する歌をうたい、ついで王が求めた話題を王と語り合った。ダミスによれば、王が熱心に語り合った場面にはアポロニオスは居合わせなかったが、その会合の内容は口にしてはならぬものだったと彼は考えている。王は夜明けとともに犠牲を捧げた。ついで王は、アポロニオスのもとへやって来ると、彼を客人として宮廷に招いたが、そのさい王はギリシア人がうらやましがる仕方で彼を護衛すると言った。アポロニオスは王にこれらの申し出を感謝したが、王にも似ない自分にそのようなことはふさわしくないと言った。彼はまた自分がすでに途方もなく長い間故国を離れており、同郷の友人たちを無視しているように見えることを恥じていると言った。

二　王は自分が是非にと言っているのだと言い、執拗に迫りはじめたので、アポロニオスは言った。

「王がご自分が求めるものをご自身を貶めるような仕方で口にされるときには、何か企みをされているということです」。

ヤルカスが近づいてきて言った。

「王よ、あなたさまはこちらのお方を無理矢理にお連れしようとしておりますが、あなたさまは賢者たちの住む聖なる家にたいしてよくないことをされておられます。それにこの方は予知能力を与えられた方で、自分があなたさまと一緒にいることが自分自身にとってよくないことや、同じくあなたさまにとってもよくないことも知っておられるのです」。

第三十四章

宇宙は何からできているのか？

一　王は村に下って行った。賢者たちの定めは、王は彼らと一緒に一日以上過ごしてはならないとしていたからであるが、ヤルカスは使いの者に言った。

「われわれはダミスをここで語られる口外してはならぬことを守ってくれる者と見なす。彼をここに来させるがよい。そしておまえは村で他の者たちの世話をするのだ」。

さて、ダミスがやって来ると、賢者たちはいつものように車座になって座り、アポロニオスに質問することを許した。

二　そこで彼は宇宙が何からできていると考えているかと問うと、彼らは答えて言った。

「諸元素[1]からです」。

アポロニオスは尋ねて言った。

「それは四要素ですか？」

ヤルカスは答えて言った。

（1）「元素」のギリシア語表記はストイケイオン。

「四元素ではなくて五元素です」。

アポロニオスは尋ねて言った。

「水や、大気、地、火のほかに、五番目の元素は何なのですか？」

ヤルカスは答えて言った。

「エーテル(1)です。わたしたちはそれを神々の起源(2)と考えております。大気を吸うもの(3)はみな死にますが、エーテルを吸うものは死ぬことのない、神のようなものです」。

次にアポロニオスは、どの元素が最初に存在するようになったのかと尋ねた。

ヤルカスは答えた。

「すべてが同時にです。生ける実在はばらばらに誕生するのではないからです」。

アポロニオスは尋ねて言った。

「宇宙を生ける実在と考えてよいですか？」

ヤルカスは答えて言った。

「もし正しくそれを理解されておられるのであれば。なぜならば、それ自体がすべてのものに命を与えるからです」。

アポロニオスは尋ねて言った。

「われわれはそれを雌と呼ぶべきでしょうか、それとも対立する自然概念の雄と呼ぶべきでしょうか？」
三　ヤルカスは答えて言った。

「双方です。なぜならそれはそれ自身のために母親の役割と父親の役割をはたして、命を生み出すからです。それはそれ自身のエロースを他の何よりも強く感じ、そしてそれは自身に結びついてひとつになるのです。その自然な合体におかしな点は何もありません。生ける実在の運動や、それによって勢いが与えられる生ける実在の中にある理性の働きは、両手や両足の働きのようにしてなされるのです。わたしたちは同じようにして、宇宙の諸部分は、宇宙の理性ゆえに、生むものと孕むもののすべてに自らを供すると考えます。なぜならば、たとえば旱魃による苦しみは、人類の正義が地に堕ち、不名誉な仕方で扱われるとき、宇宙の理性にしたがって起こるからです。そしてこの生ける実在はただひとつの手ではなく、それが使用する多くの見えざる手(4)で導かれております。それはあまりに大きくて制御などできませんが、従順にかつ率直に動いているのです」。

(1)「エーテル」のギリシア語表記はアイテール。
(2)「起源」のギリシア語表記はゲネシス。あるいは「誕生[のもと]」。
(3)「大気を吸うもの」のギリシア語はタ・トゥー・アーエロス・ヘルコンタ。テクストでは「大気を自分の方に引き寄せるもの」。ここでの「もの」は中性の複数形。
(4)「見えざる」。あるいは「秘密の」、「口では説明できない」。

第三十五章

船の航行のイメージの中で宇宙を考えて見るならば

一　［ヤルカスはつづけて言った。］

「わたしはこのように壮大で、かつわたしたちの想像の及ばぬ教えにたいしどんな例(1)が十分であるのかを知りませんが、エジプト人が建設し、われわれの海に進水させ、エジプトの積み荷をインドのそれと引き換えにする船を想像してみましょう。

エリュトラ海には古くからの決まり(2)があります。王のエリュトラス(3)がかつてその海を支配していたときにつくったものですが、それは、エジプト人は軍船(4)でそこに入ってはならず、商船(5)を使用する、というものです。そのためエジプト人は他の民族の者たちの間で使用されている船の多くに匹敵する大きな船を建造するのです。彼らは船体をひとつにするジョイントで締めつけ、その上に仕切り壁や帆などを組み立て、そして甲板の上にあるような船室を多数つくるのです。

二　この船には舵手は多く、彼らは自分たちの中の年長者で技量のすぐれた者の下に船を航行させます。船首には多くの舵取りがおります。航行を支える優秀で頭の良い水夫たちがおります。この船にはまた武装した男たちも乗っております。湾口の右手に住むバルバロイが船を襲いそれを略奪しようとするときには、彼らを相手に戦います。この船の航行のイメージの中に宇宙を置いて考えるならば、同じことがこの宇宙についても言えるのです。われわれは第一にしてかつもっとも完璧な場[6]をこの生ける実在者を生み出した神に与え、そしてそれにつづく場[7]を、宇宙の諸部分を［舵手たちのように］動かす[8]神々に与えるのです。
詩人たちは天には多くの神々がおり、海にも多くの神々がおり、泉や流れの中にも多くの神々がおり、地にも多くの神々がおり、地の下にも若干の神々がいると言っておりますが、われわれは彼らの言葉を受け入れましょう。地の下の場所ですが、もしそれが存在するならばの話ですが、詩人たちはそこを身の毛のよだつ破壊的な場所としてうたっておりますので、われわれはそこを宇宙とは別扱いしましょう」。

（1）ここでの「例」のギリシア語はパラデイグマ。
（2）ここでの「決まり」のギリシア語はテスモス。
（3）この人物は訳者には未詳。
（4）「軍船」のギリシア語表記はマクロン・プロイオン。これは形状が長い軍船を指す用語であるが、マクラ・ナウスとも言う。
（5）「商船」のギリシア語表記はストロンギュレー・ナウス。商船の船底の形状は長方形ではなく丸型。
（6）「場」のギリシア語表記はヘドラー。あるいは「座」。
（7）「それにつづく場」。テクストでは「その上にある［場］」。
（8）「［舵手たちのように］動かす」のギリシア語はキュベルノーシ。ここで使用されている動詞には、前出の「舵手たち」を意味する名詞キュベルネータイの意味が込められているので、「舵手たちのように」を括弧内で補う。

第三十六章

ダミス、インド人ヤルカスを絶賛する

インド人のヤルカスがこれらのことを語り終えると、ダミスは驚きでわれを忘れたと言って、大きな声を上げた。彼はこのインド人がギリシア語をかくも見事に操り、またたとえその言語を知っていたとしても、これらの事柄をかくも流暢にまたかくも魅力的に語れるとは思ってもいなかったからである。彼はまたヤルカスの風貌や、笑顔、そして神の助けでもって諸見解を持ち出していることを賞賛した。しかし彼によれば、アポロニオスは、適切で飾らない言葉を使用していたが、このインド人に会ってからはもっとよくなり、座って話をするときにはいつも――彼はしばしばそうしたのだが――、ヤルカスに似ていたという。

第三十七章

海と陸地はどちらが大きいか

他の者もその語られた内容をはっきりとした口調で賞賛した。

アポロニオスは次に、彼らが海と陸地のどちらが大きいと考えているのかと尋ねた。

それにたいしてヤルカスは答えた。

「もし陸地が海を背景にして測定されるならば、陸地の方が大きいでしょう。海を含むからです。しかしもし海水という存在物全体が考慮されれば、陸地の方が小さいことが証明されることになります。海水が海をつくりだしているからです」。

第三十八章

怨霊に取り憑かれた少年と母親の訴え

一　これらの対論中、使いの者が治療(1)を必要としているインド人たちを連れてきたので、賢者たちの話は中断された。

使いの者は息子のために嘆願する女を引き出した。彼女によれば、息子は一六歳だったが、二年間にわたり怨霊(2)に取り憑かれていた。怨霊の性格は陰険で、偽りの霊であった。

賢者のひとり(3)が何を証拠にこんなことを言うのかと尋ねると、彼女は答えて言った。

「この子は見た目には可愛い子ですが、怨霊に見染められてしまったのです。怨霊は彼が頭を使うことも、学校や、弓の稽古に行くことも、家にいることも許さず、彼をこの地方の荒れ地に連れ出すのです。わが子

(1)「治療」のギリシア語はソーテーリアー。あるいは「救い」。

(2)「怨霊」のギリシア語表記はダイモーン。(3)インド人のヤルカスを指す。

はもはや自分の声をもたず、男たちのような野太い声でしゃべるのです。彼は自分の目というよりもだれかほかの人の目で世界を見ております。わたしはこのため泣き明かしており、髪の毛をむしゃくしゃと掻いております。わたしはいつも諫めますが、彼はわたしがだれであるのか分からないのです」。

二　女はつづけた。

「わたしは一年前にこちらへ来ようとしました。すると、怨霊はわが子を通訳に使って、自分の正体を明らかにしました。彼は自分がかつて戦争で死んだ男の怨霊[1]であると申しました。彼は死んでもまだ自分の妻を愛しておりましたが、女は別の男と結婚し、死後三日目に結婚の絆を蔑ろにしました。彼によれば、以後彼は女たちの愛を呪い、自分の愛の行き先を少年に変更したというのです。そして彼は、もしわたしが彼をあなた方の前に訴えなければ、わが子に多くの素晴らしい贈り物を贈ると約束したのです。わたしはこの言葉に少しばかり心を動かされましたが、彼はすでに長いことわたしにたいしてこの約束をはたしてはおらず、それればかりか、わが家の唯一の主人であるかのように振る舞い、中庸や真理については何も考えておりません」。

三　賢者が少年が近くにいるのかと尋ねると、女は答えて言った。

「いいえ。彼が来るようにあらゆる手を尽くしましたが、怨霊はわたしを『絶壁から突き落とす』とか『穴に投げ込むと言って』わたしを脅し、もしわたしがこの場所に息子のために訴えを持ち出せば、わが子を殺すと言って脅したのです」。

賢者は言った。

「勇気を出すのです。怨霊はこれを読めば息子さんを殺したりはしません」。

彼はポケットから手紙を取り出すと、それを女に与えた。手紙は威嚇の文言と叱責の文言で亡霊(2)に語りかけたものだった。

第三十九章

足が不自由な男や目が見えなくなった者たち

すでに三〇歳くらいにはなっている足の不自由な男もやって来た。

彼はライオン狩りの名人であったが、ライオンに襲われたとき、腰の関節がはずれて、片足が不自由になっていた。しかし、賢者が彼の腰を両手で揉んでやると、男は背筋をまっすぐにして歩けるようになった。目が見えなくなっていた者が両目の視力を完全に回復して帰って行った。片腕麻痺の男がいたが、今一度筋力が回復した。ある女はすでに七度も流産していたが、夫が彼女のために嘆願したので、次のようにして癒された。賢者は夫に、妻が出産しようとしたとき、生きている野兎をポケットに隠し入れて彼女の出産場所に携え、彼女の周りを歩き、その野兎をすぐに放つよう命じた。というのも、もし野兎を直ちに家の戸口に向かって放たれなければ、彼女は子宮を胎芽《エンブリオ》と一緒に体外に出してしまうからだった。

(1) ここでの「怨霊」のギリシア語はエイドーロン。

(2) ここでの「亡霊」のギリシア語はエイドーロン。

第四十章

酒を飲んで亡くなった息子をもつ父親にたいして

ある父親が自分には息子たちがいたが、彼らは酒を飲みはじめるやすぐに死んでしまったと告げた。ヤルカスは父親に答えて言った。

「彼らは死んだが、それでよかったと思います。彼らは激しやすいので、生きておればまちがいなく気が狂っていたでしょう。しかしあなたたちの子孫は酒を控えてください。もしあなたに子が今一度生まれてくるようなことがあれば――わたしが見るところ、七日前に生まれました――、梟[1]が卵を孵化させる場所を探し、手に入れた卵を少しばかり温め、それを生まれたばかりの子に与えて触らせてやってください。もし子が、酒を味わうようになる前に、これらの卵の一部でも食べれば、彼は立派な酒嫌いとなります。彼は非常に冷静沈着な気質の持ち主となり、たとえ激することがあっても、ただ性格としてだけです」。

第四十一章

アポロニオス、ヤルカスと哲学的談義を重ねる

一　アポロニオスとダミスはこれらの言葉のやり取りを満喫し、すべてのことに示した賢者たちの知恵に

驚かされた。二人は毎日どんなことでも賢者たちに尋ね、また彼ら自身も多くのことを尋ねられた。しかし双方が親しげに話をしていたとき、ダミスによれば、アポロニオスだけはヤルカスとひそかに哲学的談義を重ね、星占いについて考え、予知能力について熱心に語り合い、犠牲の捧げ物や、神々が喜ぶ呼称についても触れていたそうである。ここでの議論から、アポロニオスは星占いについて四巻の書物(2)を著わし――モイラゲネス(3)もこれに触れている――、そしてまた犠牲の捧げ物や、それぞれの神にどのようにして犠牲を適切でかつ喜ばれる仕方で捧げるかについて書いたのである(4)。

二　わたし個人は、星占いやそれに類したものは人間の自然的な能力を超えるものだと考えている。わたしはだれがこの著作を所有しているのかを知らない。しかし、『犠牲について』の著作は多くの聖所や、多くの町、多くの賢人の家に置かれているのをわたしは見ている。いったいだれが尊師の声が残響する恐れ多い著作物について云々することなどできるのであろうか？

ダミスによれば、ヤルカスはアポロニオスに七つの星の名を刻んだ指輪を贈ったそうで、アポロニオスはその日の名前にしたがって毎日違うものをひとつ指にはめたそうである。

（1）「梟」。テクストでは「鳥のフクロウ」。
（2）以下の言及から知られるように、ピロストラトスは明らかにこの四巻本を見てはいない。
（3）この人物は本書第一巻第三章二に登場する。
（4）ここで言及されている『犠牲について』は、三世紀の物書きポルピュリオスに知られていたとされる。

第四十二章

人間の予知能力について

一　あるとき二人の間で予知能力について話が弾んだことがある。アポロニオスは、この種の知恵に惹かれていたため、議論の大半をそちらへと展開させた。

ヤルカスは彼を賞賛して言った。

「徳あるお方アポロニオスよ、予言の能力[1]を尊ぶ者[2]はその影響のもとで神のような人になり、人類の救済[3]のために行動します。普通ならば神の聖所を尋ねて見出さねばならぬものを自らの予知能力で知り、他の者に彼らのまだ知らぬことをあらかじめ告げてやります。徳あるお方よ、わたしはこれらの行為を真に祝福された者のしるし、その力がデルポイのアポロンに匹敵する者のしるしと見なします。

二　予言の術ですが、神のもとへ行って相談する者は身を清めてから赴かねばなりません。さもないと神は彼らに『わたしの神殿から出て行くのだ』と申すでしょう。ですから未来を予知する人物は健康で、魂を汚す汚点などはまったくなく、またその心には罪の痕跡がひとつとしてないように思われます。その者は身を清めた状態で予言し、自分自身と心の中の三脚台[4]を理解するのです。こうして彼はより重々しくかつより真実味のある仕方で託宣を口にするのです。ですから、あなたの魂の中にかくも多くのエーテル[5]があるとき、あなたがこの知識を吸収されたとしても驚きではないのです」。

第四十三章

ダミスの予知能力は？

ヤルカスはそのとき、ダミスに向かって彼を冷やかして言った。

「アッシリア人よ、あなたはこのような立派なお方とご一緒しておられますが、予知能力はおありなのでしょうか？(6)」

ダミスは答えて言った。

「ゼウスに誓って申しますが、予知能力はわたし自身にとって大切です。わたしがはじめてアポロニオスさまにお会いしたとき、彼が知恵や、洞察力、自制心、そしてまっすぐな克己心に満ち溢れておられるとお見受けいたしました。そして彼がすぐれた記憶力の持ち主で、この上なく博学で、知を愛していることを知

(1)「予言の能力」のギリシア語表記はマンティケー。あるいは「占いの能力」。

(2)「尊ぶ者たち」。あるいは「喜ぶ者たち」。

(3)「人類の救済」のギリシア語はソーテーリアーン・アントローポーン（↓ソーテーリアー・アントローポーン）。あるいは「人間たちの救い」、「人間たちの安寧」。

(4) この「三脚台」はデルポイの女神官たちは予言を口にするときに腰をかけた。

(5) この場合の「エーテル」は神のようなものを指すであろう。前出第三十四章参照。

(6)「予知能力はおありなのでしょうか？」。テクストでは「これらのことをも予知されるのでしょうか？」

ったとき、彼はわたしにはダイモーン(1)のようなお方でした。そしてご一緒しておりますと、わたしまでもが知恵なき凡人から抜け出した賢い者、蛮人(2)から抜け出した教育を受けた者のように見えると考えたのです。彼にしたがい、彼と一緒に熱心に真理を探究しはじめますと、インド人たちにまみえることになり、あなた方にまみえることになり、またわたしは彼のおかげでギリシア的にさせられて、ギリシア人と交わることになりました。ところであなた方は、重要な事柄に関わるあなた方の予知をデルポイや、ドドナ(3)、その他お好きな所でかまいませんが、そこでの神託に匹敵すると考えておられるようです。しかしわたしのは——ダミスはそれらのことを予知する者であったが(4)、ただ自分自身のために予知している——、家畜の群れやそれに類したものを占う年老いた放浪の女占い師のそれとしておいてください」。

第四十四章

薬という賜物について

一　賢者たちはみなこの言葉に笑った。そして笑いがおさまると、ヤルカスは話題を予知(5)に戻し、それは多くのよきものを人間にもたらし、その最大のものは薬という賜物だったと申し立てた。

ヤルカスは言った。

「アスクレピオスの賢い子ら(6)は、もしアスクレピオスがアポロンの子として生まれなかったならば、薬についてのこの知識をもつに至らなかったでしょう。アスクレピオスは父の言葉や託宣にしたがって、それぞれの病に効く薬を処方しました。彼は次にその知識を自分の子らに伝え、また自分の信奉者たちに血が流れ出ている傷口をどんな薬草で手当てすべきか、炎症を起こしている乾いた傷口をどんな薬草で手当てすべきか、水腫を軽くし、血を止め、肺病や似たような病に効く薬の調合の仕方を教えたのです。いったいだれが予知能力なくして毒のある生き物から治療薬を取り出したり、そのような毒性のある生き物自体を多くの病を治すために使用することができるでしょうか？　予知的な知恵なくしては、人間はこれまで、大半の劇薬を治癒薬として調合する勇気をもたなかったように思われます」。

（1）ここでの「ダイモーン」は、「常人をはるかに超える存在者」の意であろう。
（2）「蛮人」のギリシア語表記はバルバロス。
（3）「ドドナ」のギリシア語表記はドードーネー。この場所はギリシアの北西部エペイロス地方の古代の町で、ゼウスの有名な神託所があったことで知られる。
（4）「放浪の女占い師」はアギュルトリアース・マンテウオメネース。ジョーンズ訳は「ジプシーの女」の訳語を与えるが、いかがなものか。
（5）「予知」のギリシア語表記はマンティケー。このギリシア語には占い的な要素も入る。
（6）「賢い子ら」。テクストでは「賢い者たち」。ホメロス『イリアス』第二歌七三一によれば、アスクレピオスの二人の息子の名はポダレイリオスとマカオン。

第四十五章

ダミスが書き残していること

一　ダミスはまた、彼らがその地で、インドの神話上の動物や、泉、人間たちについて熱心に語り合った事柄について書き残している。わたしはそれらを看過するわけにはいかない。信じるもよし、すべてを信じないもよしである。

あるときアポロニオスは尋ねた。

「ここにはマルティコラス(1)と呼ばれる生き物はいるでしょうか？」

ヤルカスは言った。

「この動物の性格について何かお聞きになっておりますか？　その容貌については何か言われているのではないかと思いますが」。

アポロニオスは答えて言った。

「大きくて信じがたいものだと言われております。人間のそれに似た頭をもつ四足獣です。大きさはライオンくらいです。この獣は長さ一ペーキュスの剛毛の生えた尻尾をもち、その尻尾は捕獲しようとする者を空中に矢のように投げ飛ばすとのことです」。

二　アポロニオスはまた、人びとが泉から湧き出ると言っている黄金の水について、磁石と同じ力をもつ石について、地下生活をしている者について、小人族[2]や影足族[3]について尋ねた。

これにたいしてヤルカスは答えて言った。

「あなたご自身がこちらに来られるときに目にされた動物や、植物、それに泉についてですが、わたしは何をあなたに語ることができましょう。それらを他の人に語れるのはあなただけです。しかしわたしは、矢を放つように人間を投げ飛ばす獣の尻尾や黄金の水の泉については、この地域でまだ聞いたことがありません」。

第四十六章

パンタルベ石について

一　ヤルカス[4]はつづけた。
「しかし他の石を自分の方へ引き寄せて一体化する石[5]ですが、あなたならば信じないわけにはいかないで

(1) ジョーンズ訳の註によれば、マルティコラスは「人間」と「食べるもの」を意味する二つのペルシア語から造語されたもので、虎を意味する。
(2)「小人族」のギリシア語表記はピュグマイオイ。
(3)「影足族」のギリシア語表記はスキアーポデス。
(4) ここでの「石（リトス）」は複数形。
(5) ここでの「石」のギリシア語表記はプセーポス。あるいは「小石」。

しょう。なぜならあなたはその石を目にし、そしてその特性すべてに驚かれておられるからです。生成される最大のものでもこの指先ほどのものです」。

ヤルカスは自分の親指を示しながらつづけた。

「それは深さ四オルギュイア[1]の地中の窪地で生成されます。[2]息づかい[3]は荒いので、地は少しばかり膨れ上がり、多くの箇所で亀裂が走りますが、その間に石が地中で生成されるのです。だれもそれを探し求めることはできません。それは言葉をかけながら[4]引き上げるのでなければ、移動してしまうからです。[5]ただわたしたちだけが、一方ではさまざまなことを行ないながら、他方では呪文を口にしながら、[6]そのパンタルベ[7]石を引き上げることができるのです。これがそれにつけられた名前です。

二　夜になるとそれは、火のようになり、その輝きと光線で昼の明るさをつくりだします。もし日中にそれを見れば、それは無数のきらきらした輝きで目をくらませます。石の中の光は神秘的な力の息づかいで、それは近くにあるものすべてを自分のものとして取り込みます。なぜわたしは、近くにあるもの、と言うのでしょうか？　あなたは好きなだけの数の石を川や海のどこかに投げ込んでみてください。互いに近い所ではなく、ばらばらでかまいません。次にパンタルベ石をそれらの石の方に落としてみてください。それはその息づかいでそれらすべてを引き寄せ、それらの石は、蜂の群れのようになって、それに房状に固着するはずです」。

彼はこう言うと、石そのものとその作用が見られたすべてのものを見せた。

第四十七章

小人族について

ヤルカスはつづけて言った。

「小人族(8)ですが、彼らは地下に住んでおり、ガンゲス川の向こうにおり、だれでもが口にしているような

(1) オルギュイアは長さの単位で、一オルギュイアは四ペーキュス、約一メートル八〇センチ。
(2)「生成されます」のギリシア語はクイスケタイ。この動詞の原義は「孵化される」。
(3)「息づかい」のギリシア語表記はプネウマ。
(4)「言葉をかけながら」のギリシア語はメタ・ログー。あるいは「言葉でもって」、「呪文で」。
(5)「移動してしまうからです」。テクストでは「[小走りに]逃げ去るからです」。
(6)「一方ではさまざまなことを行ないながら、他方では呪文の言葉を口にしながら」のギリシア語はタ・メン・ドラーサンテス、タ・デ・エイポンテス。ジョーンズ訳は「さまざまな儀式と呪文をもって」と訳すが、この訳文は先行する「言葉をかけながら[メタ・ログー]」を「組織的に」と訳す無理に由来するように見える。
(7) ジョーンズ訳は「ルビー」の訳語を与える。
(8)「小人族」のギリシア語表記はピュグマイオイ。

仕方で暮らしております。しかしスキュラコス(1)の著作が礼讃しているような影足族(2)や、長頭族(3)ですが、これらの者は世界のどこにも住んではおらず、少なくともインドにはおりません」。

第四十八章

グリュペスと呼ばれる怪獣について

ヤルカスはさらに言った。

「怪獣のグリュペス(4)(図版)が突き割る金石ですが、きらきらと光っているかのような金の斑点跡のある岩場があります。この怪獣はその嘴《くちばし》の力で金石を突き割るのです。これは、実際、インドに存在し、ヘリオス神には聖なるものと見なされております。インドでヘリオス神を描く者は、四頭のグリュペスで曳かれた像(5)でそれを表わします。それは大きさと力でライオンに似ておりますが、翼を武器にライオンをも襲い、また象や大蛇よりも強いのです。それは遠くまでは飛びませんが、鳥のように短い距離は飛ぶのです。グリュペスには、一般の鳥のような羽毛は生えておりませんが、その脚には深紅色の水かきがあります。その四つの脚を円を描くように動かすと、飛び立つことができ、空中を飛翔できるのです。雌虎だけが餌食にされるのを免れます。疾風のように走るからです」。

第四十九章

フェニックスについて

ヤルカスはまた言った。

「エジプトへ五〇〇年ごとに飛来するフェニックス(6)と呼ばれる鳥ですが、その間、それはインドの中を飛んでおります。そのうちの一羽だけは太陽の光線から生まれたもので、金色の輝きを放ち、大きさと姿は鷲に似ております。それはナイル川の源近くに生育する香木の小枝で自分がつくる巣に住み着きます。エジプト人は、フェニックスがエジプトに

グリュペス

(1) ジョーンズ訳の註によれば、この人物は前五世紀の探検家で文筆家。インドス(インダス)川からスエズ湾までの航海記は古代世界においてよく読まれた。

(2)「影足族」のギリシア語表記はスキアーポデス。その長い足のため、地で横になるとその足が影をつくるとされるリビュア奥地の住民。

(3)「長頭族」のギリシア語表記はマクロケパロイ。

(4)「グリュペス」。あるいは「グリフィン」、「グリフォン」。これは鷲の頭と翼、ライオンの胴体をもつとされる伝説上の怪獣。アポロンの聖獣とされる。

(5)「四頭立てのグリュペスで引かれた」。テクストでは「彼らのうちの四体で引かれた」。

(6) この鳥はエジプトや、アラビア、フェニキアで不死不滅の象徴とされた霊鳥。

渡って来ることを畏怖の念をもって記しておりますが、その飛来についてはインド人も証言しております。インド人はさらにその記述に、フェニックスが巣の中で姿を消していくとき、自分自身に向かって別れの歌をうたうことを畏怖の念をもってつけ加えております。白鳥の鳴き声を特別な洞察力をもって聞き分ける者[1]は、白鳥も同じことをすると言っております。

第五十章

別れのとき

一　以上のような交流が賢者たちとアポロニオスの間であった。彼はそこに四ヵ月間滞在し、公にされている教えや口外してはならぬ教えをすべてわがものとした。彼がある日出立することを決めると、彼らは道案内人と駱駝を、書状と一緒に、プラオテスへ戻すよう彼を説き伏せる[2]一方、別の道案内人と新しい駱駝[3]を与え、一行と彼の安全を祈念して彼を送り出した。彼らはアポロニオスを抱擁すると彼に、彼は多くの人に、生きているときも死んでからも[4]、神のような者に映るであろうと言った。彼ら自身はこう言うと遁世僧院[5]へ戻って行ったが、途中何度も尊師の方を振り返り、彼とは別れがたいことを示した。

二　アポロニオスはガンゲス川を右手に、ヒュパシス川を左手に見て進んだ。一行は「聖なる丘」を立って一〇日の旅路をつづけると、海に達した。彼らが旅をつづけていると、多くの駝鳥が彼らの前に姿を見せた。それればかりでなく多くの野生の牛や、多くの驢馬やライオン、豹、虎、それに胡椒の木の木立に棲息する猿とは異なる種族で——それらは黒くて毛がふさふさしていた——、姿は犬に似ていて大きさは小さな人間ほどもある生き物も彼らの前に姿を見せた。

一行がいつものように目にしたものについて話をしていると、いつの間にか海岸に至った。そこには小さな商い用の屋台があり、エトルリアの(6)渡し船に似た船が係留されていた。エリュトラ海はどこまでも青く、その名前は、すでに述べたように(7)、王のエリュトラスに由来するが、王はその海に自分の名前を付けたのである。

第五十一章

アポロニオスがヤルカスに送った謝辞

さて、アポロニオスはここに到着すると、次の内容の書状を託して駱駝をヤルカスのもとへ送り返した。

アポロニオスからヤルカスおよび他の賢者の方がたにご挨拶いたします。わたしはあなた方のもとへ陸路で(8)参

---

(1)「白鳥の鳴き声を特別な洞察力をもって聞き分ける者」。テクストでは「彼ら［の鳴き声］を聞くより賢い者」。
(2)「説き伏せる」のギリシア語はペイトゥーシン。ここでの時制は歴史的現在。
(3)ここでの「駱駝」は複数形。
(4)「生きているときも死んでからも」。テクストでは「死後も生前も」。
(5)「遁世僧院」のギリシア語はプロンティステーリオン。
(6)「エトルリアの」のギリシア語はテュレーノイス（→テュレーノイ）。
(7)本書第三巻第三十五章一参照。
(8)「陸路で」。あるいは「徒歩で」。

りましたが、あなた方はそのわたしに海を与えてくださいました。そればかりでなく、あなた方はあなた方の知恵にわたしを与らせ、天に行く道を示してくださいました。わたしはこれらすべてをギリシア人のもとで思い起こし、あなた方との会話に、あたかもあなた方がおられるかのようにしてギリシア人に与らせるでしょう。もしわたしがタンタロス(1)のために飲んだことが無駄でなかったならば。哲学をするよき方がたよ、さようなら。

第五十二章

ヒュパシス川の河口について

アポロニオスは船に乗った。船は穏やかな追い風を受けて進んだ。アポロニオスはヒュパシス川の河口で、川がそこから恐ろしい勢いで海に流れ込むのを見て驚いている。すでに述べたように(2)、流れはその終わりに近づくと、岩場のある狭い急峻な場所に落ち込み、そしてそこを通過すると、ひとつの河口から海へとほとばしり出るが、河口に近づく者は危険であるとされる。

第五十三章

エリュトラ海の天体とビブロス島について

彼ら一行によれば、彼らはインドス川の河口と、インドス川に囲まれてそこに立つパタラの町を見たそうである。アレクサンドロスの艦隊はここに入って来たのである。艦長のネアルコス(3)は海戦には経験が豊かだった。オルタゴラスは、エリュトラ海について、そこでは北極星は見られず、船乗りは南天を示すことができず、目にすることができる星は本来の位置にはないと言っている。(4)ダミスも同意しているので、これらの言説はすべて正しく、この地方の天体と一致すると正しくも信じなければならない。彼らはまた、ビブロス(5)と呼ばれる小さな島について言及している。その島のイシガイや、牡蠣《かき》、そして岩場に吸着している類のものはギリシアのものよりも一〇倍も大きい。そこで見られる真珠の石は白い貝殻の中にあり、牡蠣の心臓部となっている。

(1) タンタロスについては本書第三巻第二十五章二―三ほかに登場。
(2) 本書第三巻第一章一参照。
(3) この人物は次出アッリアノスからの引用文に登場する。
(4) アッリアノス『インド誌』二五に「ネアルコスが語るところによると、インド人の土地に沿って航行をつづけているあいだ……彼らの影はいつもと同じようにはおちなかったという。海を長い距離南に向かって進む場合、物の影はこれまた南側に落ちるのが認められた。ところが太陽が正午にかかると、一切の物がその影をなくしたように彼らには見えたのである。星にしてもそれまで中空に望まれていた星星が今では、あるいはまったく見えなくなり、あるいは地上近く低い所に見えるようになり、またそれまですっと見えていた星星も、いったんは沈んですぐまた昇るようになったというのである」（大牟田訳）とある。なおそこでの大牟田の註（一〇二）をも参照。
(5) この島は訳者には未詳。

第五十四章

オレイタイ人の土地について

彼ら一行によれば、彼らはオレイタイ人(1)の土地のパガラ(2)にも立ち寄ったそうである。オレイタイ人の土地であるが、彼らの所の岩(3)は青銅で、砂も青銅で、川(4)が青銅の砂を運んでくる。人びと(5)は土地が金を産出すると考えている。青銅がかくも良質だからである(6)。

第五十五章

魚食民について

彼ら一行によれば、彼らはまた魚食民(7)にも遭遇したそうである。この者たちの町はストベラ(8)である。彼らは大きな魚の皮を身にまとっている(9)。その場所の羊は魚臭いそうである。というのも、他では見られない奇妙な餌やりの習慣があり、カリア(10)で無花果《いちじく》の実を与えるように、羊飼いたちは羊に餌として魚を与えるからである(11)。インドの友好的な部族であるカルマノイ人(12)は海の近くに住んでいる。魚が大量に取れるため、彼らは魚を取り置いたり、ポントス人のように塩漬けにしたりはせず、少しばかりのものを売った後は、まだ生きているものを大量に海に戻してやる。

(1)この民族はアッリアノス『アレクサンドロス大王東征記』第六巻二一―二二、同『インド誌』二三、二五参照。

(2)「パガラ」。オレイタイ人のパガラは、アッリアノス『インド誌』二三をも参照。なおオレアリウスはパガラをペーガダス(→ペーガダイ)に読み改めている。大文字のギリシア文字のデルタとラムダは字形からして混同しやすい。

(3)ここでの「岩」は複数形。

(4)ここでの「川」は複数形。

(5)「人びとは」。ここで主語として与えた「人びと」は土地の者を想定したが、アポロニオスの一行である可能性もある。

(6)この場所はプトレマイオス『地誌』第七巻二-二〇が言及するあの有名な「青銅の地(カルキーティス・コーラー)」を指すという議論がある。

(7)「魚食民」(大牟田彰の訳語を拝借)のギリシア語表記はイクテュオパゴイ。ジョーンズ訳は大文字を使用して Fish Eaters の訳語を与える。ガドロシア、オレイティス地方の沿岸部に住むイクテュオパゴイについては、アッリアノス『インド誌』二九、三〇参照。ヘロドトス『歴史』第三巻一九は、紅海に住むこの種族へ言及する。そこでの松平千秋の註を参照。ストラボン『地誌』第十六巻四-四、プリニウス『自然史』第六巻九五、パウサニアス『ギリシア記』第一巻三三-四をも参照。

(8)ストベラ(ストベーラ)は、ストベルスの女性形であるが、このストベルスからトメルスなどの異読が生まれている。

(9)アッリアノス『インド誌』二四は、この地方に住むイクテュオパゴイの生活習慣に言及して「着るものとしては彼らは、獣の皮を身にまとっているが、一部には大型の魚の皮を着るものもいた」(大牟田訳)。

(10)この場所は小アジア南西部の古代国家のあった地域。

(11)アッリアノス『インド誌』二六に「村人たちが友好のしるしとして、ネアルコス[アレクサンドロスの艦隊長]のところに羊と魚をとどけてきた。その羊の肉は彼の言うところによれば、海鳥の肉と同様に、魚臭かったがそれは、羊もここでは魚を食べて生きているからだ。この地方には草も生えていないのである」とある。また同書二九に、「彼らの家畜も乾し魚で飼われるがそれも、その土地に草原の野原がなく、草そのものが生えていないからだ」とある(訳文はすべて大牟田訳)。

(12)この部族は未詳。

第五十六章

港町バララについて

彼ら一行によれば、彼らはバララにも入港したそうである。バララはギンバイカの木や棕櫚の木の生い茂る市《いち》のたつ港である。彼らはそこで月桂樹の木を目にしている。その場所にはたくさんの泉が湧出している。そこにはあらゆる種類の野菜が栽培されている苑や、あらゆる花が栽培されている場所がある。(1)港はひっそりとしている。この場所の向かいにはセレラと呼ばれる聖なる島があるが、その間には一〇〇スタディオン(2)に及ぶ海峡がある。その島には恐ろしいダイモーンである海神ネレイス(3)が住んでいる。彼女はそこに航行してくる者の多くをひっ捕らえ、船が島に向かって投錨することさえ許しはしない。

第五十七章

別種の真珠について

一　別種の真珠について触れないですませるのはよくないであろう。その話はアポロニオスにさえ子供じみたものだとは思われなかったもので、非常に魅力的な驚愕すべき漁法についてである。島が公海に面している所の海底は非常に深く、脂身が多いが何の石も生成しない白貝の牡蠣を産出する。島の者は静かな海を待ち望み、実際、オリーブ油を海に注いで穏やかにさせている。男は牡蠣を求めて海に潜る。そのさい男は海綿を採取する者のように装備するが、彼らとは違い、鉄の皿と香油入りの瓶を携行する。

二　インド人は牡蠣の傍らに座ると、香油を誘いの餌として使用する。するとそれに誘われて牡蠣殻を少しばかり開き、酔った状態にされる。彼は次に殻を鋭利なものでこじ開けると、それは流動物(4)を吐きだす。彼はそれを所々穴のあいた皿で受け止める。そこでその流動物はすぐに固くなって天然の真珠のような形になる。この真珠は「エリュトラ海の白い血」と呼ばれたりする。

彼らによれば、この海の反対側に住んでいるアラビア人もこの生き物のようなものを求める。海はどこも牡蠣だらけのため、怪魚がそこに押し寄せる。(5)船は船体を守るために舳先《へさき》と艫《とも》(6)に鈴をつけ、その音がこの怪魚を驚かせ、船に近づけさせない。

(1) ここでの「港」は複数形。
(2) 一〇〇スタディオンは約一万八五〇〇メートル。
(3) ネレイスは、海神ネレウスの娘。
(4) この「流動物」のギリシア語表記はイーコール。これは神々の血管の中を流れているとされる。
(5) ここでの記述の理解には、アッリアノス『インド誌』三〇参照。ここでの「怪魚（タ・ケーテー）」はクジラを指す。クジラについての記述はプリニウス『自然誌』第九巻五－六参照。
(6)「舳先と艫に」。テクストでは「艫と舳先に」。

第五十八章

アポロニオスの一行の船旅

エウプラテス川を下って河口に入った後、彼ら一行によれば、彼らはそこからヴァルダネスに会うためバビュロンまで川を遡ったそうである。ヴァルダネスは彼らがはじめて知ったときと変わらなかった。ついで彼らはそこからニノスに戻った。アンティオケイアは相変わらず喧噪の町で、ギリシア的な文化はいっさい求めていなかったので、彼らはセレウケイア(1)で海岸へと下りて行った。彼らはそこでたまたま船に遭遇したので乗船し、キュプロス島へ向かった。アプロディテの像があるパポス(2)では、アポロニオスは象徴的に造られた像に敬意を払い、祭司に聖所の儀式に関して多くの助言を与えた。彼はそこからイオニアへ航行したが、そこでは畏怖の念をもって出迎えられ、知恵を大切にする者の間で大きな敬意を払われたのである。

(1) アンティオケイアの港町セレウケイア・ピエリアを指す。

(2) 古代ギリシア世界においては、キュプロス島のパポスはアプロディテの聖所があるため、もっとも重要な巡礼センターのひとつであった。アプロディテ崇拝は前七〇〇年のホメロス以前とされている。

第四巻

第一章

アポロニオス、エペソスで大歓迎を受ける

一　人びとがイオニアのエペソスの町に入ってきた尊師を目にすると、鍛冶職人でさえも自分の細工仕事に集中できなかった。ある者は知恵に、ある者は容貌に、ある者は生き方に、ある者は服装に、しかしすべての者が彼を賛嘆する者となって、ただちに彼の後にしたがった。(1)

彼に関する評判が駆け巡った。たとえばコロポンの町(2)での託宣から、尊師は自らの知恵に与る者、正真正銘の賢者と賛嘆された。ディデュマ(3)やペルガモン近くの聖所(4)からも尊師は賛辞を受けた。ペルガモンでは神は、健康回復を願う多くの者に、アポロニオスのもとへ行くようにと極力勧めた。(5)それこそは彼自身の願い(6)であり、また女神モイライ(7)にとってもそう願っているように見えるというのである。

二　町々から遣わされた使節は彼のもとへやって来ると、彼を自分たちの町の客人、また生き方の助言者、祭壇や像の建立の助言者であると宣言した。彼はこれらの要請のそれぞれを、書状を書いたり、また自ら赴くと約束することで正しく処理した。スミュルネの町(8)の使節が、彼らが願っているものが何であるかを言わ

ずに、彼に来てくれるようにと求めると、彼は使節に、彼らが自分に何を求めているのかと尋ねた。

使節は言った。

「あなたさまを見、あなたさまに見てもらうことです」。

アポロニオスは答えて言った。

「参りましょう。しかし汝らムーサイよ(9)、わたしどもが互いに親密さを感じられるようにしてください」。

(1)「ある者は容貌に……ある者は服装に……ただちに彼の後にしたがった」。ここでの訳文づくりはジョーンズ訳のそれとは大きく異なる。

(2)この町への言及は、ヘロドトス『歴史』第一巻一四、一六、一四二に見られる。同書一四二では、リュディアにある町としてコロポン、エペソスほかが言及されている。

(3)この場所の地名は、早くはヘロドトス『歴史』第六巻一九に見られる。そこでの松平千秋の註参照。

(4)この聖所はアスクレピオスの聖所を指す。

(5)「極力勧めた」のギリシア語はエケレウセ。あるいは「命じた」。

(6)ここでの「彼自身」はアポロニオスを指すが、ジョーンズ訳は「神」を指すものと理解する。

(7)ここでの「女神モイライ」は複数形で、クロト、ラケシス、アトロポスを指す。クロトは「紡ぐ女」を意味し、その糸車から生命の糸を紡ぎ出す女神、ラケシスは人生の長さを決める女神、そしてアトロポスは生命の糸を断ち切る女神である。

(8)この町はイオニアの町(スミュルナと表記されることもある)。この町はヘロドトス『歴史』第一巻一四九―一五〇ほか参照。

(9)「ムーサイ」はムーサの複数形で、詩歌の女神アオイデ、思索の女神メリテ、記憶の女神ムネメを指したが、後にはゼウスとムネモシュネの間に生まれた九人の女神をも含むようになる。

第二章

アポロニオス、エペソス人に講話をする

彼はエペソス人(1)に向かって最初の講話を神殿(2)の階段(3)から語った。彼はソクラテス派の哲学者(4)とは違い、聴衆の心と関心を他のものから切り離させて引き寄せると、ただ哲学だけを学び、エペソスを、彼がしばしば目にした怠惰と尊大さではなくて、やる気で満たすようにと助言した。というのも彼らは踊り子たち(5)に魅せられ、ピュリケーの踊り(6)に夢中になっており、その場所全体が笛で一杯であり、ふたなり(7)で一杯であり、剣戟の音がやたらとしたからである。エペソス人は彼の考えの方に同調しはじめたが、彼はこれらのものを侮ったりするのは間違いであると考え、それらを大勢の人の見ている前で取りやめ廃止しようとした。

第三章

一　彼は他の講話を遊歩道(8)の柱廊付きテラスで行なった。

あるとき彼が分かち合いの精神(9)について講話し、互いに養い互いに養われることの大切さを説いていた。そのとき雀たちが木の上に鳴かずに止まっていた。するとそのときもう一羽(10)の雀が飛来してきて一緒になり、鳴きはじめた。まるで他の雀に何かを伝えているかのようだった。彼らはそれを聞くと、さえずりはじめ、

ついで最初の一羽の後を追って飛び立った。

アポロニオスは、話をつづけた。彼は雀たちが飛び去った理由を知っていたが、多くの聴衆にはそれを説明しなかった。しかし、誰も彼もが雀たちの方へ目をやったので、そして一部の者は愚かにもそれを喜ばしい前兆だと理解したので、アポロニオスはそれまでの話を傍らにおいて言った。

「ひとりの少年が器に小麦を入れて運んでいたところ、すべって転んでしまった。彼はそれをきれいに(11)集めず、その多くを何とかという名の小路に散らばしたままにして行ってしまった。このときこの一羽の雀がたまたま近くにいた。その雀はほかの雀に、ここに飛んで来てこの幸運な贈り物(12)に与るようにと誘い、彼ら

(1)「エペソス人」のギリシア語表記はエペシオイ。

(2)この神殿はアルテミスの神殿を指す。

(3)「階段」のギリシア語表記はクレーピス。このギリシア語は通常、神殿の基礎部分を指して使用される。

(4)「ソクラテス派の哲学者」のギリシア語表記はホイ・ソークラティコイ。

(5)「踊り子たち」のギリシア語表記はオルケーストーン(↓オルケーステース)。

(6)「ピュリケーの踊り」のギリシア語表記はピュリケー。この踊りは武装して槍や、楯、たいまつなどを手にして実戦を模した激しい乱舞で有名。

(7)「ふたなり〔両性具有者〕」のギリシア語表記はアンドロギュノス。

(8)ここでの「遊歩道」は複数形。

(9)「分かち合いの精神」のギリシア語表記はコイノーニアー。

(10)「一羽」。テクストでは「彼らの中の一羽」。

(11)「きれいに」のギリシア語はカコース。文脈からこの訳語を選択する。

(12)「幸運な贈り物」のギリシア語表記はヘルマイオン。あるいは「ヘルメスからの贈り物」。

を同じ食事に与えるものとした(1)。

二　これを聞いた聴衆の大半は、この場所に向かって走って行ってしまったが、アポロニオスは残った者に向かって、講話のはじめとなった分かち合いの精神について語りつづけた。そして、他の者たちが驚き一杯の表情で騒々しくしながら戻ってくると、彼は言った。

「見るがよい。雀たちは互いに心配りし、分かち合いの精神でもって喜々としているが、われわれはそれを価値あるものとはしない。われわれは他の者たちと分かち合う者を見たとしても、一方で彼によって養われる者たちをパラシートイ(2)とかコラケス(3)と呼び、他方では彼を浪費や華美などの権化ではないかと考えたりする。だから何が残っているかと言えば、籠の中で餌を与えられる鳥のように、われわれ自身を籠の中に閉じ込め、われわれが太らされて籠を破り壊すまで、暗闇の中でがつがつと食べ、腹を膨らませることしかないのだ」。

第四章

アポロニオス、エペソスの町を離れる

疫病(4)がエペソスの町に忍び寄ってきたときのことである。

アポロニオスは、その疫病がまだ勃発しない前に、その到来(5)に気づくと、適切にもそれを予告した。彼は講話の中でしばしば「地よ、そのままでいてください」とか、ときに威嚇的な調子で次のようなこと、すな

わち「汝は、この者たちを救うのだ」とか、「汝はここに来てはなりませんぞ」と言ったものである。しかし、住民は注意を払わず、そのようなことはひどい誇張であると次第に考えるようになった。なぜならば、アポロニオスがすべての聖所を訪れてくれたので疫病を追い払い、その願いがかなうように見えたからである。彼らが災禍の深刻さに無知だったので、アポロニオスは彼らをこれ以上助けることはしないことにした。彼はその代わりイオニアの他の土地を経巡り、それぞれの土地の弊習《へいしゅう》を正し、その住民にとって益になることをつねに語りかけた。(6)

---

(1)「した」のギリシア語はポイエイタイ。ここでの時制は歴史的現在。
(2)「パラシートイ」(複数形)の単数形はパラシートス。パラシートスは太鼓持ちを指す。冗談や軽口で興を添え、その返礼として食卓に与った。
(3)「コラケス」(複数形)の単数形はコラクス。コラクスは、パラシートスと同じく、太鼓持ちを指す言葉。
(4) ここでの「疫病」のギリシア語表記はロイモス、次出の「疫病」のギリシア語表記はノソス。
(5)「到来」あるいは「襲撃」。
(6)「語りかけた」のギリシア語はディアレゴメノス。あるいは「講話した」。

第五章

アポロニオス、スミュルナの町に近づく

アポロニオスがスミュルナの町に近づくと、イオニア人(1)が彼に挨拶をするためにやって来た。彼らはそのとき全イオニア祭(2)の犠牲を捧げていた。彼はイオニア人の決議文を読んだ。彼らはその中で彼に、彼らの集いに一緒に与るよう求めていた。彼はこの決議文の中にイオニア的ではない名前を見つけた。ルクロスとかいう人物がこの決議文に書き加えられていたからである。彼はまたその決議文の中にパブリキオス(3)やそれに類した他の名前を目にしたので、外国名が見いだされる不適切さ(4)を咎める書簡を彼らの集まりに送った(5)。彼がどんなに厳しく咎め立てをしたかは、それについての書簡(6)が明らかにしてくれる。

第六章

アポロニオスの祈り

別の日のことである。

アポロニオスはイオニア人の前にやって来ると、言った。

「この酒器は何だ?」

彼らは答えて言った。

「全イオニア祭のものです」。

そこで彼はそこから酒を汲み出すと、献酒して言った。

「イオニアを導く汝ら神々よ、この美しい植民都市に海からの安全無事をお与えください。いかなる災禍も海から陸地へと襲うことがないようにしてください。大地を揺さぶるアイガイオン神(7)が町々を絶対に揺さぶることなどないようにしてください」。

アポロニオスはこのようなことを口にしたが、思うにそれは、彼が後になってスミュルナや、ミレトス、キオスとサモス、そしてその他イオニアの諸都市の多くで起こったこと(8)をあらかじめ見ていたからであろう。

(1)「イオニア人」のギリシア語表記はイオーネス。

(2)「全イオニア祭」のギリシア語表記はパニオーニア（ヒエラ）。この祭は、ヘロドトス『歴史』第一巻一四八参照。

(3)ラテン語読みはパブリキウス。

(4)「外国名が見いだされる不適切さ」のギリシア語はバルバリスムー・トゥートゥー。バルバリスモスは「外国語［蛮人の言葉］の使用」を指す。

(5)「送った」のギリシア語はペンペイ。ここでの時制は歴史的現在。

(6)ジョーンズ訳の註によれば、この書簡（あるいは贋作）は残されている。

(7)この神は、地震を起こす力をもつ海神ポセイドンを指す。

(8)ここで言及されているのは地震であろう。

第七章

アポロニオス、スミュルナ人を励ます

一　アポロニオスはスミュルナ人がすべての知識を熱心に探求するのを見ると、彼らを励まし、そして彼らをもっと熱心なる者にした。彼は彼らに、町の外観よりも自分たち自身のことを考えねばならないと語った。

「たとえ町が太陽の下のどんなものよりも美しくても、また美しい海が自分たちのものであり、つねに西風[1]が吹き寄せても、その喜ばしき冠は列柱や、絵画、大量の金の上にではなくて、人間の上にかぶせられるのである。建造物は同じ場所にとどまり、それが存在する地の特定の場所以外、他のどんな所においても見られないが、立派な人は地のどこにおいても見られるのであり、どこにおいても人の口の端に上る。彼らは自分たちが生まれた町を、彼ら自身が経巡ることができる土地以上のものにしたのである」。

二　アポロニオスは言った。

「このように美しい町々は、ペイディアス[2]によってオリュンピアで造られたゼウスの神像に似ている。それは造り手[3]にとってふさわしいと思われる場所[4]に座すが、他方どんな所にも赴ける者はホメロスのゼウスとまったく同じである。こちらは多くのイデアの中でホメロスによってつくられたものであり、象牙のゼウスよりも素晴らしい。一方のゼウスは地上で見えるものであるが、他方は天の下のどこにいても思いをはせ得

るものである」。

第八章

競い合いの中の一致について

一　これ以外にも(5)アポロニオスは、どのようにすれば町々を安全に治められるかについてスミュルナ人と一緒に考えた(6)。彼らが互いに意見を異にしていて、また条令がないのを彼は知ったからである。彼は彼らに、正しく統治される町は一致(7)と競い争い(8)を必要とすると言った。しかしこの言葉は彼らにはあり得ない整合性なきものに思われた。アポロニオスは、大半の者がその意味を理解していないことに気づくと、次のように言った。

---

(1)「西風」のギリシア語表記はゼピュロス。ゼピュロスは正確には北西の風を指す。

(2)ペイディアス（前五〇〇頃－四三二年）はギリシアの彫刻家。

(3)「造り手」のギリシア語表記はデーミウールゴイ（→デーミウールゴス）。

(4)この場所はオリュンピアのゼウスの神殿。

(5)「これ以外にも」のギリシア語はカイ・メーン。あるいは「そしてさらに」。

(6)「……と一緒に考えた」。あるいは「……と一緒に哲学した」。

(7)「一致」のギリシア語表記はホモノイア。

(8)「競い争い」のギリシア語はスタシアズーセース（→スタシアズーセー）。

「黒色と白色は決して同じ色にはならない。甘いと辛いは決してうまく混じり合わないが、競い争いの中の一致こそは町々のために救いをもたらす」。

二　アポロニオスはつづけた。

「わたしの言葉をこう理解してほしい(1)。剣に手を置かせ投石合戦に至らせる揉め事(2)であるが、町はそれを回避するがよい。町が必要とするのは、子供の養育、法律、そしてその言行が信頼できる男たちである。しかし、公共(3)のためには切磋琢磨《せっさたくま》の精神(4)がなければならない。その精神があれば、ある者は他の者よりもよい判断を口にし、ある者は他の者よりもよい役目を担い、ある者は使節になり、またある者は他の上司のときよりも立派なものを建てたりする。わたしはこれを公共のためのよきライヴァル意識(5)、競い合い(6)と見なしている」。

三　アポロニオスはさらにつづけた。

「だれもが異なる仕事につき、それを町の公益のために活かす。この考えは、昔は、スパルタ人(7)には愚かしいもののように見えた。彼らは戦いに関わるすべてのことを行ない、すべての者がそのための訓練を受け、戦いを唯一の生業《なりわい》とした(8)。しかしわたしには、各人が自分の知っていることや自分のできることを行なうことが最善であるように思われる。もしある者がその指導力のために素晴らしい人だと言われ、ある者が知恵のために、ある者が公共のために私財を投じるために、ある者がその徳のために、ある者が悪事を働く者を容赦しない峻厳さのために、またある者が汚職に手を出さないために立派な人だと言われれば、町の基盤は揺るぎないものとなる、いや高められるであろう」。

第九章

出航する船を目にして

一　これらのことを話しているとき、アポロニオスは三本の帆柱のついた船が出航するのを目にした。各船乗りは船を沖合に出すために異なる仕事をしていた。(9) そこで彼は聴衆の注意をそちらに向けると、言った。「あの船の平の乗組員(10)を見るがよい。ある者は漕ぎ手としてはしけに乗り込んだが、ある者は錨の上げ下ろしをし、ある者は風を受けて帆を張り、ある者は船首や船尾から(11)前方や後方を見張る。もしこの者たちの

---

(1)「こう理解してほしい」。テクストでは「われわれはこう理解しようではないか」。
(2)「揉め事」のギリシア語表記はスタシス。
(3)「公共」のギリシア語表記はコイノン。
(4)「切磋琢磨の精神」のギリシア語はピロティーミアー……プロス・アッレールース。
(5)「よきライヴァル意識」のギリシア語表記はエリス……アガテー。
(6)「競い合い」のギリシア語表記はスタシス・プロス・アッレールース。
(7)「スパルタ人」のギリシア語表記はラケダイモニオイ。
(8)「戦いを唯一の生業とした」。テクストでは「それだけを頼みとした」。
(9)テクストでは「船」と「各船乗り」が動詞「目にした」の目的語となる対格形。
(10)「平の乗組員」のギリシア語表記はデーモス。あるいはたんに「平たち」。
(11)「船首や船尾から」。テクストでは「船尾や船首から」。

ひとりが自分に課せられた仕事のひとつでもしなかったり、船のことを知らなかったりすれば、その航海は最悪のものとなり、彼ら自身が嵐(1)となるであろう。しかしもし彼らが互いに切磋琢磨し、競い合いながらも隣りの者を自分よりも劣った者と見なさなければ、この船には安全な港があり、その全行程で、海は穏やかで、航海は順調なものとなるであろう。そして彼らの慎重さはポセイドン・アスパレイオス(2)となるものであろう」。

第十章

アポロニオス、エペソス人の前で疫病を終わらせようとする

アポロニオスは、このような話でもって、スミュルナをひとつにした。疫病はすでにエペソス人を襲い、それにたいしては何の手立てもなかった。そこで彼らはアポロニオスのもとへ使節を遣わした。彼らは彼を、災禍を癒す者にしようとしたのである。彼は旅を先送りしてはならないと考え「さあ行こう」と言ったが、エペソスに居つづけた。彼はそのとき、トゥリオイ(3)の町にいると同時にメタポンティアイ(4)の町にもいるというピュタゴラスの離れ業を真似して行なったのではないかとわたしには思われる。

アポロニオスはエペソス人を集めると、言った。

「勇気をもつのだ。わたしは今日疫病を終わらせる」。

彼はこう言うと、すべての者(5)をアポトロパイオス(6)の像が立つ劇場の方へ連れて行った。そこではひとりの

年老いた男がわざとらしく目を閉じながら物乞いをしているように見えた。彼は袋を持ち、その中に一片のパンを入れていた。彼はぼろ服をまとい、顔つきは貧相だった。

二　アポロニオスはエペソス人に命じて彼を取り囲ませると、「この呪われた者に石を投げるがよい。最初にできるだけ多くの石を拾い集めるのだ」と言った。

エペソス人は彼の言葉に驚き、かくも惨めなことをしている見知らぬ者、憐れみを乞うてわめいている者を殺すことに衝撃を覚えた。しかしアポロニオスは容赦はなく、エペソス人にたいして怯むことなく彼を石でぐちゃぐちゃに潰すようにと促した。一部の者はすでに石を投げはじめていた。彼は瞬《また》きでもしているかに見えたが、突如上を見上げ、火で燃え盛るような目付きをして見せた。エペソス人はそれがダイモーンであると知ると、それをめがけて次々に投石したので、その周りに石の塚ができるほどだった。

（1）「嵐」のギリシア語表記はケイモーンで、とくに荒れ狂う冬の嵐を指す。
（2）「ポセイドン・アスパレイオス」。「安全を請け負う者」を意味するアスパレイオスは海神ポセイドンの形容語句であるが、ここでは大文字が使用されているので固有名詞と理解する。
（3）この場所はイタリア南部にあるギリシア人の町シュバリスの近くの町。
（4）この場所はメタポントゥム、あるいはメタポンティウムとも呼ばれる。イタリアのタラント湾に臨む港町タレントゥムの西のアカイア同盟の植民都市。ピュタゴラスがここに埋葬されたことでも知られる。
（5）「すべての者」。テクストでは「すべての年齢」。
（6）「アポトロパイオス」は「悪を回避する」の意の形容詞であるが、ここではヘラクレスを形容する語句として大文字ではじまる。

三　しばらくすると、アポロニオスは彼らに、石を取り除き、彼らが殺した動物が何であるかを知るようにと命じた。彼らの投石の標的になったものが取り除かれると、男の姿はすでに見えなくなっており、代わりに容姿がモロットス地方の猟犬[1]に似ているが、大きさの点で、もっとも大きなライオンほどはある犬が現われた。その体は石でぐちゃぐちゃに潰され、気のおかしくなった男のように泡をふいていた。ヘラクレスであるアポトロパイオスの神像は怨霊[2]が石打ちにされた場所の近くに立てられている。

第十一章

アポロニオス、アスクレピオスの聖所その他を訪ねる

一　アポロニオスは、エペソス人を疫病から清め、イオニアの風景を十分に堪能すると、急いでギリシアに向かった。ペルガモン[3]に到着すると、彼はアスクレピオス[4]の聖所に喜んだ。彼はそこでアスクレピオス神(図版)に嘆願している者たちに、吉兆の夢を見るには何をすべきかを教え、また多くの者を癒した。彼はそこからイリアスの土地[5]に到着した。彼はそこでその場所についての古事来歴[6]をすべてわがものにすると、アカイア人[7]の墓に足を運び、彼らを悼んで多くのことを語り、また血抜きした清い犠

「エピダウロスの聖所のアスクレピオス」
オリジナルの模刻、4世紀、アテネの国立考古学博物館

牲を多く捧げた[8]。ついで彼は親しい仲間の者たち[9]に船に行くように命じ、彼自身はアキウレス[10]の墳《つか》[11]で、その夜を過ごすと言った。

二　親しい仲間の者たちは――このころまでに、ディオスコリデスの信奉者[12]や、パイディモスの信奉者[13]、その他これに類した信奉者の群れはみなアポロニオスに合同していた――、アキレウスはまだ恐ろしい形相をしているとか、イリオンの人は彼についてそう信じていると言って、彼をびくつかせようとした。

---

(1)「モロットス地方の」。あるいは「モロッソス地方の」と綴られることもある。この地方は、ヘロドトス『歴史』第六巻一二七に現われる。

(2)「怨霊」のギリシア語表記はパスマ。

(3) この場所は小アジア西岸北部地方にあったヘレニズム時代の王国、現在のベルガマ。

(4) この神は、アポロンの子で医神。

(5) この場所はトロイアを指す。ラテン語名はイリウム。

(6)「古事来歴」のギリシア語表記はアルカイオロギアー。

(7)「アカイア人」のギリシア語表記はアカイオイ。

(8)「捧げた」のギリシア語やカタギサース（→カタギゾー）。この動詞には「火でもって捧げる」の意が込められている。

(9)「親しい仲間の者たち」のギリシア語表記はヘタイロイ。このギリシア語は宮廷用語として使用されていれば、胸襟を開いて語り合える「腹心」の訳語が当てられるが、ホメロスでは、たとえば、「僚友」（呉茂一）のような訳語が与えられる。

(10) この人物はホメロス『イリアス』第一歌一以下に頻出する、トロイア戦争でのギリシア随一の戦士。

(11)「墳（つか）」のギリシア語表記はコローノス。

(12)「ディオスコリデスの信奉者」のギリシア語表記はホイ・ディオスコリダイ。ディオスコリデスとして知られている人物は少なくとも二人いる。ひとりは前二三〇年頃に活躍した人物で、ひとりはクラウディウス帝とネロ帝治下に活躍した医薬の研究者。

(13)「パイディモスの信奉者」のギリシア語表記はホイ・パイディモイ。パイディモスは未詳。

アポロニオスは言った。

「それでもわたしは、だれかが一緒にいてくれることをアキレウスが非常に喜ぶのを知っている。彼はピュロスからやって来たネストル(1)に暖かく挨拶した。彼は日頃から彼にたいして何か有益なことを言おうとしていたのである。彼はポイニクス(2)を『養父』とか『僚友』などと呼んで敬意を払った。このポイニクスはいろいろな話をして彼をもてなしたからである。とはいえ彼は、彼の話を聞いていたので、自分の最大の敵対者でありプリアモス(3)をも好意的に見、またオデュッセウスとは仲違いしていたが、彼は非常に慎み深く振舞ったので、オデュッセウスには恐ろしく見えるというよりは高貴にさえ見えた。

三　彼の楯と、恐ろしい形相で〃うなずいている〃――人びとはそう形容する――兜であるが、わたしにはこれらはトロイア人に向けられているように思われる。彼らは彼が結婚しようとしたとき彼を欺いて苦しめたが(4)、彼はそれを思い起こしているのだ。わたし自身はイリオンには与かるものは何もないので、彼のかつての僚友たちよりももっと親しく彼に語りかけるであろう。あなたたちが言うように、たとえ彼がわたしを殺しても、わたしはメムノン(5)やキュクノス(6)の隣に横たわることになる。そして、多分、ヘクトル(7)のように、トロイアはわたしを〃うつろに掘りあげた穴(8)〃に埋葬してくれるであろう」。

彼はこれらのことを親しい仲間の者たちに向かって冗談交じりに言うと、ひとりで墳《つか》に近づいて行った。他の者たちは船に向かった。すでに夕方になっていたからである。

第十二章

アンティステネスと呼ばれる若者

アポロニオスは明け方彼らのもとへ戻って来ると、尋ねて言った。

「パロス人アンティステネスはどこにいるのだ？」

---

(1) この人物はピュロスの王で、トロイア戦争でギリシア軍のもっとも賢明な長老。ホメロス『イリアス』第一歌二四七ほか、同『オデュッセイア』第一歌二八四ほかで頻出。

(2) この人物はカドモスとエウロパの兄弟。ホメロス『イリアス』第九歌一六八ほかで頻出。

(3) この人物はトロイアの王。ホメロス『イリアス』第一歌一九ほか、同『オデュッセイア』第三歌一〇七ほかで頻出。

(4) エウリピデスの悲劇『ヘカベ』二二〇以下は、プリアモスの娘ポリュクセネがアキレスの亡霊に犠牲を捧げたとうたったため、後になってここから、アキレスが彼女と恋に陥ったという話が生まれた。ヘカベ（またはヘクバ）はプリアモスの妻の名。

(5) この人物は曙の女神エオスとプリアモスの兄弟ティトノスの間に生まれた子、神話上のエチオピアの王。トロイエに応援に来てアキレウスに討たれて死ぬが、後ゼウスにより不死を与えられる。

(6) この人物はポセイドンの子で、アキレウスに殺される。オウィディウス『変身譚』第十二巻八三以下によれば、ポセイドンは殺されたキュクノスを白鳥（キュクノス）に変えた。

(7) この人物はプリアモスの長男で、ホメロス『イリアス』第一歌二四二ほかで頻出。

(8)「うつろに掘りあげた穴」（呉茂一訳から）。ホメロス『イリアス』第二十四歌七九七。

この男はイリオンでアポロニオスに同道したが、それ以来すでに七日になる。

アンティステネスが返事をすると、アポロニオスは尋ねて言った。

「お若いの、おまえさんはトロイアと何か関係があるのか？」

彼は答えて言った。

「大ありです。わたしのご先祖さまはトロイア人です」。

アポロニオスは尋ねて言った。

「おまえはプリアモスの係累なのか？」

彼は答えて言った。

「ゼウスに誓って、そうです。ですからわたしは自分を高貴な一族の高貴な生まれの者だと考えております」。

アポロニオスは言った。

「アキレウスはわたしにおまえと一緒にいてはならぬとしたが、彼は正しかったのだ。彼はテッサリア人(1)を訴えるために、わたしに彼らのもとへ使節として行くように命じたが、わたしが彼に他に何か彼のためにすることがあるかと尋ねると、彼はこう言ったのだ。『パロス島出身(2)の青二才をおまえの知恵の道連れとしてならない。なぜなら彼はプリアモスからは遠すぎる子孫であっても、ヘクトル讃歌(3)をやめないからだ』と」。

これを聞くとアンティステネスはしぶしぶとその場を立ち去った。

第十三章

アポロニオス、パラメデスの墓に詣でる

一　日中のことで、陸地から吹きつける風が強くなり、船が出航の準備をしはじめると、他の多く者がその小さな船に押しかけた。彼らはアポロニオスと一緒に航行しようと欲したからである。季節はすでに秋口に入っており、海はいつ荒れるか分からなかった。すべての者は、尊師が嵐や、火や、その他の過酷な災禍に強いと考えて、彼と一緒に船に乗ることを欲し、一緒に航海できるようにと彼に乞うた。船は乗船客で鈴なりの状態だったので、彼はアイアンテイオン[4]辺りに係留していた多くの船の中からより大きな別の船を選んで言った。「さあ、こちらに乗り込もう。より多くの乗船客と一緒に無事に着けば、これほど結構なことはない」と。

二　トロイア岬の突端を過ぎると、アポロニオスは操舵手に、レスボス島[5]の対岸にあるアイオリス地方を

（1）「テッサリア人」のギリシア語はテッタロイ。
（2）この島はエーゲ海南部、キュクラデス諸島の中の中央の島。
（3）この人物は本書第四巻第十一章三に登場。
（4）この場所はトロアドの北の海岸にある港町。
（5）この島はエーゲ海北東部のギリシアの島。一般に、ミュティレネ島とも呼ばれる。

目指し、メテュムナ地方(1)を正面に見てしっかりと錨を降ろすようにと指示した。

アポロニオスは言った。「なぜならば、アキレウスによれば、この辺りのどこかにパラメデス(2)が埋葬されており、そこには高さ一ペーキュス(3)の彼の像がある。もっともそれはパラメデスとしては年老いた容貌であるが」と。

アポロニオスは下船すると言った。

「ギリシアの人たちよ。われわれはすべての知の源であるひとりの立派なお方に関心を払おうではないか。アカイア人が正義などを足蹴にして殺した者を、もしわれわれが、その徳ゆえに、敬意を払うならば、われわれはアカイア人よりも立派な者になるであろう」。
三　乗船客たちが飛び降りて下船しているとき、アポロニオスは墓を探し当て、そのそばに埋まっていた像を見つけた。像の台座には「神なるパラメデスに」と刻まれていた。彼はそれを立て直し——わたし自身もそれを目にしている——、そしてその周囲に聖所の輪郭を、エノディア神(4)を拝する者たちが占める広さ——そこには一〇人くらいの飲み仲間が占める広さがあった——で際立たせると、アポロニオスは次のような祈りを捧げた。「パラメデスよ、あなたがかつてアカイア人の間で抱いた怒りをお忘れください。そして多くの賢い人物を輩出するようにしてください。パラメデスに誓って、言葉の源であるお方に誓って、ムーサイの神々に誓って、わたし自身に誓って」。

第十四章

アポロニオス、オルペウスの聖所に入る

アポロニオスの船はレスボス島に投錨したので、オルペウス(5)の聖所(6)に入った。人びとによれば(7)、オルペウスはこの場所で、アポロン自身の仕事であった託宣を喜んで行なった。人びとは託宣のためにもはやグリュネイオン(8)にも、クラロス(9)にも、またアポロンの三脚台(10)が立つ場所にも足を運ぶことがなかった。オルペウス

(1) ジョーンズ訳の註によれば、小アジアのこの地方にはアイオリス地方出身の者が住み着き、アイオリス方言を使用した。
(2) この人物はトロイア戦争でのギリシア軍総司令官で、アガメムノンの副官。いやがるオデュッセウスを無理矢理出陣させ、そのため恨まれて殺される。
(3) 一ペーキュスは腕尺で四六—五六センチメートル（本書では約四五センチメートルとして換算）。
(4) この神は旅びとの守護神で、その像は道端に建てられた。
(5) この人物はアポロンとカリオペの間の子。
(6)「聖所」のギリシア語表記はアデュトン。ギリシア語の原義は「足を踏み入れてはならない場所」、転じて「もっとも聖なる場所」。
(7)「人びとによれば」のギリシア語はパーシ。もしここに「彼ら一行によれば」の訳語を与えれば、ここでの「彼ら一行」は、アポロニオスの同行者を指すことになる。
(8) この場所は未詳。
(9) この場所は未詳。
(10)「アポロンの三脚台」は一八一頁註（5）参照。

は、頭部(1)がトラキア(2)から運ばれて来たので、ひとりで託宣をしていた。そこで神は託宣をしている彼に現われると言った。「わたしの仕事をするのはやめてほしい。わたしは歌をうたうあなたに我慢に我慢を重ねてきたのだから」。

第十五章

ダミスの不満

一　彼ら一行は、この後、エウボイア島(3)沖の海域を航行した。そこはホメロスにも渡るのが厳しい困難な海原と見えた所であったが(4)、海のうねりは高くなく、その季節としては穏やかに見えた。そこで彼らは、多くの有名な島々に遭遇したので、島々や、航海する者たちにとって適切な船の建造や操舵術を話題にした。しかし、ダミスはある話題に文句をつけ、ある話題を打ち切らせ、あることを問うことさえ同意しなかった。アポロニオスは、彼が別の話題に立ち入ることを望んでいることを知って言った。

「ダミスよ、なぜおまえは問おうとしている事柄に茶々を入れるのだ？　おまえがこれらの話題を拒否するのは、船酔いしているからなのか、それともこの航海で気分がすぐれないからなのか？　見るがよい、海は船に屈して船を前へと送り出している。いったい何が不満なのだ？」

二　ダミスは答えて言った。

「わたしどもには大きな問題があります。それは話題にして当然のものですが、わたしどもは陳腐な古くさいものを話題にしているのです」。

アポロニオスは尋ねて言った。

「おまえに他のことなどどうでもいいと思わせてしまう事柄とはいったい何なのだ?」

彼は答えて言った。

「アポロニオスさま、あなたさまはアキレウスとご一緒されたようですから、(5) わたしどもがまったく知らないことをたくさんお聞きになったのではないでしょうか? しかし、あなたさまはそれらについてはお話しくださいませんし、アキレウスの容貌などについてもわたしどもにお教えくださいません。あなたさまの口の端に上がるのは島々をめぐる航行や造船だけなのです」。

アポロニオスは答えて言った。

「つくり話しているように見えなければ、(6) すべてを話そう」。

(1) ジョーンズ訳の註によれば、オルペウスの頭部はメテュムナの西、レスボス島のアンティッサに埋葬されていた。
(2) この場所はバルカン半島東部の地域。
(3) この場所はエーゲ海西部の島。
(4) ホメロス『オデュッセイア』第三歌一七四―一七九参照。
(5) 「ご一緒されたようですから」。あるいは「話をされたようですから」。
(6) 「つくり話をしているように見えなければ」。テクストでは「駄法螺をふいているように見えなければ」。

第十六章

アポロニオスとアキレウスの間のやりとり

一　他の者もそれを求め、彼の語ろうとすることに耳をそばだてた。

アポロニオスは語りはじめた。

「わたしはオデュッセウスの塹壕(1)を掘りもしなかったし、アキレウスと話をするために羊の血でもって亡霊を呼び出すこともしなかった。わたしはインド人たちが英雄の亡霊に向かって行なうと申し立てるような祈りを捧げてこう言ったのだ。『アキレウスよ、多くの人はあなたが死んだと言っておりますが、わたしはそんな言葉には同意しません。わたしに知を授けたピュタゴラスの死にも、わたしは同意いたしません。もしわたしどもが正しければ、どうかあなたのお姿をわたしどもに現わしてください。もしあなたが今いることを証ししようとわたしの両目をお使いになるのであれば、それは大いに役立つでしょう』と」。

二　アポロニオスはつづけて言った。

「このとき、(2)墳《つか》の近くで短い地震が発生し、背丈が五ペーキュス(3)はある、マントをテッサリア風にまとった若者が姿を現わした。アキレウスは一部の者にはそう映るが、彼は偉そうにはしていなかった。彼は恐ろしく見えたが、次第に打ち解けてきた。ホメロスは彼の美しさについて多くのことを言っているが、それを真に賛美できる者はこれまでいなかったようにわたしには思われる。それは口で言い表わせるものではなく、彼の美しさに近い者によってうたわれるのであればともかく、吟遊詩人の口の端に上がってもすぐに消えてしまう。彼はわたしが言ったように背が高いように見えたが、背丈は伸びつづけていた。二倍に、いやそれ以上に。実際、最後には一二ペーキュス(4)はあるようにわたしには見えた。そしてその美しさはその身長に比例して増し加わった。彼は垂れ髪を切ったことは一度としてなく、スペルケイオス川(5)のために──これは彼が慣れ親しんだ最初の川であった──それを聖なるものとして取っておいたと言った(6)。彼の両頬はこけていた。

三　彼はわたしに語りかけて言った。『わたしはあなたにお会いできて嬉しい。わたしは長い間あなたのような人を必要としておりました。テッサリア人はもう長い間わたしに犠牲(7)を捧げるのを怠っております。わたしは彼らに腹を立てようとは思っておりません。もしそうすれば、彼らはかつて当地のギリシア人たちが滅んだよりももっと確実に滅ぶからです。わたしは彼らに穏やかな助言を与える。しきたりを等閑にしないか、彼ら自身がこの地のトロイア人よりも劣っていることを甘んじて示すか、そのどちらかだ、と。トロイア人はわたしから非常に多くの者を奪われたが、彼らはわたしのために犠牲を公費で捧げ、季節の果実の

(1)「塹壕」のギリシア語表記はボトロス。あるいは「穴」。
(2)「このとき」。あるいは「これらのこと[を話している]」とき」。
(3) 五ペーキュスは約二メートル二五センチメートル。
(4) 一二ペーキュスは約五メートル四〇センチメートル。
(5) この川はギリシア本土の中央部を流れる。
(6) ホメロス『イリアス』第二十三歌一三七以下とそこでの呉茂一の註参照。
(7)「犠牲」のギリシア語表記はタ・エナギスマタ。これは死者に捧げる犠牲を指す。

初生《はつな》りをわたしに与え、そしてオリーブの枝を手にして休戦を求める。わたしがそれを与えることはない。彼らがわたしにたいしてなした欺き(1)は、イリオンにその昔日の外観を取り戻すことを決して許しはせず、また多くの破壊された町々が達成した絶頂期を取り戻すことを許さない。たとえ昨日捕らわれたとしても、彼らにとってはそこしか住む所はない。わたしがテッサリア人を似たような状態にまで零落させないためにも、わたしの言葉を彼らの評議会に伝えてほしい』と。

四　わたしは、伝える、と答えた。この伝言の目的が、彼らを滅ぼさないことにあったからだ。しかし、わたしは『アキレウスよ、あなたに尋ねたいことがある』と言った。彼は答えて言った。『分かった。明らかだ。あなたはトロイア戦争について尋ねようとしている。あなたは五つのことを尋ねてよろしい。あなた自身が欲し、女神モイライ(2)が同意するものだ』と。そこでわたしは最初に、彼が詩人たちが書いているような仕方で(3)埋葬されたかどうかを尋ねた。彼は答えて言った。『わたしは、わたし自身とパトロクロス(4)にとってもっとも快適な仕方で、埋葬されている(5)。われわれ二人は非常に若かったときに出会い(6)、黄金のアンフォラがわれわれ両人をひとつにしているのだ(7)。ムーサイとネレイデス(8)がわたしを悼んでつくったと言われる挽《ばん》歌であるが、なぜムーサイはここに一度もやって来ないのか？　ネレイデスはまだ来てくれるが』と。わたしはこの質問の後、ポリュクセネ(9)は彼の傍らで殺されたのかと尋ねると、彼は言った。『これは真実である。彼女はアカイア人の手で殺されはしなかったが、自らの意思で墳《つか》にやって来ると、上向きにした剣の上に倒れて互いの愛を大いなるものにしたのだ(10)』と。

五　わたしは三つ目の質問を発した。『アキレウスよ、ヘレネ(11)はトロイアにやって来たのか、それともホメロスがこれらの話をでっち上げたのか？』と。彼は答えて言った。『われわれは長い間完全に一杯食わされていた。使節をトロイア人のもとへ送りつづけ、まるで彼女がイリオン［トロイア］にいるかのように、彼女のために戦闘をしたからだ。実際には彼女はエジプトに住んでいたのであり、プロテウス(12)の王家がパリスの手で彼女を誘拐したのだ。(13)われわれはこう確信すると、以後われわれは、ほかならぬトロイアのために戦

(1) 本巻第十章三および二九七頁註(2)参照。
(2) この女神（複数形）は、本書第五巻で頻出。
(3)「詩人たちが書いているような仕方で」。あるいは「詩人たちの言葉どおりに」。
(4) この人物はトロイア戦争でヘクトルに殺されたが、親友のアキレウスがそのあだを討った。
(5) パトロクロスがアキレウスの隣に埋葬されるのを願ったことは、ホメロス『イリアス』第二十三歌八一以下参照。
(6) アキレウスとパトロクロスの最初の出会いは、ホメロス『イリアス』第一歌三三三以下参照。
(7) ホメロス『イリアス』第二十三歌二三五以下によれば、パトロクロスの遺骨は黄金の容器の中に納められた。同書第二十三歌八一によれば、パトロクロスの亡霊はアキレウスに、自分の骨を彼の骨から離さずに一緒に置いてくれるよう願っている。
(8) この者たちは海神ネレウスの娘たちを指す。ホメロス『イリアス』第十八歌三七以下参照。
(9) この人物はトロイア王プリアモスとヘカベの間の娘。
(10) エウリピデス『ヘカベ』二二〇以下は、彼女がアキレウスの霊を宥めるために犠牲として捧げられたとしており、そこからアキレウスは生前ポリュクセネを愛していたとする話が生まれたらしい。
(11) この人物はゼウスとレーダーの間に生まれた美女で、メネラオスの妻。トロイアのパリスに誘拐されたのがもとでトロイア戦争が起こる。ホメロス『イリアス』第一歌一六一ほかで頻出。本書第十一章三をも参照。
(12) この人物はエジプトの王。
(13) ヘロドトス『歴史』第二巻一一三―一二〇は、エジプト版ヘレネの物語を伝える。

った。屈辱の中で転々としないためだった』と。わたしは敢えて四つ目の質問も試みて言った。『ギリシアは多くの偉大な英雄を輩出しましたが、わたしはそれに驚いております。ホメロスがトロイアを相手に隊伍を組ませるのに匹敵します』と。アキレウスは答えて言った。『バルバロイがわれわれよりもはるかに劣っているわけでもなかった。全地は徳に満ちあふれていた(1)』と。

六　わたしの五つ目の問いはこれだった。『ホメロスがパラメデスを知らなかったとはどういうことでしょう。彼はあなた方についての物語からパラメデスを取り除いているのでしょうか？(2)』彼は答えて言った。『もしパラメデスがトロイアにやって来なかったら、トロイアも存在しなかったことになる。しかしあのもっとも賢明で、もっとも戦闘的な男はオデュッセウスの奸計によって殺されたので、ホメロスは彼を作品の中に入れなかったのだ(3)。人びとがオデュッセウスの恥ずべき行状を賛美しないために』と。ついでアキレウスはパラメデスを、もっとも偉大で、もっとも美男で、もっとも高貴で、もっとも勇敢で、中庸においてすべての者を凌駕し、ムーサイに多くの貢献をした人物だったと悼んで、言った。『汝アポロニオスよ、賢い者は賢い者に引かれるので、彼の墓の世話をし、簡単に引き倒されてしまったパラメデスの像を建て直すのだ。彼はレスボス島(4)のメテュムナ(5)の対岸にあるアイオリスの地に葬られている』と。これらのことを言うと、そして最後にパロスからの若者について語ると、彼は一瞬にして姿を消した。そのとき雄鶏がすでに鳴きはじめていた」。

以上は、船上での話である。

第十七章

アポロニオスの一行、ペイライエウス港に入港

アポロニオスの船がペイライエウス港(6)に入港したのは秘儀(7)の執り行なわれる時期で、アテナイはギリシアの中でもっとも人口が膨れ上がる町となる。彼は船から降りると一目散に町へ向かった。彼は進むにしたがい、パレロン港(8)の方へ降りて来る大勢の哲学の学徒に出会った。ある者は自分の肌を焼くために裸で――アテナイでは秋の終わりは晴れ間の日が多い――、ある者は本から多くのことを熱心に学びとろうとし、ある者は弁がたつように練習しており、ある者は議論し合っていた。彼らの中のだれひとりとしてアポロニオスの傍らを黙って通り過ぎることはなく、すべての者が、彼がアポロニオスであることを認めると振り返り、

---

(1)「全地は徳に満ちあふれていた」。あるいは「全地は徳の花盛りだった」。
(2)この人物は本書第三巻第二十二章二ほかに登場。
(3)「入れなかったのだ」のギリシア語はウーク・エ(イ)スアゲタイ。ここでの時制は歴史的現在。
(4)この島は本書第四巻第十三章二ほかに登場。
(5)この場所は未詳。
(6)この場所はアテナイ(アテネ)の南西四マイルに位置する港町。一般にはピレウスの名で知られる。
(7)「秘儀」のギリシア語表記はミュステーリア。アテナイとエレウシスの秘儀が有名。
(8)この港はピレウスの東に位置する。ヘロドトス『歴史』第五巻六三ほかに登場。

喜々として挨拶をした。一〇人の若者も同じようにして彼に出くわすと、アクロポリス(1)を指さして、言った。「あちらの女神アテナ(2)に誓って申し上げます。われわれはイオニアのあなたさまの所へ船で行くためペイライエウス港にやって来たばかりなのです」と。アポロニオスは彼らの言葉を受け入れ、哲学をする彼らを祝福すると言った。

第十八章

アポロニオス、エピダウロスの祭儀に参加する

その日はエピダウロスの祭典(3)の日だった。エピダウロスの祭典では、予告(4)と犠牲の献げ物の後、次の犠牲のときに秘儀に与らせるが、それはアテナイ人のための習慣だった(5)。彼らはアスクレピオス以後(6)これを慣例としたが、それは彼らが、エピダウロスから遅く到着して秘儀に間に合わなかった彼に秘儀に与らせたからである。しかし多くの者は、アポロニオスに気を取られて、秘儀などどうでもよくなったが、彼らは秘儀に与って劇場を去るよりももっと興奮した。アポロニオスは彼らに、後刻会う約束をしたが、今は儀式に与るようにと勧めた。彼自身も秘儀に与ろうとしていたのである。ところが秘儀の導師(7)は、自分はまやかしの秘儀を執り行なうことはできないし、ダイモーンが関わる秘儀(8)で不浄な人物にエレウシスを開放するわけにはいかないと言って、秘儀を執り行なおうとはしなかった。

二　アポロニオスは、こう言われたからといって、自らを卑下することはなく、次のように言った。

「あなたはまだわたしがこうむる最大の非難を口にはしておられませんぞ。もしわたしがあなた以上にこの儀式のことを知っていたらどうなるでしょうか？　もしわたしがわたしよりも賢い者によって秘儀を授けられるかのようにしてここにやって来ていたらどうなるでしょう？」

その場にいた者たちは、アポロニオスが秘儀の導師に敢然として言い返してくれたと拍手喝采すると、秘儀の導師はアポロニオスを除外することで自分が多くの者に不快感を与えているのを見て取り、声色を変えて言った。「秘儀にお与りください。あなたは賢いお方としてこちらにお越しになったようにお見受けいたします」と。これにたいしてアポロニオスは言った。「秘儀には別の機会に与りましょう。何某が秘儀を授

(1)この場所はアテナイの城丘。

(2)この人物はゼウスの娘で、オリュンポスの十二神のひとり。

(3)「エピダウロスの祭典」のギリシア語表記はタ・エピダウリア。エピダウロスはアルゴリス地方にあった都市で、アスクレピオスの神殿の所在地として有名。

(4)「予告」のギリシア語表記はプロレーシス。具体的に何を指すのかは不明。

(5)ジョーンズ訳の解説によれば、エピダウロスの祭儀は、大秘儀の最初の方に参加できなった者たちのために、大秘儀がすでにはじまっているときにもたれた。

(6)「アスクレピオス以後」。テクストでは「アスクレピオスのために」。

(7)「秘儀の導師」のギリシア語表記はヒエロパンテース。導師は終身職で大きな敬意を払われ、秘儀に与る者にその秘密を解き明かすことができた。

(8)「ダイモーンが関わる秘儀」のギリシア語表記はタ・ダイモニア。その他の訳語がいくつか考えられる。

けてくれます」と。アポロニオスは、彼の後任となる導師をお見通しの上でこう言ったが、その人物は四年後に聖所をあずかることになった(1)。

第十九章

アポロニオス、アテナイで講話をする

ダミスによれば、尊師はアテナイで数多くの講話をしたが、彼自身はそれらすべてではなく、崇高な演題で重要なものだけを書き留めたそうである。アポロニオスは、アテナイ人が犠牲を好んで捧げることを知ると、献げ物について、それぞれの神にふさわしい仕方で、昼や夜のいつ犠牲を捧げ、御神酒《おみき》を献げ、祈りを捧げるかについて話をした。アポロニオスの本を手にすれば、彼はこれらのことを自分自身の言葉で教えている(2)。

アポロニオスはこれらの講話をアテナイで行なった。それは彼自身の知恵と彼らアテナイ人の知恵を示すためであったが、秘儀の導師が吐いた冒瀆的で無知な言葉を咎めるためでもあった。以後いったいだれが、神々に仕える仕方について哲学的な考察をした男を「ダイモーンが関わる秘儀で清くはない」などと考えることができようか？

第二十章

怨霊に取り憑かれた若者

一　あるときアポロニオスが御神酒《おみき》の注ぎ方について話をしたが、その講話にはひとりの若者が出席していた。彼は、かつて荷車の歌(3)でうたわれたこともある、非常にふしだらな男と見なされたにやけた若者だった。彼はケルキュラ島(4)出身で、パイアキア島(5)でオデュッセウスを客人としてもてなしたアルキノオス(6)の子孫であると申し立てた。アポロニオスはそのとき御神酒の注ぎ方について説明し、それに使う杯から直接飲むことはせず、神々のためにそれを別にしておき人間の唇が触れて汚されたりしてはならないと助言していた。

---

(1) 本書第五巻第十九章一参照。
(2) 本書第三巻第四十一章参照。
(3) ジョーンズ訳の註によれば、エレウシスの秘儀では、「荷車」は当意即妙のみだらな言葉のやりとりの場として利用された。
(4) この島はギリシア北西海岸沖、イオニア諸島のひとつ。一般にコルキュラ島の名で知られている。
(5) この島はスケリアの島としても知られているが、その場所は未詳。
(6) この人物はナウシトオスの子で（ホメロス『オデュッセイア』第七歌六三）、パイエケス人の王（『オデュッセイア』第六歌一二）。オデュッセウスがアルキノオスの客人としてもてなされた記事は、ホメロス『オデュッセイア』第八歌一以下参照。

彼はまた、杯には把手《とって》がなければならぬこと、その把手を手に――人間は把手を手にして飲む(1)ことなどまずしない――御神酒を注ぐようにと助言した。若者はその説明にゲラゲラと笑いこけながら応じた。アポロニオスは彼を見やりながら、「これらの侮辱を口にしているのはおまえではなくて、おまえの知らないところでおまえを駆り立てている悪霊(2)である」と言った。

二　実際、若者はいつの間にか悪霊に知らずして取り憑かれていた。彼は他のだれもが笑わないことをゲラゲラと笑ったり、これといった理由もないのに突然泣き出したり、また自分自身に向かって語りかけたり、うたったりした。多くの人は、彼が若さの葛藤からこうした奇矯な行動に出るのだと考えた。彼は悪霊の言いなりになっていたが、一見すると、悪ふざけをしているように見えた。アポロニオスが悪霊をにらみつけると、生きながらにして焼かれるか、拷問にかけられている者のように、それは恐怖でうわずった声を上げ、今後若者から遠ざかりどんな人間の中にも入り込まないと誓った。しかしアポロニオスは、さまざまな悪事を働く恥知らずの家僕に向かって命じる怒れる主人のようにしてそれに向かって語りかけ、若者から離れる証拠となるものを出すようそれに命じた。それは、王家の列柱廊(3)――ここでこれらの出来事が起こっていた――の周囲にある像のひとつを指して、「わたしはあの像を打ち倒してみせる」と言った。

三　像が最初に少しばかり動き、次に倒れると、人びとはこの出来事に歓声を上げ、驚きのあまり手を叩いたが、この様子を書き記すことなどはだれにもできるものではない。若者は、まるで眠りから覚めたかのようにして、目をこすり、太陽光線を見、それまで自分を睨《にら》みつけていたすべての者の敬意の念を勝ち得たのである。彼は以後ふしだらな生活とは訣別したようで、視点が定まらなくなることもなかった。薬物による治療を受けていたとしてもそれ以上に悪くなることはなく、本来の自分に立ち戻った。彼は肩マントや、外衣、そしてその他のシュバリス風の服(4)を脱ぎ捨てると、乏しきこと(5)やすり切れたぼろ着(6)に飛びつき(7)、アポロニオスの服装の習慣にならった。

第二十一章

アポロニオス、アテナイ人を非難する

一　アポロニオスは、アンテステリオン(8)の時期に祝われるディオニュソスの祭典(9)のことでアテナイ人を非

---

(1)「把手を手にして」。テクストでは「その部分から」。
(2)「悪霊」のギリシア語表記はダイモーン。
(3)ジョーンズ訳の註によれば、この場所はアゴラの北西に位置した。
(4)「シュバリス風の服」のギリシア語表記はシュバリス。シュバリスはイタリア南部にあったギリシアの都市。通商活動で栄え、富と贅沢で有名。
(5)「乏しきこと」のギリシア語表記はアウクモス。これは哲学者の生活態度を示す用語。
(6)「すり切れたぼろ着」のギリシア語表記はトリボーン。これは哲学者がまとうぼろ着を指す。
(7)「飛びつき」のギリシア語はエイス・エロータ・エールテン。テクストの直訳は「エロースへと向かった」、「エロースを覚えるにいたった」。
(8)「アンテステリオン」はアッティカ暦の第八の月、二月の終わりから三月のはじめ。
(9)「ディオニュソスの祭典」のギリシア語表記はディオニューシア。これはディオニュソスを祝った乱飲乱舞と演劇の祭礼。

難したと言われる。彼は人びとが、独りでうたう歌や竪琴とうたう歌、合唱の歌[1]、喜劇[2]や悲劇[3]の独特な韻律などを聴くために足繁く劇場に通うと想像していた。しかし彼らが笛の音に合わせてしなやかに踊っていて、オルペウス[4]（図版）の叙事的な詩[5]と宗教的な詩[6]の合間では、ホーライ[7]や、ニュンパイ[8]、バッカイ[9]になって踊っていると聞くと[10]、彼はこれらすべてを非難して言った。

「今埋葬されているサラミス[11]の男や、他の多くの立派な兵士の踊りはやめるのだ。もしこれがスパルタの踊りであれば、天晴れなのは兵士だ。なぜならば、あなた方は戦いの訓練をしているからだ。わたしも一緒に踊ろう。しかしもしこれが軟弱に導く女々しい踊りであれば、わたしはあなた方の戦勝記念碑について何と言うべきなのか？　もしあなた方がこれらを立てた者よりも劣っているならば、これらはメディア人[12]やペルシア人[13]にたいしてではなく、あなた方にたいする勝利を記念して立てられたものになる」。

二　アポロニオスはつづけた。

「これらのサフラン色や、紫、深紅色に染めた外衣だが、あなた方はどこで手に入れたのだ？[14]　アカルナエ市区[15]の者はこうした仕方では服を着ないし、コロノス市区[16]の者もこうした仕方で服を着て馬に乗ることもない。

なぜわたしがこうしたことを言うのか？

ある女艦長[17]が、クセルクセス[18]と一緒に、カリア[19]からあなた方に向かっ

「トラキアの兵士たちに竪琴を
聞かせるオルペウス」
前５世紀の壺絵

(1)「合唱の歌」のギリシア語表記はパラバシス。これはギリシアの演劇、とくに喜劇において観客に向かってうたわれた合唱歌。通常、劇の動きとは無関係。
(2)「喜劇」のギリシア語表記はコーモーディアー。
(3)「悲劇」のギリシア語表記はトラゴーディアー。
(4)この人物は本書第一巻第二十五章二、第四巻第十四章に登場。
(5)「叙事的な詩」のギリシア語表記はエポポイイアー。
(6)「宗教的な詩」のギリシア語表記はテオロギアー。
(7)「ホーライ」は女性形、複数形。
(8)これ(女性形、複数形)は海、川、森、山の精霊で、美しい乙女の姿のニンフを指す。
(9)「バッカイ」は女性形、複数形。
(10)ジョーンズ訳の註によると、この機会では踊り手は異性の服を着たりした。
(11)この島はアテナイの西方に位置する。
(12)「メディア人」のギリシア語表記はメードイ。メディア人は現在のイランの北西部にあった古代王国メディアの住民を指す。約三〇〇年間栄え、前五四九年にアケメネス朝ペルシアに滅ぼされた。
(13)「ペルシア人」のギリシア語表記はペルサイ。
(14)「あなた方はどこで手に入れたのだ?」テクストでは「どこからあなた方のもとに?」
(15)この市区のギリシア語表記はアカルナイ。この市区はアッティカの行政区で、優秀な戦士を輩出したことで知られる。
(16)この市もアッティカの行政区で、優秀な戦士を輩出したことで知られる。
(17)この女性艦長の名はアルテミシア。彼女についてはヘロドトス『歴史』第七巻九九、第八巻六八以下参照。なお、ヘロドトス『歴史』第七巻九九に「その他の将領たちの名は、……ここに挙げないが、ただ女の身でありながらギリシア遠征に参加し私の賛嘆おく能わざるアルテミシアには触れなければならない。この女は……もって生まれた豪気勇武の気象から遠征に加わったのである。……」(松平千秋訳)とある。
(18)この人物は、アケメネス朝ペルシアのクセルクセス一世(前五一九―四六五年)を指す。ヘロドトス『歴史』第八巻六九、八八を参照。
(19)この場所は小アジアの南西部の地域。

て遠征した。彼女には女らしいところは何もなかった。彼女は男の服をまとい武器を携帯していた。他方あなた方は、クセルクセスの女たちよりも覇気がなく(1)、ただ破れるために遠征した(2)、年老いた者、若者、エペボイ(3)が。これらの者はかつてアグラウロスの杜(4)に行き、祖国のために武器を執り死ぬことを誓ったが(5)、彼らはおそらく今では、祖国のために大酒飲みになると誓い(6)、兜を着用するのではなくてテュルソスの杖(7)を手に持ち、エウリピデス(8)が言うように〃女のような姿で(9)〃恥も外聞もなく自分を人目にさらしているのである」。

三 アポロニオスはさらにつづけた。

「聞くところによると、あなた方は風になれるそうだ。あなた方は薄手の服の裾をなびかせ膨らませているそうだ。ならば少なくともあなた方は風をありがたいと思わねばならない。風はあなた方の同盟者であり、あなた方のために大きく吹いてくれるからだ。あなた方は、あなた方に親しい、すべての風の中でもっとも男らしいボレアス(10)を女に変えてはならない。ボレアスは、もしオレイテュイア(11)が踊っているのを見たならば、彼女の愛人にはならなかったであろう」。

第二十二章

アポロニオス、アテナイの慣習を正す

一 アポロニオスはまた、アテナイの別の慣習を正した。アテナイ人はアクロポリスの下の見世物の場所(12)に出かけて行っては(13)、人間同士の殺し合いに夢中になっていたが、そこは当時、現在のコリントス(14)よりも人

(1) ヘロドトス『歴史』第八巻八八はクセルクセスの言葉として、「わが軍の男はみな女となり、女が男になったのじゃな」(松平千秋訳)を伝えている。
(2)「破れるために遠征した」。テクストでは「あなた方自身に向かって遠征した」。
(3)「エペボイ」のギリシア語表記はト・エペービコン。エペボイはアテナイの正式な市民になるために軍事訓練などを受けはじめた一八—二〇歳の若者を指す。
(4) この杜は、ヘロドトス『歴史』第八巻五三参照。なお前掲箇所に施した松平千秋の註によれば、この杜は「アクロポリスの北壁にあるいくつかの洞窟のひとつにあった」。
(5)「祖国のために武器を執り死ぬことを誓ったが」。テクストの語順「祖国のために死に武器を執ることを誓ったが」を改める。
(6)「大酒飲みになる」。あるいは「バッコスの信奉者になる」。
(7) これは、頭に松かさをつけ、ときにツタやぶどうの葉を巻き付けた酒神バッコス(ディオニュソス)やその信奉者たちのもつ杖を指す。
(8) エウリピデス(前四八〇—四〇六年)はギリシアの三大悲劇詩人のひとり。
(9) エウリピデス『バッコスの信女』九八〇参照。
(10)「ボレアス」は北風を指す。冠詞は男性形を取る。
(11) ヘロドトス『歴史』第七巻一八九に「ギリシア人の伝説によれば、北風(ボレアス)はエレクテウスの娘オレイテュイアというアッティカの女であったという。こうした姻戚関係があるというので、アテナイ人は北風こそ自分たちの義兄弟であると推量して……」とあり、松平千秋訳の註に「エレクテウスはアテナイの祖であり、アテナイ人は自らを『エレクテウスの子』と称した。したがってエレクテウスの娘婿である『北風(ボレアス)』は彼らの義兄弟に当たるというのである」とある。
(12)「見世物の場所」のギリシア語表記はテアートロン。あるいは「劇場」。
(13)「出かけて行っては」。テクストでは「集まると」。
(14) この場所は、ギリシアの南部、ペロポンネソス半島北東部の港町。

気のある場所だった(1)。彼らは多額の金を払って不倫した男や、ぽん引き、押し入り強盗、掏摸《すり》、奴隷商人、その他その種の者を集めると、彼らに武器をもたせ、互いに戦うよう命じた。アポロニオスはこれをも問題にした。そしてアテナイ人が彼を民会に招く(2)と、彼は言った。「わたしは不浄で血糊《ちのり》でいっぱいの場所に入って行くことはできない」と。

二 アポロニオスは以上のことを書簡の中で述べた上で、こう付け加えている。

あなた方が女神(3)のためにこんな不浄な血を流しているのに、彼女がまだアクロポリスを見捨てていないことにわたしは驚いております。わたしには、あなた方が全アテナ祭(4)を祝うときには女神にもはや雄牛を犠牲に献げず、人間のヘカトンベー(5)を献げているように思われます。そして、汝ディオニュソスよ、汝はこれほど血で汚されていても、見世物の場所に来られるのですか？　あの賢明なアテナイ人はここでもあなたに御神酒を注ぐのでしょうか？　ディオニュソスよ、あなたもここをお去りください。キタイロン山(6)の方が汚れてはおりません。

以上は、わたしが見いだした、アテナイの慣習についてその折り大まじめで議論されたものである。

第二十三章

アポロニオス、ピュライアでの例会に出席する

アポロニオスはまた、ピュライア(7)での例会(8)があるときには、アキレウスの名代でテッサリア人(9)のもとへ出かけた(10)。テッサリア人は、その会議で隣保同盟の仕事(11)をしたが、彼らはアポロニオスの発言にうながされて

(1) ローマ時代のコリントは剣闘技がとくに盛んだったことで知られる。
(2)「民会」のギリシア語表記はエックレーシアー。民会のような集まりはしばしばこのような見世物の行なわれる場所で開催された。
(3)「女神」のギリシア語表記はヘー・テオス。ここでの女神はアテナを指す。
(4)「全アテナ祭」のギリシア語表記はパナテーナイア。この祭は毎年行なわれ、四年毎に大祭典が執り行なわれた。
(5)「人間のヘカトンベー」は、この場所で開催される剣闘技で倒れる者を指している。ヘカトンベーは本書第一巻第一章一に登場。
(6) ジョーンズ訳の註によれば、この山はアッティカとメガリドの間に位置する。
(7) この場所はテルモピレ、あるいはテルモピュライアの名でも知られた。この場所はギリシア東部、オエテの絶壁とラミア湾の間にある山道で、ペルシアの進軍を食い止めるためにレオニダス王以下三〇〇のスパルタの軍勢が全滅した地(ヘロドトス『歴史』第八巻七一)。なお松平千秋訳の同書三六三頁に挿入された地図を参照。
(8)「ピュライアでの例会」は、ヘロドトス『歴史』第七巻二一三に見られる。
(9)「テッサリア人」のギリシア語表記はテッタロイ。この場所はギリシア東部の一地方。
(10) 隣保同盟(次註)の例会は定期的にピュライア(テルモピュライア)で開催された。ここでアポロニオスがそれに出席したとするのはナンセンス。
(11)「隣保同盟の仕事」のギリシア語表記はタ・アンピクテュオニカ。この同盟は相互防衛と共通の神の崇拝(とくにデルポイのアポロン神殿)を中心に結んだいくつかの都市国家の同盟を指す投票し、あの墓にしかるべき敬意を払わせた。彼は、実際、その英雄への畏敬の念から〝スパルタ市民[1]〟レオニダス[2]の楯[3]を抱擁した。彼はその上でスパルタ人たち[4]が矢の雨の降る中で埋葬されたと言われる塚の上に来ると、おしゃべり仲間の者たちがギリシアで一番高い場所はどこかに関して議論しているのを耳にした──これが話題になったのは明らかに視界に入ってきたオイテ山[5]（図版）のためだった。

アポロニオスは峰に登ると言った。

「わたし自身はここが一番高いと考えている。自由のためにここで死んだ者たちはそこをオイテ山と張り合うものにし、オリュンポス山[6]（図版）と称される多くの山よりも高いものにした。わたしはこれらの英雄たちに敬意を払うが、アカルナニア人[7]メギスティアス[8]にはこの者たちよりも敬意を払う。彼は彼らがこうむることになる災禍を知っていたが、死を恐れることなく、その災禍をこのような英雄たちと分かち合おうとしたからである」[9]。

オイテ山

オリュンポス山

（1）「スパルタ市民」のギリシア語表記はスパルティアートゥー（→スパルティアーテース）。このギリシア語はスパルタの支配階級の一員を指す言葉。
（2）この人物は、スパルタの王（前四八九頃─四八〇年）。ヘロドトス『歴史』第五巻四一ほか頻出。
（3）「楯」のギリシア語表記はセーマ。ここでのセーマには「墓」の意もあるが、前行の「墓」（タポー→タポス）とは明らかに異なっており、しかもここでは対格形のセーマに修飾する動詞（ペリエバレン→ペリバッロー）の通常の意味は「抱擁する」であり、意味が取りにくくなる。ジョーンズ訳は「彼はレオニダスの墓を抱擁した」と訳すが、ここではこれは参考にしない。
（4）「スパルタ人たち」のギリシア語表記はラケダイモニオイ。前出の「スパルタ市民」と表記が異なることに注意。
（5）この山は、ヘロドトス『歴史』第七巻一七六、二一七に登場する。
（6）この山はギリシアの最高峰の山として知られる（高さ二九一七メートル）。
（7）この場所は一般にアカナニアとも呼ばれる。ギリシア中西部の沿岸地方。
（8）この人物は通常「占者メギスティアス」と呼ばれるが、ヘロドトス『歴史』第七巻二一九、二二一、二二八参照。
（9）ヘロドトス『歴史』第七巻二二一参照。なお同書第七巻二二八に見られるこの人物を顕彰した墓碑銘に次のようにある。「これなるはそのかみスペルケイオスの流れを越えて攻め寄せしメディアびとらの手に果てし、名も高きメギスティアスの墓なるぞ。死のさだめ身に迫るをば知りつつも、スパルタのつわものどもを見殺しに敢えてせざりし陰陽師」（松平千秋訳）。

第二十四章

アポロニオス、ギリシアの聖所を訪ねる

一　アポロニオスはまた、ドドネや、(1)デルポイ、アバイ(2)などにあるギリシアの聖所すべてを訪ね、アンピアラオス(3)の聖所(4)やトロポニオス(5)の聖所(6)に歩いて行き、ヘリコン山(7)を登ってムセイオン(8)を訪ねた。彼が聖所を訪ねそこを修復するときには、祭司たちが同道し、彼の知り合いの者たちが同行した。そのときには言葉の杯(9)があり、乾いた者たちはそれを自分のもとに引き寄せた。

そのときはオリュンピアの祭典の時期で、エレイア人(10)は彼に祭典に参加するよう使節を送って呼びかけたが、アポロニオスは言った。「もしあなた方が自分の意思でここにやって来た者たちにたいし使節を送って呼びかける必要があれば、わたしにはあなた方がオリュンピアの祭典の評判を貶めているように見えるのだが」と。

イストモス開鑿についてのアポロニオスの託宣

二　アポロニオスがイストモス(11)に滞在しているとき、海鳴りがレカイオン沖(12)で起こったことがある。それを聞いて彼は、「この土地の〝首(13)〟は切断されるか、そのままにされておくかだ」と言った。

これはそれからしばらくして行なわれたイストモスの開鑿《かいさく》についての託宣(14)だった。ネロ(15)は七年後にこの開鑿を思いついたが、それは彼が帝都［ローマ］を離れてギリシアに入り、イストモスの祭典(16)では勝利していた

（1）この場所は一般にドドナの名で知られる、ギリシア北西部、アドリア海に面するエペイロスのあったゼウスの神託所。ホメロス『オデュッセイア』第十四歌三二七に付した高津春繁の註参照。
（2）この場所はギリシアのコリントス湾北方に位置したポキスの町。
（3）この人物は、戦いに出れば命がないことを予言で知りながらもテバイ遠征七勇士に加わり、大地に飲み込まれて姿を消した勇士。ホメロス『オデュッセイア』第十五歌二四四、二五三にその名が見えるが、そこでの高津春繁の訳註（四二三頁）参照。この英雄は癒しの神・予知の神と見なされて崇拝の対象とされ、アスクレピオスと結びついた。
（4）この聖所は「オロプスのアンピアレイオン」として知られた。
（5）この人物はデルポイの託宣にもとづいてアポロンの神殿を建てた。
（6）この聖所はボイオティアのレバデアの町にあった。パウサニアス『ギリシア記』第九巻三九－二参照。
（7）この山はギリシア中東部ボイオティアの山（高さ一七五〇メートル）で、アポロンとムーサイが住むと考えられた。
（8）この場所はムーサイを祭った神殿を指す。

（9）「言葉の杯」のギリシア語表記はロゴーン・クラーテーレス。「言葉［議論］の混酒瓶」の訳語を与えることも可能。
（10）「エレイア人」のギリシア語表記はエーレイオイ。エレイア（またはエリア）は、ギリシア南西部の行政区。
（11）ここでのイストモスは固有名詞として使用されていると理解する。なお「地峡」を意味するそのギリシア語は「首」をも含意する。後註参照。
（12）この場所はコリントス湾に面した町で、現代のコリントの近くに位置する。
（13）「首」のギリシア語表記はアウケーンで、地峡を指す。先行する地名「イストモス」は、コリントス湾とサロニコス湾の間の（コリントスの）地峡を意味するが、その地峡にも「首」が含意される。
（14）「託宣」のギリシア語表記はプロレーシス。ジョーンズ訳では「予言」の訳語を与える。なお、次節ではロギオンという語が使用されている。
（15）この人物はローマ皇帝ネロ（在位後五四－六八年）を指す。ギリシア語表記ではネローン。
（16）この祭典は海神ポセイドンに捧げられたもので、コリントスで開催された。この祭典の起源に関してさまざまな伝説がある。

が、オリュンピアとピュティアの祭典の布告部門にエントリーしようとしていたときのことである。(1) 彼の勝利は竪琴の演奏部門と布告部門であり、また彼はオリュンピアで悲劇部門で勝利していた。彼はそのころイストモスでその開鑿事業に着手したと言われる(図版)。そこを航行可能にし、エーゲ海(2)をアドリア海(3)と結ぶためだった。それが可能となれば、必ずしもすべての船がマレア岬(4)(図版)を回らなくてすみ、大半の船は運河を通って航行し、迂回する分だけの行程を短縮することが可能になるのだった。

アポロニオスの託宣の成就とは?

三　開鑿はレカイオンからはじまり、掘りつづけて約四スタディオン(5)進んだ。しかしネロは開鑿を中断した。その理由は、彼のために二つの海を調べていたエジプト人たちが、レカイオン沖の海が氾濫しアイギナ島(6)を埋没させると言ったためか、ネロが自分の統治への反乱を恐れたからである。これが「イストモスは切断されるが切断されない」と言ったアポロニオスの託宣の意味だった。

コリントス地峡の運河

マレア岬

第二十五章

アポロニオス、エンプーサの正体を暴く

一　当時、コリントスではデメトリオス(7)が哲学的な講話をしていた。彼は犬儒派の力をすべて身につけていた。彼は後になってパボリノス(8)が自身の講話の多くで相当の敬意を払って触れた男である。ソクラテスの知恵がアンティステネス(9)に影響を与えたと言われるように、アポロニオスも彼に同じような影響を与えた。彼はアポロニオスにしたがい、熱心に学び、彼の講話に熱心に耳を傾け、彼の学徒の中の優れた者の教育をア

(1) ネロ帝は六六年の後半から六八年の前半にかけてギリシアを巡察したが、そのとき彼は四つの競技会に参加している。
(2)「エーゲ海」のギリシア語表記はホ・アイガイオス。
(3)「アドリア海」のギリシア語表記はホ・アドリアス。
(4) この岬はギリシアのペロポンネソス半島の南東にある岬のひとつ。
(5) 四スタディオンは約七四〇メートル。
(6) この島はサロニコス湾にある。
(7) この人物はガイウス帝、ネロ帝、ウェスパシアヌス帝のローマで知られた犬儒派の哲学者であるが、ネロ帝の六六年にギリシアに追放されたが、ウェスパシアヌス帝のときにローマへの帰還が許された。
(8) この人物はドミティアヌス帝治世のはじめ頃にアルルで生まれた修辞学者、哲学者。ローマでハドリアヌス帝の文人サークルに加わる。その著作のうち三〇の書名は知られている。
(9) このアンティステネス（前四四五－三六〇年）は、クセノポン『饗宴』八-四および『メモラビリア』第三巻一一-一七によれば、ソクラテスのもっとも献身的な弟子のひとりで、ディオゲネス・ラエルティオス『哲学者列伝』第一巻一五および第六巻一三によれば、犬儒派の創始者と見なされている。

ポロニオスに託した。その中にはリュキア[1]出身のメニッポスがいた。年齢は二五歳で、すでに十分な学識を身につけ、体つきもがっしりしていた。その姿は堂々としたもので、何ものにも縛られない競技選手に似ていた。

二　多くの人は、メニッポスがある外国の女性[2]に愛されていると考えた。この女性は美しく非常に洗練されているように見えた。彼女は金持ちであると申し立てた。実際はこれらのどれでもなかった。すべてはそのように見えただけであった。

　ある日のことである。メニッポスがケンクレア[3]へ向かう道をひとりで歩いていたところ、怨霊[4]が女の姿で彼に出会った。女は彼の手を掴むと、「わたしはもう長いことあなたに懸想しておりました」と告白した。彼女はフェニキア人[5]で、コリントスの郊外に住んでいると言った。彼女は郊外の名前をひとつ挙げると、言った。「今晩こちらにお越しください。歌をうたって差し上げます。あなたが飲んだことのないような上等な葡萄酒もあります。あなたを邪魔する恋敵はおりません。美しい女性は美しい男性と一緒に暮らすのです」。

三　若者はこの言葉にいかれてしまった。彼は哲学の分野では毅然《きぜん》としていたが、色恋沙汰には弱かった。夕方になると、彼は彼女の家に行き、そしてその後も、彼女が怨霊であることに気づかず、彼女が彼の男友達であるかのように[6]、彼女をしばしば訪ねた。アポロニオスは、彫刻家のように、メニッポスを見詰めて彼を[7]観察した。アポロニオスは彼の人物を判断すると言った。

「おまえは美しい女たちに追いかけられる美しい若者だ。おまえは一匹の蛇を飼っていて、蛇はおまえを飼っている」。

　メニッポスが驚くと、アポロニオスはさらに言った。

「おまえには妻でもない女がいる。[8] なぜなのだ？　おまえは彼女に愛されているとでも思っているのか？」

彼は答えて言った。

「ゼウスに誓って申し上げます。彼女は、愛している女がするようにわたしに接してくれております」。

アポロニオスは尋ねて言った。

「では、彼女と結婚するつもりなのか？」

彼は答えて言った。

「もちろんです。愛してくれる女と結婚するのは喜びだからです」。

そこでアポロニオスは尋ねた。

「結婚式はいつだ？」

彼は答えて言った。

「熱いうちに。多分、明日にでも」。

四　そこでアポロニオスは、結婚の宴の時を待った。彼は翌日やって来たばかりの客人たちに加わると尋

(1) この場所は小アジア南西部の地方で、ローマの属州。
(2) 「女性」のギリシア語はギュナイウー（↓ギュナイオン）。より正確には「小さな女」。
(3) この場所はサロニコス湾の港町。
(4) 「怨霊」のギリシア語はパスマ。
(5) 「フェニキア人」のギリシア語表記はポイニーッサ。
(6) 「彼女が彼の男友達であるかのように」。ここでの怨霊はそもそも男なので、このような表現となる。
(7) 「彼を」。テクストでは「若者を」。
(8) 「妻でもない女がいる」。あるいは「妻にもなれない女がいる」。

ねて言った。

「あなた方が一目見ようと[1]やって来た優美な女性はどこにいるのだ？」

メニッポスは赤くなって立ち上がると言った。

「ここにおります」。

アポロニオスは尋ねて言った。

「銀や金、そしてこの宴の間[2]のその他の飾りだが、これらはお二人のうちのどちらのものだ？」

彼は答えて言った。

「妻のものです」。

彼は自分のすり切れたボロ服を見せながら言った。

「わたしのもっているのはただこれだけです」。

アポロニオスは尋ねて言った。

「あなた方はタンタロス[3]の苑[4]を知っているか？　存在するが存在していないあの苑を」。

彼らは答えて言った。

「もちろん、ホメロスの歌で知っております。まだ黄泉の国には降りて行っておりませんが」。

アポロニオスは言った。

「それこそはこの飾りだと思わねばならない。素材[5]は存在しないが、素材が存在するように見える。あなた方はわたしの言うことを知るがよい。この素晴らしい花嫁はエンプーサ[6]のひとりなのだ。多くの人はこのエンプーサをラミア(7)（図版）やモルモリュケイオン(8)と同一視するが。エンプーサも愛（エロース）を覚え、アプロディテの愛、(9)なかでも人間の肉を貪り、貪り喰いたい相手を捉まえるためにアプロディテの愛を交わすのだ」。

五　女は言った。

「言葉にお気をつけください。(10)そしてここからお立ち去りください」。

彼女は耳にした言葉を呪うべきものであるかのように装った。実際彼女はそのとき哲学者を嘲笑し、彼ら

「ラミア」
Herbert James Draper, 1909年作、所蔵先不明
(web, public domain)

(1)「一目見ようと」。テクストでは「彼女のために」。
(2)「宴の間」。あるいは「男の間」。
(3)この人物は、本書第三巻第二十五章二ほかに登場。
(4)この苑（複数形）は、ホメロス『オデュッセイア』第十一歌五八一以下参照。
(5)「素材」のギリシア語表記はヒューレー。
(6)「エンプーサ」は人を食べる女の怪物。いろいろな姿を取り、青銅のひづめをつけたロバの脚をもつと言われる。本書第二巻第四章参照。
(7)これは男をたぶらかす美女セイレンを指す。ディオドロス『歴史文庫』第二十巻四一参照。
(8)ギリシア神話に登場する妖怪。
(9)「アプロディテの愛」のギリシア語表記はアプロディシオス。人間との性的交わりを指す。
(10)「言葉にお気をつけください」のギリシア語はエウペーメイ。女はここで、アポロドロスが下品な言葉を口にしていると判断している。

はいつも馬鹿なことを口にしていると言った。だが次の瞬間、金の杯も銀の器に見えたものも見せかけのものであり、すべてが視界から消えてしまった。酒をつぐ者や、料理人、給仕らがみな、アポロニオスに告発されて、見えなくなってしまった。そこで怨霊は泣いた振りをし、自分を苦しめたり、自分の正体を告白させたりしないようにと彼に嘆願した。しかしアポロニオスは容赦なく攻めつづけた。そこで彼女はついに自分がエンプーサであり、メニッポスの体を食べるために、喜んで彼を太らせつづけていたと告白した。美しい若い体を食べることは、その血に混じりものがないので必要である、とエンプーサは考えたのである。

六　以上わたしは、必要から、アポロニオスについてのもっともよく知られている話を詳しく語った。多くの人はこの話をギリシアの中心部での出来事であったかのようにして知っているが、それは彼らが、彼がかつてコリントスでラミア(1)の正体を暴いたという大まかな話を聞いているだけだからである。彼らはそれが何をしたかや、アポロニオスがメニッポスのために何をしたかについては何も知らないからである。しかしながらわたしは、ダミスのおかげで、彼の話をもとに語ったのである。

第二十六章

アポロニオスによるバッソス非難について

このころまたアポロニオスは、コリントス出身のバッソス(2)とやりあった。彼は父親殺しで、実際そう見なされそう信じられていた。彼は自らを知恵ある者と偽る弁の立つ男だった。アポロニオスは彼が口汚く罵るので、彼に書簡を送ったり、対論で彼を非難したりした。アポロニオスが父親殺しとして彼について言ったことはすべてが真実であるように思われた。このような立派な尊師が人を貶めるようなことを口にしたり、事実でないことを口にすることはあり得ないからである。

第二十七章

オリュンピアでの尊師の行動は次のものだった。

オリュンピアでの尊師の行動は次のものだった。

アポロニオスがオリュンピアへ上って行ったとき、彼は友誼を求めるスパルタ人[3]使節に出会ったが、彼らにはスパルタ的に見えるものは何もなかった。彼らはリュディア人[4]よりも華美で、どこまでもど派手[5]だった[6]。アポロニオスは、ほっそりとした脚で、顎鬚《あごひげ》をたくわえていないのに、髪の毛には油をたっぷりつけ、柔ら

(1) この怪物は頭と胸は女で、胴体は蛇の姿をしている。子供をおびき寄せてはその血を吸うとされた。

(2) この人物はアポロニオスの論敵であるが、ここでしか知られていない。

(3)「スパルタ人」(複数形)のギリシア語表記はラケダイモニオイ。

(4)「リュディア人」のギリシア語表記はリュードイ。

(5)「ど派手」のギリシア語表記はシュバリス。シュバリスはイタリア南部にあったギリシア人の植民市、通商活動によって栄え、富と贅沢で知られた。

(6)「どこまでもど派手的だった」。あるいは「どこまでもシュバリス的だった」。

かな服をまとった男たちを目にすると、書簡を行政長官たち[1]に送り、彼らが布告を出して、浴場での樹脂の使用の禁止を命じ、脱毛美容師を追い出し、すべてを旧状に戻すようと求めた。この結果、格闘技（図版）の練習所[2]や真剣な勝負事が復活し、簡素な食事[3]が戻ってきた。そのおかげでスパルタ[4]はどこも一様になった。アポロニオスは、彼らが土地の慣習を改めていることを聞くと、オリュンピアから彼らに宛てて書簡を送った。それはスパルタ人のメッセージよりも短い、次のようなものだった。

　アポロニオスから行政長官たちに挨拶を送る。過ちを犯さないことは人間のつとめであるが[5]、過ちに気づくのは高貴な人間のつとめである。

第二十八章

オリュンピアでのアポロニオス（2）

一　オリュンピアでゼウスの神像[6]（図版）を目にすると、アポロニオスは言った。「汝、徳高きゼウスよ、ご挨拶をいたします。汝の徳はかくも高いので、汝は汝自身の徳を人間たちに分け与えておられます」と。彼はまたミ

格闘技

オリュンピアのゼウスの神像を祭った神殿跡

ロン(7)（図版）の青銅製の像(8)とそのポーズについて説明した。ミロンが両足を揃えて円盤の上に立ち、左手で石榴《ざくろ》を掴《つか》み、右手の指は前に突き出すかのように(9)まっすぐに伸ばしているからである。オリュンピアやアルカディアの考証家(10)は、この格闘技選手は戦いで敗れたことがなく、(11)自分が立っている場所から一歩も身を引いたことがないと言っている。彼は石榴を握りしめているが、それ

「クロトンのミロン」
ピエール・プジェ、
1682年ころ作

（1）「行政長官たち」のギリシア語表記はエポロイ（単数形はエポロス）。スパルタでは毎年五人のエポロスが国民によって選出された。
（2）「格闘技の練習所」のギリシア語表記はパライストライ
（3）「簡素な食事」のギリシア語表記はタ・ピリティア。スパルタですべての市民が与ることができた食事。タ・ペイディティアとも呼ばれた。
（4）「スパルタ」のギリシア語表記はへー・ラケダイモーン。
（5）「人間のつとめであるが」。テクストでは「人間に属するものであるが」。
（6）この神像はペイディアス（フィディアス（前五〇〇頃－四三二年頃））が制作したもの。

（7）この人物は前六世紀の南イタリアのギリシア植民市クロトン出身の格闘技選手で、ピュタゴラスの義理の息子にあたる。
（8）パウサニアス『ギリシア記』第六巻一四－五によれば、このミロン像の制作者は彼と同じクロトン出身のダメアス。
（9）「右手の指は前に突き出すかのように」。テクストでは「他方右［手］であるが、その手の指は前に突き出すかのように」。
（10）「考証家」（複数形）のギリシア語表記はロギオイ。あるいは「郷土史家」。
（11）パウサニアス『ギリシア記』第六巻一四－五によれば、彼はオリュンピアの競技で六度優勝し、ピュティアの競技でも六度優勝したとされる。

は彼の握力の強さを象徴している。指と指は、たとえだれかがそのうちの一本を引っ張っても、他から引き離すことなどできなかった。それは指を真っ直ぐに伸ばすと指と指の間には隙間《すきま》が無くなるからだった。(1) そして彼らは、それでもって髪の毛を押さえるヘッドバンド(2)を、自制心の象徴であると考える。

二　アポロニオスは、この説明はよく考え抜かれたものであるが、もっと考え抜かれたものはもっと真実に近いと言った。

「あなた方にミロンの像の説明が分かるようにと、クロトン人はこの格闘技選手を女神ヘラ(3)の祭司に立てたのです。(4) わたしはこの英雄が祭司であったことを想起させたのですから、今さらこのミトラー(5)が何を意味するかなどを説明する必要があるでしょうか?　しかし石榴《ざくろ》は女神ヘラのために生育される唯一の果実です。円盤が彼の足下にあるのは、祭司が小さな楯の上に立って女神ヘラに祈りを捧げるからです。彼の右手もそれを示しております。指と指の間に隙間がまったくありませんが、それはこの彫刻の古典的な技法に帰することができるのです」。

第三十九章

エレイア人の献身について

アポロニオスは諸儀式に臨席し、エレイア人が諸儀式に心遣いし、よき秩序でそれを行なったことを賞賛した。彼らはあたかも自分たちを競い合っている選手のように、試練を受けていると見なし、うっかりして犯した過ちであれ偶然的な過ちであれ、どんな過ちも犯さないようにしたからである。彼の同志たち[6]が、エレイア人がオリュンピアの祭典を開催することをどう思うかと彼に尋ねると、アポロニオスは答えて言った。「わたしは彼らが賢いかどうか知らないが、知恵ある者だ」と。

第三十章

その力量もないのにゼウスを賛美する不遜な若者について

一　アポロニオスは何かを簡単に書くことができると考えている連中を嫌い、力量以上の大きな主題に手がける者をたわけ者と決めつけたが、そのことは次の出来事からも窺える。ある日のことである。自分は賢いと自惚れていた若者が聖所でアポロニオスに出会うと言った。

（1）パウサニアス『ギリシア記』第六巻一四-六に「……ざくろと円盤の話もある。ざくろを手にしながら、ほかの誰かが力づくで奪おうとしても放さず、しかも握りしめすぎて自分からざくろに傷つけることもなかった。また、油を塗った円盤の上に立ち、相手の人びとが飛びかかって来て、円盤から押し出そうとするのを笑いものにした」（飯尾訳）とある。

（2）「ヘッドバンド」のギリシア語表記はタイニアー。

（3）この女神は古代ギリシアの最高女神で、天界の女王。ゼウスの姉でまた妻。

（4）ミロンはクロトンの出身である。

（5）「ミトラー」は祭司のかぶり物。アポロニオスはここでミロンの頭に置かれているのはヘッドバンドではなくて、祭司のかぶり物であるミトラーであることを暗示している。

（6）「同志たち」のギリシア語表記はヘタイロイ。

「わたしにお力添えください。明日わたしは朗読をするからです」。

アポロニオスが何を朗読するのかと尋ねると、彼は答えて言った。

「ゼウスのために書いたものです」。

彼はこう言いながら、外衣(1)の下に隠し持っていた分厚い原稿を誇らしげに示して見せた。

アポロニオスは尋ねて言った。

「ではおまえは、ゼウスの何を褒《ほ》め称えようとするのだ？　ご当地に鎮座されておられるゼウスか、それとも地上にはゼウスに匹敵するものは何もないことか？」

若者は答えて言った。

「もちろんそれもですが、その登場以前の多くのことや、それ以後のことです。なぜならば、四季や、地中のもの、地上のもの、風、そして星辰など、すべてはゼウスのものだからです」。
二　アポロニオスは言った。
「わたしにはおまえが賞賛の演説の大家であるように見える」。

若者は答えた。

「もちろんです。そのためわたしは、痛風を賛美したり、盲人であることや耳が不自由であることを賛美したものを書いたのです」。

アポロニオスは尋ねて言った。

「もしおまえがそのようなものを賛美したいのであれば、おまえはおまえ自身の知恵の領域で水腫病や鼻炎なども賛美するがよい。おまえはまた亡くなった者の後について行き、彼らを死に至らしめた病を賞賛する歌を朗読するがよい。なぜならば、そうすれば、両親や、子供たち、それに故人に親しかった者たちの悲しみは少なくなるからだ」。

その言葉に黙りこくってしまった[2]若者を見ると、アポロニオスは言った。

「わが物書きの友よ、賛辞を書く者は自分の知っていることを賛美するのがうまいのか、それとも知らないことを賛美するのがうまいのか?」

若者は答えて言った。

「知っているものです。いったい人は知らないことを賛美などできるのでしょうか?」

アポロニオスは尋ねて言った。

「それでは、おまえはすでに自分自身の父上を賛美するものを書いておるな?」

若者は言った。

「そうするつもりでおりましたが、わたしにとって父は偉大で高貴すぎます。父はわたしの知っている者たちの中でもっとも美男で、家を立派に治め、すべてのことに知恵を働かせるので、彼を賛美することをあきらめました。へたな言葉で父を辱めたくはなかったからです」。

---

(1)「外衣」のギリシア語表記はヒーマティオン。ヒーマティオンはラテン語のチュニカに相当するダブダブの外衣を指す。

(2)「その言葉に黙りこくってしまった」。テクストでは「その言葉で口ふさぎされた」。

鼻高天狗の人間に向かって言うように、アポロニオスは不機嫌そうに言った。

「このろくでなし、おまえは自分自身を知っているのと同じほどに自分の父親を知っているのに、彼を十分に賛美できるとは考えていない。それでもおまえは人間たちや神々の父、われわれの周囲に存在し、われわれの上に存在する全宇宙の造り主[1]をかくもお手軽に賛美するとき、おまえには自分が賛美するもの[2]への畏敬の念はまったくないし、人間の力量以上の主題に挑戦していることをまったく知らないでいる」。

第三十一章

オリュンピアでのアポロニオスの講話

一　オリュンピアでアポロニオスがなした講話は非常に有益な事柄に関するものだった。知恵や勇気や中庸、要するに徳とされているものについてだった。彼はこれらのことを聖所の一段と高くなった場所から語りかけ、すべての者をその洞察力だけでなく豊かな言葉の表現力でもって驚かせた。スパルタ人[3]は彼を取り囲むと、彼をゼウスの客人、地元の若者の父、生き方の手本[4]、年長者の誉れとした。これを見てひとりのコリントス人が彼のために神顕現でも祝おうとしているのかと意地悪な質問をすると、彼らは答えて言った。
「神々に誓って申し上げるが、その用意はできております」。

しかしアポロニオスは、人びとが羨望[5]を感じないよう、彼らにそのようなことを考えさせないようにした。
二　アポロニオスは、タユゲトス山を越えると、活気に満ちたスパルタや、よく実行されているリュクルゴス[6]の諸制度を目の当たりにした。そのため彼は、自分の意見を聞くかもしれない事柄についてスパルタ人の中の権威ある者[7]と語り合えるのを少なからぬ喜びであると感じた。

実際、彼らはやって来たアポロニオスに、神々はどのようにして敬われるべきかと尋ねた。

アポロニオスは答えて言った。

「主人のように」。

彼らは次に尋ねた。

「では英雄たちは？」

アポロニオスは答えて言った。

「父のように」。

彼らは三度目に尋ねた。

「では人間たちは？」

アポロニオスは答えて言った。

（1）「造り主」のギリシア語表記はデーミウールゴス。

（2）「自分が賛美するもの」。ゼウスを指す。

（3）「スパルタ人」のギリシア語表記はラケダイモニオイ。

（4）「手本」のギリシア語表記はノモテテース。本来ならば「律法制定者」の訳語を与えるべきか？

（5）この山はペロポンネソス半島に位置するタユゲトス山系の中のもっとも高い山（標高二四〇七メートル）。

（6）この人物は前九世紀頃にスパルタの国制をつくったとされる伝説上の立法者。

（7）「権威ある者」（複数形）。あるいは「当局の者」。

「それはスパルタ的な問いではない」。

彼らはまた自分たちの法律について彼の考えを尋ねた。

アポロニオスは答えて言った。

「それは最高の教師だ。教師は生徒が怠惰でないか検証するものだ」。

彼らが彼に勇気について助言を求めた。

アポロニオスは尋ねて言った。

「勇気は見せる以外に何だというのだ？」

第三十二章

告発された若者とアポロニオス

一　その頃のことである。スパルタのある若者が、自国の慣習を蔑ろにしていると同胞市民に告発された。若者はアルギヌサイでの海戦(1)でスパルタの艦隊を率いたカリクラティダス(2)の子孫だったが、彼は船に乗ることだけに夢中で、公共の事などは蔑《ないがし》ろにしていた。彼は自分で建造した船でカルタゴ(3)やシチリア島(4)に航海したりしていた。
アポロニオスは、彼がこの怠慢ゆえに裁かれる羽目になったことを聞くと、彼が裁きのために召喚されるのを見るに忍ばず、彼に言った。

「わがよき友よ、なぜおまえは思い詰めた様子で徘徊しているのだ？」

若者は答えて言った。

「わたしは市民として告発されているのです。わたしが船にばかり乗っていて、公共の仕事をしないからです」。

アポロニオスは尋ねて言った。

「おまえの父親か祖父は船長だったのか？」

若者は答えて言った。

「とんでもありません。二人とも錬成場の監督官[5]、行政長官[6]、パトロノモイ[7]でした。しかし、わたしのご先祖さまのカリクラティダスは艦長でした」。

（1）これはペロポンネソス戦争中のアテナイとスパルタの間の海戦で、レスボス島の東で前四〇六年に戦われた。スパルタの艦隊の艦長はカリクラティダス。この海戦はクセノポン『ヘレニカ』第一巻六-一―三四参照。ディオドロス『歴史文庫』第十三巻九九-六によれば、カリクラティダスの率いるスパルタの艦隊は七〇隻の船を失い、コノンの率いるアテナイの艦隊は二五隻の船を失った。
（2）前註参照。
（3）「カルタゴ」のギリシア語表記はカルケードーン。
（4）「シチリア島」のギリシア語表記はシケリアー。
（5）「錬成場の監督官」のギリシア語表記はギュムナシアルコス。
（6）「行政長官」のギリシア語表記はエポロス。
（7）「パトロノモイ」は、スパルタで長老会を解体したクレオメネス三世が創設した評議会のメンバーを指す。パウサニアス『ギリシア記』第二巻九-一参照。

アポロニオスは尋ねて言った。

「アルギヌサイのあの人か？」

若者は答えて言った。

「そうです。海戦で死んだあの人です」。

アポロニオスは尋ねて言った。

「ご先祖さまの死も、あなたの背を海に向けさせなかったのか？」

若者は答えて言った。

「ゼウスに誓って、向けさせません。わたしは海戦のために船に乗るのではないからです」。
二　アポロニオスは尋ねて言った。
「商人や船長は運のなかなかつかない者たちであるが、おまえは彼らよりも不運な者たちを挙げることができるか？　何よりもまず彼らは賑わいのない市場(1)を求めて船で回らねばならない。ついで彼らは仲介人や小売商人の間に挟まれて、売ったり買ったりをする。彼らは汚れた利息のためにぺこぺこしながら、元金だけは確保しようとして躍起になる。もし儲ければ、船足は速くなる。そして彼らは船を故意に、あるいは偶然を装って転覆させないで済んだことを長々と語ったりする。しかし、投資に見合う利益が出なければ、彼らは小舟に乗り移って船を転覆させ、神の必然を口にしながら第三者の命を奪う。彼ら自身は偶然を装い、神など足蹴にしてこれを行なうのである。
三　たとえ海上生活者や船乗りの連中がこれほど悪辣《あくらつ》でなかったとしても、スパルタ市民である者や、かつてスパルタの中心部で暮らしたことのあるご先祖さまの子孫たる者は、立法制定者のリュクルゴス(2)やイピトス(3)を忘れて、船倉にこっそりと身を隠し、積み荷や積み荷証明のことだけを考えておればよいのか？　これは面《つら》汚しである。もしその者が他に何も考えてなくても、彼は少なくとも、スパルタ自身は地の事柄に専念していたときには、天にまで達する栄誉を享受していたことを心に留め置く必要がある。しかし海上進出に野望を持ちはじめると、その地位は転落し、海上においてばかりか陸上においても姿を消したのだ」(4)。

四　アポロニオスはこのような言葉でもって若者の心をしっかりと捉えた。若者は地に頭をつけて泣いたが、それは彼が父祖たちの足下にも及ばないことを聞いたからである。彼は船上生活をしていた船を売り払った。アポロニオスは彼が立ち直り陸上で元気を取り戻したのを見ると(5)、彼をエポロスたちのもとへ連れて行き、無罪放免とさせた。

---

(1)「市場」のギリシア語表記はアゴラー。
(2)この人物は本書第八巻第七章一七にも登場。
(3)この人物はエリスの王で、リュクルゴスの同時代であるとされた。彼はオリュンピアの競技会を復活させたとされる。
(4)「その地位は転落し、海上においてばかりか地上においても姿を消したのだ」。テクストでは「海上においても地上においてもそれは沈み姿を消したのだ」。
(5)「陸上で元気を取り戻したのを見ると」。テクストでは「陸上に挨拶するのを見ると」。

第三十三章

ネロからの書簡とそれへの返書について

スパルタでは別の出来事もあった。皇帝［ネロ］からの書簡がスパルタ人のもとへ届いたが、それは彼らの民会が自由を乱用してると扱《こ》きおろしたものだった。この書簡はギリシア知事[1]が民会に悪態をついたために、彼らに送られたものだった。スパルタ人はどうしてよいか分からず途方に暮れた。スパルタは皇帝の怒りを宥めるために返書を送るべきか、それを蔑視する書簡を送るべきかで内輪もめをした。そこで彼らはアポロニオスを招き、返書の性格について助言を求めた。アポロニオスは彼らの間の分裂を見ると、彼らの民会にやって来て、次のようにごく短い挨拶をした。

パラメデス[2]はアルファベット[3]を発見した。それはわれわれが書くためばかりか、われわれが何を書いてはならぬかを知るためだった。

こうして彼はスパルタ人が大胆になりすぎたり、臆病になりすぎたりしないようにした。

第三十四章

アポロニオス、夢を見て、クレタ島に向かう

一　アポロニオスは、オリュンピアでの祭典後、しばらくスパルタに滞在したが、冬[4]も終わったので、春のはじめにマレア[5]に行った。ローマに向けて航行するためである。彼はそのとき次のような夢を見て、その意味を考えた。夢の中で非常に背の高い老婆が彼を抱擁し、イタリア[6]に向けて航行する前に自分の所に訪ねて来るようにと懇願したように彼には見えた。しかも彼女は自分がゼウスの育ての親であったと告げたのである。彼女は地や海から取れるすべてのものからつくられた冠をかぶっていた。

アポロニオスは自分が見た幻にいろいろと思いを馳せたが、何はともあれクレタ島[7]に向かって航行しなけ

---

(1)「知事」のギリシア語表記はアルコーン。

(2) この人物はトロイア戦争でのギリシア軍の副官。暦法や賽などの考案者とされる。エウリピデス『オレステス』四三二参照。

(3)「アルファベット」のギリシア語表記はグランマタ。

(4)「冬」のギリシア語表記はケイモーン。「冬の嵐」の訳語を与えることも可能。

(5) この場所は、パウサニアス『ギリシア記』第八巻二七-四で、アルカディア地方の町の名として言及されている。

(6)「イタリア」のギリシア語表記はイタロイ。

(7)「クレタ島」のギリシア語表記はクレーテー。この島はギリシアの諸島では最大、地中海の島々の中では第五位の大きな島。

ればならぬと考えた。われわれはクレタ島をゼウスの育ての島と見なしているが、それというのも彼がそこで生まれたからである。冠は、多分、別の島を指し示しているであろう。

二　マレアにはクレタ島に向かって出航しようとしていた何隻かの船が停泊していた。アポロニオスは自分の率いる仲間[1]のために大きな船に乗り込んだ。彼は自分の同志[2]や彼らの[3]奴隷たちを「仲間」と呼んだ。後者を軽視しなかったからである。彼はキュドニア[4]に向けて航行し、そこを過ぎてクノッソス[5]へと向かった。そこには迷宮[6]があり――かつてそこにはミノタウロス[7]が閉じ込められていたと思う――、彼の同志の者たちはそれを見たいと願ったので、彼らはそうすることが許されたが、アポロニオス自身はミノス王[8]の不正義の観客になることなどはご免だと言った。彼はイダ山[9]を訪れようとゴルテュナへの旅をつづけた。

三　アポロニオスはイダ山に登り、聖なる場所を訪ねた後、レベネの聖所に足を伸ばした。これはアスクレピオスに捧げたもので、アシアの住民がペルガモン[10]に出かけたように、クレタ島の住民はこの聖所に参詣したものである。多くのリビュア人[11]も海を渡ってやって来て、そこを訪ねる。小さな岩場が大きな外洋を寄せ付けないパイストス[12]辺りで、そこがリビュアの海の方に面しているからである。彼らによれば、そこがレベネの聖所と呼ばれたのは、そこから突き出ている岬がライオンの姿に似ていたからである。[13]というのも、ここでは偶然につくられた多くの岩の形状が動物の形に似ており、彼らはこの岬について、その形状はレア[14]の戦車に繋がれていたライオンの一頭だったと語るのである。

アポロニオス、クレタ島で地震に遭遇する

四　あるときのことである。アポロニオスは、この地で昼頃、講話をしていた。彼は聖所で礼拝をしてい

(1)「仲間」のギリシア語表記はコイノン。この言葉はアポロニオスにしたがって旅をしている者たちが規律ある共同体的な生活を送っていることを示唆する。
(2)「同志」(複数形)のギリシア語表記はヘタイロイ。このギリシア語は仲間の者が非常に結束の固い者たちであることを示唆する。
(3)「彼らの」。テクストでは「仲間の者の」。
(4)「キュドニア」のギリシア語表記はキュドーニアー。
(5)「クノッソス」のギリシア語表記はクノーッソス。この場所はクレタ島の中央北部を指す。
(6)「迷宮」のギリシア語表記はラビュリントス。これはミノスの王がミノタウロス(次出)を閉じ込めるためにダイダロスに命じてつくらせたクノッソスの地下大迷宮を指す。
(7)「ミノタウロス」のギリシア語表記はミーノータウロス。ミノタウロスはミノスの妻パシパエとクレタ島の雄牛の間に生まれたで、牛頭人身の怪物。クレタ島の迷宮に閉じ込められ、犠牲として捧げられた人身を食べて生きていたとされる。
(8)「ミノス」のギリシア語表記はミーノース。このクレタ島の王は、ホメロス『オデュッセイア』第九歌三二一ほか参照。
(9)この山はクレタ島の最高峰(二四五六メートル)で、伝説によれば、この山の洞窟でゼウスが育て上げられたと言われる。
(10)この場所は小アジア西岸北部地方にあったヘレニズム時代の王国、現在のトルコのベルガマ。
(11)ここでの「リビュア人」は「アフリカ人」と互換性のある言葉。
(12)この場所はクレタ島中南部の都市で、クノッソスに次いでクレタ文明の栄えた土地を指す。
(13)ジョーンズ訳の註によれば、レベン(レベーネー)はライオンを意味するフェニキア語のラビ(labi)に由来する。この岬は現在でもリオンタ(ライオン)と呼ばれている。なお、パウサニアス『ギリシア記』第二巻五-一〇参照。
(14)この人物はウラノスとガイアの間に生まれた娘で、弟のクロノスと結婚して、ゼウスや、ポセイドン、ヘラらを儲ける。神々の母と呼ばれ、キュベレと同一視される。

た多くの者に向かって話をしていたが、そのとき地震が突如クレタ島を襲い、雷鳴が暗雲からではなくて大地から轟《とどろ》き、海の潮は約七スタディオン[1]も引いた。多くの人は、海の潮が戻れば、聖所を引きずって行き、彼らをも運び去ってしまうと恐れたが、そのときアポロニオスは、「勇気を出すのだ。海が地を生んだのだから」と言った。

彼らは、アポロニオスが諸要素の調和を言っていて、海が地の表を変えて新しくすることなどないことを言ったのだと考えた。数日後、キュドニア[2]の町からやって来た者たちは、その兆しが見られたその日の昼頃、テラ島[3]とクレタ島を分かつ海峡で島が海から持ち上がったと報告した。それについてここで長々と説明することなどはできない。次にクレタ島滞在後のローマでアポロニオスに見舞った出来事を取り上げよう。

第三十五章

哲学に反対するネロとその犠牲者

ネロは哲学に反対し、哲学する者は物好きな者たちで占いを秘かに行なっていると疑った。哲学者のすり切れたぼろ服が、占いを隠蔽する服として法廷に持ち出されたこともある。ひとりの名前しか挙げないが、唯一アポロニオスに次ぐ第二位の人のバビュロン人ムソニオス[4]は、その知恵ゆえに投獄され、そこに留め置かれている間、命の危険にさらされた。もし彼が覚悟のほどを断固として見せつけなかったならば、獄吏は彼を死なせていたであろう。

第三十六章

アポロニオス、ピロラオスに出会う

一　アポロニオスがローマに向かっている頃の、哲学が置かれていたローマの状況はこのようなものだった。アポロニオスは、ローマから一二〇スタディオン[5]の距離にあるアリキアの杜[6]の近くで、キティオン島[7]出身のピロラオス[8]に出会った。

---

(1) 七スタディオンは約一二九五メートル。
(2) 「キュドニア」のギリシア語表記はキュドーニアー。この場所はクレタ島の北西海岸につくられた町。
(3) 「テラ」のギリシア語表記はテーラー。この島はサントリーニ島としても知られる。
(4) この人物はストア派の哲学者ムソニウス・ルフスを指す。ここでは「バビュロン人」とされているが、実際はエトルリア出身である。ジョーンズ訳の註はここでピロストラトスか転写生の誤りを指摘する。コニベアは、彼がエトルリアの町ポピュロニアに生まれた可能性を指摘し、ポピュロニアがバビュロニアと混同された可能性を巧みに説明する。この哲学者はルベリウス・ムソニウスが後六〇年頃にネロによって小アジアに追放されると、彼に同行するが、彼の死でローマに戻るが、六五年か六六年にローマから再度追放されている。ガルバ帝のときにローマに戻るが、ウェスパシアヌス帝治下でもローマから追放される。多くの哲学者やローマの指導者たちが彼の弟子だったされる。
(5) 一二〇スタディオンは約二万二二〇〇メートル。
(6) この杜は女神ディアナの杜として知られる。
(7) この場所はキプロス島を指す。通常はキティウムで知られている。
(8) この人物は未詳。

ピロラオスはだれもが認める弁の立つ男であったが、臆病すぎて(1)どんな危険にも立ち向かうことができなかった。彼はローマから離れる途次で、逃亡者のようだった。彼は道中出会う哲学者には、彼と同じことをするようにと勧めた。彼はアポロニオスに語りかけると、こんな時代になってしまったことを受け入れ、哲学すれば告発されるようなローマに足を運ばないようにと諫めた。彼はアポロニオスにそこで何が起こっているかを説明したが、その間彼は、だれかが立ち聞きでもしていないかと絶えず振り返った。

ピロラオスは言った。

「あなたはこの一団の哲学者を率いており、疑われるのは目にみえております。あなたはネロによって都の城門(2)に配備された者たちをまだ知りません。彼らはあなたやこの者たちを、中に入る前に逮捕するでしょう」。

二　アポロニオスは尋ねて言った。

「ピロラオスよ、皇帝を夢中にさせるものは何であると人びとは言っているのだ?」

ピロラオスは答えて言った。

「人びとの前で戦車を駆ることです。彼はローマの劇場に入ると、うたいます。彼は剣闘士たちと暮らしております。彼自身も剣闘士であり、人殺しなのです」。

アポロニオスは尋ねて言った。

「わが親愛なる友よ、教育を受けた者たちにとって、自分自身を貶めている皇帝を見ることよりもどでかい光景があるとでも思うか? プラトンの見解によれば、人間は神の玩具であるが(3)、もし皇帝が人間の玩具となり、大衆を喜ばすために自らを貶めるのであれば、彼にはこれ以上の省察を哲学をする者に供することなどできないであろう」。

三　ピロラオスは言った。

「ゼウスに誓って申し上げますが、もし危険を伴わないでそれができるのであれば、確かにそうです。しかし、もしあなたがしょっ引かれて命を落とす事態になったと想像してみましょう。ネロはあなたが彼のすることを見る前に、あなたを生かしたままで貪り喰うでしょう。彼に会うのは、あなたにとって大きな危険です。オデュッセウスがひとつ目のキュクロプス(4)（図版）の所へ行ったときに払った代価よりも大きいのです。オデュッセウスは彼に是非まみえたいと願ったため、またこの異様で残酷な怪物に屈してしまったため、多くの僚友を失ってしまったのです」。

アポロニオスは尋ねて言った。

「キュクロプス」
オディロン・ルドン、1914年作、オランダのクローラー・ミューラー美術館

(1)「臆病すぎて」。あるいは「軟弱すぎて」。
(2) ここでの「城門」は複数形。
(3) プラトン『法律』第七巻八〇三C参照。
(4) これはシチリア島に住んでいたとされる額の真ん中に一つ目をもつ巨人族のひとり。これはホメロス『オデュッセイア』第一歌六九ほかで頻出。

「あなたは彼がそのような犯罪行為を行なっても、キュクロプスよりも目あきだと考えますか？」

ピロラオスは答えて言った。

「彼には好きなことをさせておけばよいが、あなたは少なくともこれらの者たちを守ってやらねばなりません」。

第三十七章

アポロニオスのもとに残った若者たち

一　彼はこれらのことを大声で言うと、涙ぐんでいるかのようだった。これを聞いてダミスは仲間の若者たちがピロラオスの吹いた臆病風に怖じ気づくのではないかと恐れ、アポロニオスを傍らに呼び寄せると、言った。
「この雌うさぎは若者を滅ぼそうとしております。すべてのものに恐怖と無気力を植え付けているからです」。

アポロニオスは答えて言った。

「わたしが求めもしないのに、神々がしばしばわたしに賜った多くの祝福があるが、わたしが今楽しんでいる最大の祝福は、現下の事態であろう。偶然のことだが、わたしにはこれらの若者を試す試金石が与えられたのだ。それは、彼らのうちのだれが哲学をする者で、だれがそれ以外の他のことを行なう者であるかをはっきりと示してくれる」。

二　実際すぐに彼らの中の臆病者が判明した。なぜならば、ピロラオスの言葉に打ちのめされ、ある者は病気であると言い、ある者は自分たちには糧食がないと申し立て、ある者は家が恋しいと言い、ある者は恐ろしい夢を見て五感がおかしくなっていると言ったからである。結局、アポロニオスの三四人の弟子のうち彼についてローマに行く者は八人になった。そして他の者はネロと哲学から一目散に逃げ去った。

第三十八章

アポロニオス、自分のもとに残った若者を励ます

一　アポロニオスは、自分のもとに残った者を集めると――その中には妖怪のエンプーサと婚約したメニッポス(1)やエジプト人ディオスコリデス(2)、そしてダミスが入っていた――、彼らに向かって言った。「わたしはわれわれのもとを去った者を非難したりはしない。それよりも、わたしはおまえたちを賞賛する。おまえたちはわたしのような者だからである。ある者がネロを恐れるあまり去って行ったとしても、わたしはその者を臆病者とは見なさない。しかし、もしある者がそのような恐怖に打ち勝つならば、わたしはその者を哲学者と呼び、彼にはわたしが知っているものすべてを教えよう。わたしにはまず神々に感謝する

(1) この人物は本書第四巻第二十五章に登場。
(2) この人物の詳細は不明。

のが適切であるように思われる。神々のおかげで、おまえたちと彼らがこれらのことを考えるに至ったからである。次にわれわれは神々を導き手としなければならないと考える。われわれは神々の助けなしでは、見知らぬ土地に滞在などできないからだ。

二　われわれは人の住む世界の非常に多くの部分を支配している都［ローマ］に近づかねばならないが、いったいだれが神々の導きなくしてそこに入城などできるであろうか？　そこでは非常に厳しい暴君の支配が打ち立てられており、そのため知恵ある哲学者の存在が許されてはいないだけに、ますますもって神々の助けは必要となる。多くの哲学者が街道を逃げて行く。われわれはその街道を勇を鼓して進んでいくが、だれにもわれわれを愚かしいと思わせないようにしよう。そもそもわたしは、この世に[1]、知恵ある哲学者を驚愕させるような恐ろしいものは何も存在しないと考えている。そればかりかわたしは、もし危険が伴わないのであれば、勇気を云々したりはしない。

三　さらに言えば、わたしはどんな人よりも多くの地を経巡り、アラビアやインドで[2]非常に多くの獣を目にしてきた。しかしわたしは、多くの人が暴君と呼ぶこの怪獣に、どれほど多くの頭があるのかを知らないし、それがかぎ爪やとがった歯をもっているのかも知らない。この怪獣は政治家[3]で、都市[4]のど真ん中に住んでいると言われているが、その性格は山々や森林などに棲息する獣よりも獰猛である。ライオンや豹は優しくすればときになつくこともあり、その性格を変えるが、この怪獣は、怒らせたりすればそれまでよりも残酷になって、何でも貪り喰うのである。自分の母親を食い散らす獣の名などおまえたちは挙げることなどできないであろうが、ネロは母親の肉をたらふく食べたのだ。オレステス[5]やアルクマイオン[6]も似たようなことをしたが、彼らの行為には情状酌量の余地はある。一方の父は自分の妻に殺されていたからであり、他方の父は首飾りのためにすでに売られていたからである。

四　しかしながらこの男は、母[7]により年老いた皇帝[8]の養子とされ帝権を継承したが[9]、それでも実の母親を殺したのだ[10]。彼女を滅ぼそうと建造した船の中で、島の近くでだ。これらのことから、ある者はネロを恐ろしい人物だと見なし、まさにそのため、彼の不興を買うようなことをするのは危険だと考えて哲学に背を向けるかもしれない。しかしその者には、恐怖は中庸や英知を追い求める者にとってよい試練だと教えてやるがよい。なぜなら、後者は神々とよい関係を保ち、また彼らは天に唾する者の行為を、酔っぱらいのそれの

(1)「この世に」。あるいは「人間界に」、「人間たちに抗するもので」。
(2)「アラビアやインドで」。テクストでは「アラビア産やインド産の」。
(3)「政治家」のギリシア語表記はポリーティコス。あるいは「公人」。
(4) ここでの「都市」は複数形。
(5) この人物はクリュタイムネストラを殺したが、それは父のアガメムノンを殺した彼女に復讐するためだった。
(6) この人物はネックレスと交換に自分の父アンピアラオスの死を黙認したとき、自分の母エリピュレを殺した。
(7) この母はカリグラ帝の妹だった小アグリッピナ（後一六頃―五九年頃）を指す。
(8) この人物はローマの皇帝クラウディウス帝（前一〇―後五四年、在位後四一―五四年）を指す。
(9) ネロ帝が帝権を継承したのは後五四年のことで、彼はまだ一七歳にも達してもいなかった。
(10) ネロ帝の母アグリッピナの死に関しては諸説ある。タキトゥス『年代記』一四―一以下、スエトニウス「ネロ帝の生涯」三四、ディオン・カッシオス『ローマ史』第六十三巻一二以下参照。

ように——われわれは酔っぱらいを恐ろしいというよりは愚かしい者であると考える——、取るに足らぬものと考えるからである。

五　もしわれわれに確固たる信念があれば、さあ、ローマに向けて進もう。そして哲学をする者を排除するネロのお達し[1]にたいしては、われわれはソポクレス[2]の詩行を口にすることができる。『このようなものをわたしに宣告するのは絶対にゼウスではない[3]』と。ムーサイでもなければ、雄弁なアポロンでもない。ネロ自身はこの詩行を知っていると思われる。彼は悲劇を楽しむと言われているからだ。ここではホメロスの言葉、戦士は励ましの演説で一致団結させられると〝ひとつの兜、ひとつの楯[4]〟になるが思い起こされる。わたしには、同じことがこの英雄たちにも起こったように見える」。

彼らはアポロニオスの言葉で固くひとつにされると、哲学のために死ぬ覚悟を固め、そうすることが、逃亡者になることよりも勝っていることを見せようとした。

第三十九章

暴君ネロを賛美する流しの歌い手

一　さて、彼らが都の城門[5]に近づくと、見張りの者たちは何も尋ねず、彼らの服装を驚きの眼でじろじろと見ただけだった。彼らの風体が聖人のそれで、乞食のそれではまったくなかったからである。彼らは城門の近くの旅籠で旅装を解くと、すでに夕刻だったので、夕食を取ろうとした。するとそのときひとりの酔っぱらいがご機嫌な様子で入ってきた。男はなかなかの美声の持ち主で、ネロの歌をうたいながらローマの都を流し、それでもって日銭を稼いでいた。もし熱心に聞こうとしなかったり、聞いてもおひねりを投げなかったりすると、彼はその者を不敬な者として長官の前に連れて行くことができた。彼は竪琴や竪琴奏者に必要な用具一式を携行していた。用具箱の中にはすでに張られたことのある竪琴の弦が入っていたが、彼によれば、それはネロの竪琴の弦で二ムナ(6)で買ったものだった。彼はピュティアの祭典に参加して技を競う最高の竪琴奏者でなければ、それを売ることはしないと言った。

二　さて男はいつものように声を張り上げて、ネロを讃える短い賛歌をうたい、それが終わると、さまざまな歌を加えた。オレステイア(7)からのものと、アンティゴネ(8)からのもの、同じく皇帝が演じた悲劇からのものである。男はまたネロが身悶《もだ》えしながら抑揚をつけてうたった類の歌をうたいながら腰を曲げたりした。

彼ら一行がつまらなそうにして聞いていたので、男は彼らがネロにたいして不敬を働いていて、聖なる声の敵対者であると言ったが、彼らは彼の告発を無視した。メニッポスはアポロニオスに、どうしてこんなた

(1)「お達し」のギリシア語表記はケーリュグマ。あるいは「宣告」。
(2) ソポクレス（前四九五頃－四〇六年頃）はギリシアの悲劇詩人。
(3) ソポクレス『アンティゴネ』四五〇。
(4) ホメロス『イリアス』第十三歌一三一参照。
(5) ここでの「城門」は複数形。
(6)「ムナ」のラテン語表記はミナ。六〇ムナが一タラントンに相当。
(7) これはアイスキュロス（前五二五－四二六年）によって書かれたギリシア悲劇の三部作。
(8) これはソポクレスによって書かれた悲劇。

わけたことを言っている男に耳を傾けることができるのかと尋ねた。

アポロニオスは答えて言った。

「彼のうたうものを聞いているだけだ。メニッポスよ、こんなことに腹を立ててもはじまらない。見せてくれたその演奏に心付けを渡して彼を追い払い、彼にネロのムーサイに犠牲を捧げさせるがよい」。

第四十章

ローマの執政官とのアポロニオスの対話

一　路上での騒ぎはこうしてひとまず終わった。次の日の朝早く、二人の執政官[1]のひとりテレシノス[2]はアポロニオスを呼び出すと、尋ねて言った。
「この服は何だ？」

アポロニオスは答えて言った。

「清いものです。死んだものからではありません」。

テレシノスは尋ねて言った。

「おまえはどんな哲学を実践しているのだ？」

アポロニオスは答えて言った。

「神々に関わる哲学です。人は神々にたいしてどう祈り、どう犠牲を捧げるかです」。

テレシノスは尋ねて聞いた。

「わが哲学者よ、これらのことを知らない者などいるのか?」

アポロニオスは答えて言った。

「多くの者が知りません。これらのことを正しく理解している者は、自分よりも賢い者が自分がよく知っていると知っていることをその者に告げるならば、これまで以上によくなるでしょう」。
二　テレシノスはこれらのことを聞くと、神的なものを拝していたこともあって、また彼については前から聞いていたこともあって、彼が尊師であることを認めた。彼は尊師の名前を公の場所で尋ねない方がよいと判断した。アポロニオスが自分の名前をまだ知らない者がいることを願っているのではないかと配慮したからである。そこでテレシノスは宗教についての話題に戻した。彼は対論は得意だったのである。
テレシノスは彼を賢い者と見なし尋ねて言った。

「祭壇(3)に向かうとき、おまえは何を祈るのだ?」

アポロニオスは答えて言った。

(1) ここでの「二人の執政官」は、ガイウス・ルキウス・テレシヌスとガイウス・スエトニウス・パウリヌスを指す。彼らが執政官だったのは後六六年。なお、ここでは年代的には六六年に飛んでいるが、先に進んでの四二節では六〇年または六一年の出来事に戻っている。
(2)「テレシノス」のラテン語表記はテレシヌス。
(3) ここでの「祭壇」は複数形。

「わたしですか？　わたしは正義がありますように、法が蔑《ないがし》ろにされないように、賢者たちが貧しくあるように、そして他の者が、正直であるかぎり、富めますようにと祈ります」。

テレシノスは尋ねて言った。

「おまえは、そのように多くの願いがかなうとでも思っているのか？」

アポロニオスは答えて言った。

「ゼウスに誓って、もちろんそうです。わたしはこれらすべてをひとつの祈りの中に入れているからです。祭壇に近づくとき、わたしはこう祈るのです。『神々よ、わたしが受けて当然のものをわたしにお与えください』と。それゆえ、もしわたしが立派な人間のひとりであれば、わたしは自分が口にした以上のものを受けるでしょう。しかし、もし神々がわたしを悪しき者の中に入れるのであれば、わたしは神々から反対のものしか受けられません。しかしわたしは神々を責めたりはいたしません。悪ゆえに、わたしは立派でないと判断されたのですから」。

三　テレシノスはこれらの言葉に打たれ、アポロニオスに好意を示そうとして言った。

「おまえはどんな聖所にも行くことができる。わたしは祭司たちに書状をしたため、おまえを受け入れ、おまえの改革に応じるよう呼びかけよう」。

アポロニオスは尋ねて言った。

「もしあなたがこれらのことをお書きくださらなければ、彼らはわたしを受け入れないのでしょうか？」

テレシノスは答えて言った。

「ゼウスに誓って、そんなことはない。その決定はわたしの権限である」。

アポロニオスは言った。

「あなたは徳のあるお方なので、大きな権限を握っておられる。わたしはそのことを嬉しく思う。しかし、わたしについて知っておいてほしい願いがあります。わたしはまだ完全には閉鎖されていない聖所に、しかも神々のだれひとりとしてわたしを拒まず、同じ屋根の下に一緒に住まわせてくれる、そういう所に住みたいのです。バルバロイでさえこれをかなえてくれたのですから、どうかこの願いをわたしにかなえてください」。

テレシノスは答えて言った。

「バルバロイはローマ人よりも先に大きな賞賛に値することを行なった。わたしは同じことがわれわれについても言われることを願う」。
四　アポロニオスは聖所に住んだ。彼はときどき住む場所を変え、転々とした。このことで非難されると、彼は言った。
「神々でさえいつも[1]天に住んでいるわけではない。神々はエチオピア[2]に出かけたり、オリュンポスやアトス[3]に出かけたりする。神々が人間すべての種族の間を経巡っているのに、人間がすべての神々のもとへ足を

（1）「いつも」。テクストでは「すべての時間を」。
（2）「エチオピア」のギリシア語表記はアイティオピアー。
（3）「アトス」のギリシア語表記はアトース。これはマケドニアの同名の半島にある山。

運ばないのはおかしなことだと思われる。それに主人は、自分の奴隷を蔑ろにしても、非難されることはない。主人は彼らを熱心でないという理由で蔑ろにするかもしれないが、自分の主人に誠意をもって仕えない家僕は、呪われた者、また神々に憎まれた者として主人によって滅ぼされる」。

第四十一章

アポロニオスが講話をすると

アポロニオスが聖所で講話をすると、神々はそれまで以上の熱心で拝され、人びとは神々からもっと多くの祝福を受けられると考えて、これらの場所に来るようになった。尊師の社会的交わり(1)はまだ問題にはされていなかった。市民に語りかけだれとでも言葉を交わしたからであった。彼は金持ちの家の戸口を叩いたりはせず、また権力者たちと時間を潰したりすることはしなかったが、彼らが訪ねてくれば挨拶をし、市民とするように彼らと対話したりした。

第四十二章

アポロニオスの弟子、ローマから追放される

一　デメトリオスはアポロニオスに惹かれていたが——それについてわたしは、コリントスの出来事につ

いて記述したときに述べた[2]——、その彼は、後になって、ローマにやって来るとアポロニオスに仕えたが、ネロ攻撃をはじめた。この攻撃は尊師が仕掛けたものだと疑われ、尊師はデメトリオスを焚きつけた張本人と見られたのである。そして、ギュムナシオン[3]がネロのために奉献されたとき——それはローマでもっとも素晴らしい建造物だった——、もっと厄介なことが起こった。その佳き日、ネロ自身は大元老院[4]の議員とローマの騎士階級の者と一緒にその場所で犠牲を捧げていたが[5]、そのときデメトリオスがそのギュムナシオン

(1)「社会的交わり」のギリシア語表現はシュンヌーシアイ。あるいは「会話」。

(2) 本書第四巻第二十五章一参照。

(3)「ギュムナシオン」のラテン語表記はギュムナシウム。このギュムナシウムには「錬成場」とか「体育館」(国原吉之助)の訳語が与えられる。スエトニウス「ネロ帝の生涯」一二によれば、「ネロのギュムナシウム」(Gymnasium Neronis) はネロによって後六二年に奉献されているが、ディオン・カッシオス『ローマ史』第六十一巻二一-一によれば、その奉献は六〇年である。タキトゥス『年代記』一四-四七はギュムナシウムの完成(六一年頃)に触れた後、同書、一五-二二は、六二年でそのギュムナシウムが「雷火に打たれて炎上」したことを報告する。ギュムナシウムの完成が六一年であれ、六二年であれ、年代的には六六年の出来事を語っているこの箇所でその完成が言及されるのはおかしなことになるが、ジョーンズ訳の註は、六四年の大火の後でこのギュムナシウムが再建された可能性を指摘する。

(4)「大元老院」のギリシア語表記はヘー・ブーレー・ヘー・メガレー。

(5) タキトゥス『年代記』一四-四七によれば、ネロ帝は、ギュムナシウムの奉献式で「騎士階級と元老院階級の人に香油を配った」(国原吉之助訳)。

に入ってきて、沐浴している者たちに向かって、[1] 彼らが自らを汚している軟弱な者であると言って、非難しはじめたのである。彼はこのような施設は常軌を逸した散財であることを示そうとしたのである。彼は、この行為で即座に処刑されてもおかしくなかったが、それをまぬかれたのは、ネロがその日最高の美声でうたったからである。彼はギュムナシオンの隣につくられた居酒屋で、あられもない酒場の少年のように、腰布だけを身につけ裸姿でうたったのである。

二　とはいえ、デメトリオスは口をついて出た自分の言葉が招いた危険から逃れることはできなかった。なぜなら、ネロから生殺与奪の権[2]を委ねられたティゲリノス[3]が、沐浴場をその言葉で台無しにしたかどで、彼をローマから追放したからである。ティゲリノスはまたアポロニオスを秘かにつけ回したが、彼もしょっ引くに足る不用心なことを口にしないかと期待したからである。

第四十三章

アポロニオスの日常とティゲリノスの監視

一　しかし、アポロニオスはネロを小馬鹿にしている素振りを見せもしなければ、ある種の危険を警戒する者のように、何か憂慮しているような素振りも見せなかった。彼は相変わらず身近な話題を、彼と一緒に哲学をするテレシノス[4]やその他の者たちととことん議論した。この者たちは、たとえ哲学が危険にさらされていても、アポロニオスと一緒に真理を探求するならば、危険を冒さないですむであろうと考えた。しかし彼は、わたしが言うように、嫌疑をかけられた。とくに前兆[5]について発言した後は、いっそうそうだった。ある日、日食が雷鳴の轟きとともに起こった。この同時発生は日食では珍しいことのように思われた。アポロニオスは空を見上げて言った。「何か大きな異変が起ころうとしているが、起こらない」と。

二 その場に居合わせた者は彼の言ったことをすぐには理解できなかったが、日食が終わって三日目には、すべての者がその意味を了解した。ネロが食事の席についているとき、雷鳴が彼の食卓を打ち、「飲もうと」口元に近づけようとしていた手元の杯を二つに割ったのである。彼はまさに一撃をくらうところだった、これこそはアポロニオスが言った、「なされそうになるが、なされない」の意味だった。

ティゲリノスがこの話を聞くと、彼は尊師にたいし、超自然的な事柄[6]を予知できる賢い人物として、畏怖の念を覚えはじめた。ティゲリノスは、たとえ自分が目に見えない危害を彼から加えられたとしても、彼を

---

(1)ギュムナシオンと「浴場(バラネイオン)」の関係については いろいろ議論がある。ピロストラトスはここでは二つの施設を区別していないような印象を読む者に与えるが、ギュムナシオンに小さな沐浴施設があって当たり前と考えることもできる。
(2)「ネロから生殺与奪の権」。テクストでは「ネロの剣」。
(3)「ティゲリノス」の正式なラテン語表記はオポニウス・ティゲリヌス。この人物は後六二年から六八年までローマの都の警護隊長をつとめる。この人物は、タキトゥス『年代記』一四-四八以下で頻出。
(4)この人物は未詳。
(5)「前兆」のギリシア語表記はディオセーミアー(ディオス+セーマ)。このギリシア語の原義は「ゼウスからの予兆」。
(6)「超自然的な事柄」のギリシア語表記はタ・ダイモニア。あるいは「ダイモーンの関わる事柄」。

公に告発する必要はないと考えた。とはいえ、アポロニオスが対論したり沈黙したりするとき、座ったり歩いたりするとき、だれかと何かを食べるとき、犠牲を捧げたり捧げないとき、ティゲリノスは彼を、権力の目つきで厳しく監視していた。

第四十四章

アポロニオス、ティゲリノスの前に告発される

一　当時ローマは医師が病名をカタル(1)と呼ぶ病に直撃されていた。人びとは咳をし、いがらっぽい声で話をした。聖所は神々に嘆願する者で溢れかえった。ネロの喉は腫れ上がり、がらがら声だった。アポロニオスは多くの人の思慮なき行動に憤りを覚えたが、だれかれを非難するようなことはしなかった。実際彼は、これらのことに苛立ちを覚えたメニッポス(2)には、まあまあと自制を求め、もし自分たちが道化芝居を楽しんでいるように見えるならば、そのことで自分と一緒に神々に詫びるようにと促した。この発言はただちにティゲリノスに報告され、そのため彼は、ネロへの不敬罪で弁明させるためにアポロニオスを法廷に連れ出す者たちを遣わした(3)。

二　彼の告発を準備していた人物は、すでにして多くの者を死に至らしめ、オリュンピアのトロフィーのようなものを数多く手にしていた。この男は告発理由の書かれてある文書を手にすると、それを尊師にたいして剣のようにかざし、これは鋭利なものとされているので彼を滅ぼすこともできると脅した。しかしティ

ゲリノスが巻かれた文書を解いてみると、そこには何か書かれた形跡などは認められず、ただの白紙にすぎなかった。そこで彼は悪霊[4]を疑った——後になってドミティアヌス[5]がアポロニオスにたいして同じような疑念をもたされたと言われている。そこでティゲリノスは、アポロニオスを拘禁すると非公開の法廷に連れて行った。そこでは重要な事案が秘密裏に裁かれる。ティゲリノスは関係者以外のすべての者を退出させると、彼を尋問した。アポロニオスは父や故郷の名を明らかにし、そしてなぜ知を学ぶのかを説明した。

アポロニオスは言った。

「わたしは神々について知り、人間を理解するために知を働かせます。他のだれかを知ることは自分自身を知ることよりも難しいことだからです」。

三　ティゲリノスは尋ねて言った。

「アポロニオスよ、悪霊や化け物のような怨霊であるが、おまえはどのようにして正体を暴くか？」

アポロニオスは答えて言った。

「殺人の血で汚れた者や不信仰な者の場合と同じです」。

（1）これは組織の破壊を起こさない粘膜の侵出性の炎症。鼻風邪かのど風邪の類であろう。インフルエンザの訳語を与えた訳者もいる。

（2）この人物は本巻第三十九章二に登場。

（3）「遣わした」のギリシア語はペンペイ。ここでの時制は歴史的現在。

（4）「悪霊」のギリシア語表記はダイモーン。

（5）この人物は本書第三巻第十八章に登場。

これはティゲリノスへの当てつけであった。彼はネロの行なうあらゆる蛮行と不品行の教師だったからである。(1)

ティゲリノスは言った。

「おまえに求めれば、占ってもらえるか？」

アポロニオスは答えて言った。

「占い師ではないので、どうしてそんなことを？」

ティゲリノスは言った。

「だが人びとによれば、おまえは、何か大きな異変が起こるが、起こらない、と言った人物であるそうな」。

アポロニオスは答えて言った。

「あなたがお聞きになったことは正しい。しかしそれを占いではなくて、どちらかと言うと、神が賢い人間たちに啓示する知恵なのです」。

ティゲリノスは尋ねて言った。

「なぜおまえはこれまでネロを恐れてこなかったのだ？」

アポロニオスは答えて言った。

「彼に恐ろしく見せかける力をお与えになった神は、わたしには恐怖を恐れぬ力をお与えくださったからです」。

四　ティゲリノスは尋ねて言った。

「ネロについてはどう思うのだ?」

アポロニオスは答えて言った。

「あなた方の考えよりもましなものです。あなた方は彼が歌をうたうにふさわしいと考えておられますが、わたしは沈黙こそが彼にふさわしいと考えております」。

ティゲリノスは仰天して言った。

「もう行ってよろしい。ただし、おまえの身体を保証とする」。

アポロニオスは尋ねて言った。

「だれも拘束できない身体を、いったいだれが保証とするのでしょうか?」

ティゲリノスはこれらの言葉をダイモーン的で人間を越えるものであると判断し、神々を相手に戦うことを回避するかのようにして言った。「どこにでも行くがよい。わたしはおまえを御すことなどできない」と。

第四十五章

一　これもまたアポロニオスがなした奇跡である。結婚式の当日に死んでしまったように見えた娘がいた。

(1) タキトゥス『年代記』一四-五一は、ティゲリノスが都の警護長官に任命されたのは「長年の鉄面皮と破廉恥ぶりをネロに見込まれた」(国原吉之助訳)からだとしている。

婚約者は、結婚が実現されなかったため大声を上げて嘆きながら棺台にしたがった。ローマも彼と悲しみをともにした。娘が執政官の一族の者だったからである。

アポロニオスはこの悲しみの現場に出会うと、「棺台を降ろしなさい。あなた方はこの娘さんのために涙しておられるが、その涙を終わらせよう」と言った。

彼はこう言うと同時に、彼女の名前を尋ねた。それはその場に居合わせた多くの者に、会葬者たちの悲嘆に訴えるような挨拶でもするのかと思わせた。しかしアポロニオスは、彼女にほんの少しだけ触れ、こっそりと何かを言うと、死んでいたように見える娘をその眠りから覚まさせたのである。娘は父の家へ戻って行った。ヘラクレスによって生き返らせられたアルケスティス(1)のように。

二　娘の親族の者たちは彼に一五万ドラクメーを贈ろうとしたが、アポロニオスは、自分はそれを持参金としてその子に与えたいと申し出た。彼は彼女の中に医師たちが見逃した生命の火花を見たか――人びとによれば、ゼウスが雨を降らしていたが、彼女は湯気を顔から立ちこめさせていた――、彼女の命は消えていたが、彼が触れたその暖かみが彼女を生き返らせたか、そのどちらかであろうが、いずれにしてもこの奇跡の説明は、わたし自身にとっても、そこに居合わせた者にとっても、容易なものではない。

第四十六章

投獄されたムソニオスとアポロニオスの交わり

一　このころ、ムソニオス(2)もまたネロの監獄に投げ込まれた。彼は哲学をする正真正銘の人物であったと言われている。両人は公開の場で語り合うことはなかった。両人が危険な目にあってはならないと、ムソニオスがそうしないようにした。メニッポスとダミスが監獄を訪れたとき携えた書簡で、両人は交わりをもった。ここでは重要でない書簡は省略するが、必要で見落とすことなどできない重要なものを書き写す。

二　アポロニオスから哲学者ムソニオスに挨拶を送る。わたしはあなたのもとへ出向き、語り合い、あなたにお役に立つのであれば、起居をともにしたいと願っております。もしあなたがヘラクレスがかつてテセウスを黄泉の世界から解放したことを信じてくださる(3)のであれば。あなたの願うものを何なりとお書きになり、口に

(1) この人物はテッサリアの王アドメトスの妻であったが、ヘラクレスにより黄泉の世界から救出された。エウリピデス『アルケスティス』を参照。

(2) 「ムソニオス」のラテン語表記はムソニウス。ムソニウス・ルフスと呼ばれるこのストア派の哲学者は後三〇年よりも前に生まれ、一〇一年か一〇二年より前に死んだとされる。六〇年頃、ルベリウス・プラウトゥスがネロにより小アジアに追放されると、彼にしたがった。ルベリウスの死後、彼はローマに戻るが、六五年か六六年に再びローマから追放される。彼は多くの弟子をもち、ローマ市民の中の有力者も彼の弟子となった。その著作については不明とされる。

(3) ホメロス『オデュッセイア』第十一歌六三一参照。

してください。

三　ムソニオスから哲学者アポロニオスに挨拶を送る。わたしのためのお心遣いにただただ感謝いたします。しかし、自分自身を守る精神力をもち、悪いことは何もしていないことを示した者は自分自身をすでに自由にしておるのです。敬具。

四　アポロニオスから哲学者ムソニオスに挨拶を送る。アテナイ人ソクラテスは自分の友人たちによって自由にされることを望まず、法廷へ行き、死にました。敬具。

五　ムソニオスから哲学者アポロニオスに挨拶を送る。ソクラテスは、自分自身の弁明の準備ができていなかったために死にましたが、わたしは弁明をするつもりです。敬具。(1)

第四十七章

アポロニオス、世界の西の端に目を向ける

ネロはギリシアに向かっていた。彼は出発する前に、何人もローマで哲学を教えてはならないとする布告を市民に出していた。そのためアポロニオスは自分の思考を、ヘラクレスの柱(2)が境となっていると言われる世界の西の端に向けた。彼は大洋の外波とガデイラの町を見ることを願った。彼はその地に住む者が知を愛していることや、神的なことを非常に大切にしていることなどを耳にしたからである。彼の知り合いの者はみな、その旅路と尊師を讃えながら、彼にしたがった。

(1) コニベアによれば、これらの書簡がムソニオスがアポロニオスよりもしっかりとした立場に立っていることを示しているところから、これらの書簡はピロストラトスが創作したものではなくて、彼が書簡のコレクションの中にこれらを見つけたことを示唆すると述べている。

(2) この柱はジブラルタル海峡東端の両岸にある二つの岬を指す。ヘラクレスが二つに分けたとされる。

固有名詞索引

本書第１巻から第４巻に登場する固有名詞を収載する。固有名詞には、神話に登場する名前、歴史上の人物、地名を含むが、そのカタカナ表記とローマ字表記は原則としてギリシア語読みである。ローマ数字は巻数を、アラビア数字は章番号を表わす。

アイアス Aias *II.22, 24; III.19; IV.13*
アイオリス Aiolis *I.30; IV.13, 16*
アイオロス Aiolos *III.14*
アイガイ Aigai *I.3, 7-13; II.14; III.16*
アイガイオン Aigaion *IV.6*
アイギナ Aigina *IV.24*
アイゴスポタモイ Aigospotamoi *I.2*
アイスキネス Aiskhines *I.35*
アウリス Aulis *III.6*
アオルノス Aornos *II.10*
アカイア Akhaia *III.19; IV.11, 13, 16*
アカルナエ Akharnai *IV.21*
アキレウス Akhilleus *II.22; III.19-20; IV.11-13, 15-16, 23*
アグラウオス Agraulos *IV.21*
アクラガス Akragas *I.1*
アケシネス川 Akesines *II.17*
アスクレピオス Asklepios *I.7-12; III.17, 44; IV.11, 18, 34*
アスバマイオン Asbamaion *I.6*
アスペンドス Aspendos *I.15*
アッシリア Assyria *I.9, 16, 19; II.9; III.43*
アテナ Athena *II.43; III.14; IV.22*
アテナイ Athenai *I.17, 25; II.10, 23; III.13; IV.17, 19-22*
アトス山 Athos *I.25; II.5; IV.40*
アトラス山 Atlas *II.13*
アドラステイア Adrasteia *I.25*
アナクサゴラス Anaxagoras *I.2, 13; II.5*
アバイ Abai *IV.24*
アピス Apis *III.3*
アプロディテ Aphrodite *III.1, 3, 58*
アポロン Apollon *I.16; II.43; III.14, 42; IV.14, 38*
アミュモネ Amymone *I.25*
アラビア Arabia *I.20, 38; III.57*
アリキア Arikia *IV.36*
アリスティッポス Aristippos *I.35*
アルカディア Arkadia *III.31*
アルギヌサイ Arginusai *IV.32*
アルキノオス Alkinoos *IV.20*
アルキロコス Arkhilokhos *II.7*
アルクマイオン Alkmaion *IV.38*
アルケスティス Alkestis *IV.45*
アルケラオス Arkhelaos *I.12*
アルゴス Argos *III.25*
アルゴリス Argolis *III.31*
アルサケス Arsakes *II.2*
アルタクセルクセス（クセルクセスの子）Artaxerxes *I.29*
アルタクセルクセス（２世）Artaxerxes *I.28*
アルタペルネス Artaphernes *I.25*
アルテミシア Artemisia *IV.22*
アルメニア Armenia *I.19-20, 38; II.2*
アレクサンドロス Alexandros *I.35; II.9-10, 12, 20-21, 24, 33, 42-43; III.53*
アンティオケイア Antiokheia *I.16-18, 31; III.58*
アンティオコス Antiokhos *I.38*
アンティゴネ Antigone *IV.39*
アンティステネス（ソクラテスの弟子）Antisthenes *IV.25*
アンティステネス（パロス人）Antisthenes *IV.12-13, 16*
アンドロメダ Andromeda *I.25*
アンピアラオス Amphiaraos *II.37; IV.24*
イオ Io *I.19*
イオニア Ionia *III.58*
イクシオン Ixion *II.35*

イストモス Isthmos *IV.24*
イストロス Istros *III.1*
イッソス Issos *II.42*
ウァルダネス Uardanes *I.21, 29-41; II.1, 17, 40; III.58*
エウクセノス Euxenos *I.7-8, 14*
エウテュデモス Euthydemos *I.7*
エウドクソス Eudoxos *I.35*
エウプラテス Euphrates *I.13; II.26*
エウプラテス川 Euphrates *I.20, 25, 38; III.58*
エウプラノル Euphranor *II.20*
エウボイア Euboia *I.23-24; III.23; IV.15*
エウポルボス Euphorbos *I.1; III.19*
エウリピデス Euripides *II.14, 32; IV.21*
エウリュメドン川 Eurymedon *I.15*
エクバタナ Ekbatana *I.24, 39*
エーゲ海 Aigaios *I.24; IV.24*
エジプト Egypt *II.18; III.20, 32, 35; IV.16, 24*
エチオピア Aithiopia *II.18; III.20; IV.40*
エノディア Enodia *IV.13*
エピクロス Epikuros *I.7*
エピダウロス Epidauros *IV.18*
エペソス Ephesos *I.16; II.5; IV.1-2, 4, 10*
エリス Elis *III.30; IV.24, 29*
エリュトラ海 Erythra thalatta *II.2, 14; III.4, 8, 20, 35, 50, 52-53, 57*
エリュトラス Erythras *III.35, 50*
エレウシス Eleusis *IV.18*
エレトリア Eretria *I.23-25, 36*
エンプーサ Empusa *II.4; IV.25*
エンペドクレス Empedokles *I.1-2*
オイテ山 Oite *IV.23*
オクシュドラカイ Oxydrakai *II.33*
オデュッセウス Odysseus *III.22; IV.11, 16, 36*
オリュントス Olynthos *I.35*
オリュンピア Olympia *I.35; III.30; IV.7, 24, 27-31*
オリュンポス山 Olympos *II.5; IV.23, 40*
オルタゴラス Orthagoras *III.53*
オルペウス Orpheus *I.25; IV.14, 21*
オレイタイ Oreitai *III.54*
オレイテュイア Oreithyia *IV.21*
オレステス Orestes *IV.38*
カウカソス Kaukasos *I.41; II.2-9, 18; III.4, 16, 20*
影足族 Skiapodes *III.45, 47*
カッサンドロス Kassandros *I.35*
カッパドキア Kappadokia *I.4*
ガデイラ Gadeira *II.33; IV.47*
ガニュメデス Ganymedes *III.27*
カベイロイ Kabeiroi *II.43*
カペレウス岬 Kaphereus *I.24*
カリア Karia *II.2; III.25, 55; IV.21*
カリクラティダス Kallikratidas *IV.32*
カリュブディス Kharybdis *I.35*
カルカス Kalkhas *I.22*
カルタゴ Karkhedon *IV.32*
カルマノイ Karmanoi *III.55*
ガンゲス Ganges *III.20*
ガンゲス川 Ganges *II.9, 21, 33; III.5, 20, 47, 50*
キオス Khios *IV.6*
キタイロン山 Kithairon *IV.22*
キッシア Kissia *I.23-24*
キュクノス Kyknos *IV.11*
キュクロプス Kyklops *IV.36*
ギュゲス Gyges *III.8*
キュドニア Kydonia *IV.34*
キュドノス川 Kydnos *I.7*
キュパリッソス Kyparissos *I.16*
キュプロス Kypros *III.58*
キュロス Kyros *I.28*
キリキア Kilikia *I.8-15; II.2*
クセルクセス Xerxes *I.20, 24-25, 37; III.31; IV.21*
クテシポン Ktesiphon *I.21*
クニドス Knidos *I.34*
クノッソス Knossos *IV.34*
クラテス Krates *I.13*
クラロス Klaros *IV.14*
クリュシッポス Khrysippos *I.7*
グリュネイオン Gryneion *IV.14*
グリュペス Grypes *III.48*
クレタ Kreta *IV.34*

クロトナ Krotona *IV.28*
ケルキュラ Kerkyra *IV.20*
ケンクレア Kenkhrea *IV.25*
小人族 Pygmaioi *III.45, 47*
コペン川 Kophen *II.6, 8-9*
コリントス Korinthos *IV.22, 25-26*
ゴルテュナ Gortyna *IV.34*
コロノス Kolonos *IV.21*
コロポン Kolophon *IV.1*
サッポー Sappho *I.30*
サモス Samos *IV.6*
サラミス Salamis *III.31; IV.21*
サルディス Sardis *I.11*
シチリア Sicelia *I.35; IV.32*
シモニデス Simonides *I.14*
シリア Syria *I.38*
スキティア Skythia *I.13; II.2; III.20*
スキュラクス Skylax *III.47*
スコペリアノス Skopelianos *I.23-24*
スサ Susa *I.18*
ストベラ Stobera *III.55*
スニオン岬 Sunion *III.23*
スパルタ Sparta *I.39; III.15; IV.8, 21, 23, 27, 31-33*
スペウシッポス Speusippos *I.34*
スペルケイオス川 Sperkheios *IV.16*
スミュルナ Smyrna *IV.I.5, 10*
ゼウクシス Zeuxis *II.20*
ゼウス Zeus *I.6, 15; II.7, 43; IV.7, 28, 30, 34*
セレウケイア Seleukeia *III.58*
セレウコス Seleukos *I.38*
セレラ Selera *III.56*
ゾイグマ Zeugma *I.20, 37*
ソクラテス Sokrates *I.2; IV.2, 25, 46*
ソポクレス Sophokles *I.13; II.23; III.17; IV.38*
タウロス Tauros *I.20; II.2*
タクシラ Taxila *II.12, 20, 23, 32, 42*
ダティス Datis *I.25, 36*
ダプネ Daphne *I.16*
ダミス Damis *I.3, 19, 22-23, 30, 34-35, 40; II.7, 11, 14-15, 22; III.34, 42; IV.15, 37-38, 46*
ダモピュレ Damophyle *I.30*
タユゲトス山 Taygetos *IV.31*
ダリダイオス Daridaios *I.24*
タルソス Tarsos *I.7*
ダレイオス（1世） Dareios *I.23, 35*
ダレイオス（2世） Dareios *I.28*
ダレイオス（3世） Dareios *II.21, 42*
タレス Thales *II.5*
タレントゥム Tarentum *III.15*
タンタロス Tantalos *III.25, 32, 51; IV.25*
ディアナ Diana *I.30*
ディオスコリデス Dioskorides *IV.11, 38*
ディオニュシオス Dionysios *I.35*
ディオニュソス Dionysos *II.2, 7-9, 33; III.13-15; IV.21-22*
ティグリス川 Tigris *I.20-21*
ティゲリノス Tigellinos *IV.42-44*
ディデュマ Didyma *IV.1*
ティベリオス Tiberios *I.15*
ティモマルコス Timomarkhos *II.22*
ディルケ Dirke *III.17*
テセウス Theseus *IV.46*
テッサリア Thessalia *III.25; IV.12, 16, 23*
テミストクレス Themistokles *I.29*
デメトリオス Demetrios *IV.25, 42*
デモクリトス Demokritos *I.2*
テュアナ Tyana *I.4, 13, 33*
テラ Thera *IV.34*
デルポイ Delphoi *II.9; III.43; IV.24, 39*
テルモピュライ Thermopylai *I.25; IV.23*
テレシノス Telesinos *IV.40, 43*
トゥリオイ Thurioi *III.15; IV.10*
ドドナ Dodona *IV.24*
ドメティアノス Dometianos *IV.44*
トモロス Tmolos *II.8*
トラキア Thrakia *IV.14*
トロイア Troia *II.21; III.19; IV.11, 16, 24*
トロポニオス Trophonios *IV.24*
ナイル川 Neilos *III.20*
ナクソス Naxos *I.25*
ニノス Ninos *I.3, 19; II.20; III.58*
ニュセ Nyse *II.2, 7-9*

ニレウス Nireus *III.19*
ネアルコス Nearkhos *II.17; III.53*
ネストル Nestor *IV.11*
ネレイス、ネレイデス Nereis, Nereides *III.56; IV.16*
ネロ Nero *IV.24, 38-39, 42-44, 47*
パイストス Phaistos *IV.34*
パイディモス Phaidimos *IV.11*
パガラ Pagala *III.54*
パタラ Patala *III.53*
バッコス Bakkhos *II.9, 37; III.15*
バッソス Bassos *IV.26*
ハデス Hades *III.35; IV.25*
パトロクロス Patroklos *IV.16*
バビュロン Babylon *I.21, 23-40*
パポス Paphos *III.58*
パボリノス Phaborinos *IV.25*
パライモン Palimon *III.31*
パラカ Paraka *III.9*
パラメデス Palamedes *III.22; VI.13, 16, 21, 33*
バララ Balara *III.56*
パリス Paris *IV.16*
パルテノン Parthenon *II.10*
パレロン Phaleron *IV.17*
パロス Pharos *III.24*
パンガイオン山 Pangaion *II.5*
パンピュリア Pamphylia *I.15, 30; II.2; III.15*
ビブロス Biblos *III.53*
ピュタゴラス Pythagoras *I.1-2, 13-14, 16, 32; II.17; III.19; IV.10, 16*
ヒュドラオテス川 Hydraotes *II.9, 17, 32, 43*
ピュトン Phyton *I.35*
ヒュパシス川 Hyphasis *II.21, 30, 31, 33, 43; III.1, 50, 52*
ピリッポス Philippos *I.35; IV.27*
ピロストラトス Philostratos *I.2-3*
ピロラオス Philolaos *IV.36, 37*
ピンダロス Pindaros *VI.26; VII.12*
プラオテス Phraotes *II.25-41; III.17-18, 26, 28, 50*
プラトン Platon *I.2, 7, 35; IV.36*
プリアモス Priamos *IV.11, 12*
プリュギア Phrygia *II.10*
プロテウス Proteus *I.4; III.24; IV.16*
プロメテウス Prometheus *II.3*
ペイディアス Pheidias *IV.7*
ペイライエウス Peiraieus *IV.17*
ヘクトル Hektor *IV.11*
ヘパイストス Hephaistos *II.22*
ヘラクレイトス Herakleitos *I.9*
ヘラクレス Herakles *II.3, 33; IV.10, 45*
ヘリコン（キュジコスの） Helikon *I.35*
ヘリコン山 Helikon *IV.24*
ペルガモン Pergamon *IV.1, 18*
ペルシア Persia *I.19, 24, 33; IV.21*
ヘレスポントス Hellespontos *III.31*
ヘレネ Helene *III.20; IV.16*
ヘロデス Herodes *III.11*
ペロプス Pelops *III.27, 31*
ペロポンネソス Peloponnesos *III.31; IV.24*
ポセイドン Poseidon *IV.9*
ホメロス Homeros *I.1, 22; II.14; III.6, 22; IV.7, 15-16, 25, 38*
ポュグノトス Polygnotos *II.20*
ポリュクセネ Polyxene *IV.16*
ボレアス Boreas *IV.21*
ポロス Poros *II.12, 20-22, 24, 26, 42*
ポントス Pontos *II.2; III.55*
マイオティス Maiotis *II.2*
マクシモス Maximos *I.3, 12*
マケドニア Makedonia *II.9, 21*
マレア Malea *III.23; IV.24, 34*
ミノス Minos *III.25; IV.34*
ミノタウロス Minotauros *IV.34*
ミマス Mimas *II.5*
ミュカレ Mykale *II.2, 5*
ミレトス Miletos *IV.6*
ミロン Milon *IV.28*
ムーサイ Musai *IV.16, 39*
ムーセイオン Museion *IV.24*
ムソニオス Musonios *IV.35, 46*
ムネモシュネ Mnemoshyne *I.14*
メガバテス Megabates *I.131*
メギスティアス Megistias *IV.23*
メソポタミア Mesopotamia *I.20*
メディケ Medike *I.21, 25; II.2*
メニッポス Menippos *IV.25, 38, 39, 44*

メノン Menon *III.11*
メムノン Memnon *IV.3-4, 11*
メリケルテス Melikertes *III.31*
メロス Melos *III.15*
メロス山 Meros *II.9*
モイライ Moirai *IV.1, 16*
モイラゲネス Moiragenes *I.3; III.41*
ヤルカス Iarkhas *II.40-41; III.16-49*
ユリア Iulia *I.3*
ヨバス Iobas *II.13, 16*
ラドン川 Ladon *I.16*
リビュア Libya *II.12-13, 16; IV.34*
レア Rhea *IV.34*
レオニダス Leonidas *IV.23*
レカイオン沖 Lekhaion *IV.24*
レギオン Rhegion *I.34*
レスボス Lesbos *IV.13-14, 16*
レベナ Lebena *IV.34*
ローマ Roma *I.27; IV.5, 39-46*

訳者略歴

秦　剛平（はた　ごうへい）

多摩美術大学共通教育教授、同大学図書館長

一九四二年　東京都生まれ

一九七〇年　京都大学大学院文学研究科修士課程修了

一九七〇－七五年　ドロプシー大学（フルブライト）

一九九九－二〇〇〇年　オックスフォード大学客員教授

二〇〇一年以降　オックスフォード大学客員研究員

主な著訳書

『乗っ取られた聖書』『異教徒ローマ人に語る聖書』（以上京都大学学術出版会）、『旧約聖書続編講義』（リトン）、『ヨセフス―イエス時代の歴史家』『美術で読み解く新約聖書の真実』『美術で読み解く旧約聖書の真実』『美術で読み解く聖母マリアとキリスト教伝説』（以上ちくま学芸文庫）、『反ユダヤ主義を美術で読む』『描かれなかった十字架』（青土社）ほか

フィロン『フラックスへの反論・ガイウスへの使節』、エウセビオス『コンスタンティヌスの生涯』（以上京都大学学術出版会）、ヨセフス『ユダヤ戦記』全七巻三分冊、同『ユダヤ古代誌』全二〇巻六分冊（ちくま学芸文庫）、エウセビオス『教会史』全一〇巻三分冊（山本書店）、『七十人訳ギリシア語聖書』（河出書房新社）ほか三〇冊

『ヨセフス論集』『エウセビオス論集』の編纂

テュアナのアポロニオス伝《でん》1

西洋古典叢書　第Ⅳ期第19回配本

二〇一〇年六月二十日　初版第一刷発行

訳　者　秦《はた》　剛《ごう》　平《へい》

発行者　加　藤　重　樹

発行所　京都大学学術出版会

606-8305 京都市左京区吉田河原町一五-九　京大会館内

電　話　〇七五-七六一-六一八二

FAX　〇七五-七六一-六一九〇

http://www.kyoto-up.or.jp/

印刷・土山印刷／製本・兼文堂

ISBN978-4-87698-185-4

定価はカバーに表示してあります

西洋古典叢書　［第Ⅰ・Ⅱ・Ⅲ期］既刊全63冊

【ギリシア古典篇】

アテナイオス　食卓の賢人たち　1　柳沼重剛訳　３９９０円
アテナイオス　食卓の賢人たち　2　柳沼重剛訳　３９９０円
アテナイオス　食卓の賢人たち　3　柳沼重剛訳　４２００円
アテナイオス　食卓の賢人たち　4　柳沼重剛訳　３９９０円
アテナイオス　食卓の賢人たち　5　柳沼重剛訳　４２００円
アリストテレス　天について　池田康男訳　３１５０円
アリストテレス　魂について　中畑正志訳　３３６０円
アリストテレス　動物部分論他　坂下浩司訳　４７２５円
アリストテレス　ニコマコス倫理学　朴　一功訳　４９３５円
アリストテレス　政治学　牛田徳子訳　４４１０円
アルクマン他　ギリシア合唱抒情詩集　丹下和彦訳　４７２５円
アンティポン／アンドキデス　弁論集　高畠純夫訳　３８８５円

イソクラテス　弁論集　1　小池澄夫訳　3360円
イソクラテス　弁論集　2　小池澄夫訳　3780円
エウセビオス　コンスタンティヌスの生涯　秦　剛平訳　3885円
ガレノス　ヒッポクラテスとプラトンの学説　1　内山勝利・木原志乃訳　3360円
ガレノス　自然の機能について　種山恭子訳　3150円
クセノポン　ギリシア史　1　根本英世訳　2940円
クセノポン　ギリシア史　2　根本英世訳　3150円
クセノポン　小品集　松本仁助訳　3360円
クセノポン　キュロスの教育　松本仁助訳　3780円
セクストス・エンペイリコス　ピュロン主義哲学の概要　金山弥平・金山万里子訳　3990円
セクストス・エンペイリコス　学者たちへの論駁　1　金山弥平・金山万里子訳　3780円
セクストス・エンペイリコス　学者たちへの論駁　2　金山弥平・金山万里子訳　4620円
ゼノン他　初期ストア派断片集　1　中川純男訳　3780円
クリュシッポス　初期ストア派断片集　2　水落健治・山口義久訳　5040円
クリュシッポス　初期ストア派断片集　3　山口義久訳　4410円

クリュシッポス　初期ストア派断片集　4　中川純男・山口義久訳　3675円
クリュシッポス他　初期ストア派断片集　5　中川純男・山口義久訳　3675円
テオクリトス　牧歌　古澤ゆう子訳　3150円
ディオニュシオス／デメトリオス　修辞学論集　木曽明子・戸高和弘・渡辺浩司訳　4830円
デモステネス　弁論集　1　加来彰俊・北嶋美雪・杉山晃太郎・田中美知太郎・北野雅弘訳　5250円
デモステネス　弁論集　3　北嶋美雪・木曽明子・杉山晃太郎訳　3780円
デモステネス　弁論集　4　木曽明子・杉山晃太郎訳　3780円
トゥキュディデス　歴史　1　藤縄謙三訳　4410円
トゥキュディデス　歴史　2　城江良和訳　4620円
ピロストラトス／エウナピオス　哲学者・ソフィスト列伝　戸塚七郎・金子佳司訳　3885円
ピンダロス　祝勝歌集／断片選　内田次信訳　4620円
フィロン　フラックスへの反論／ガイウスへの使節　秦　剛平訳　3360円
プラトン　ピレボス　山田道夫訳　3360円
プルタルコス　モラリア　2　瀬口昌久訳　3465円
プルタルコス　モラリア　6　戸塚七郎訳　3570円

プルタルコス　モラリア 11　三浦　要訳　2940円
プルタルコス　モラリア 13　戸塚七郎訳　3570円
プルタルコス　モラリア 14　戸塚七郎訳　3150円
ポリュビオス　歴史 1　城江良和訳　3885円
マルクス・アウレリウス　自省録　水地宗明訳　3360円
リュシアス　弁論集　細井敦子・桜井万里子・安部素子訳　4410円

【ローマ古典篇】

ウェルギリウス　アエネーイス　岡　道男・高橋宏幸訳　5145円
ウェルギリウス　牧歌／農耕詩　小川正廣訳　2940円
オウィディウス　悲しみの歌／黒海からの手紙　木村健治訳　3990円
クインティリアヌス　弁論家の教育 1　森谷宇一・戸高和弘・渡辺浩司・伊達立晶訳　2940円
クルティウス・ルフス　アレクサンドロス大王伝　谷栄一郎・上村健二訳　4410円
スパルティアヌス他　ローマ皇帝群像 1　南川高志訳　3150円
スパルティアヌス他　ローマ皇帝群像 2　桑山由文・井上文則・南川高志訳　3570円
セネカ　悲劇集 1　小川正廣・高橋宏幸・大西英文・小林　標訳　3990円

セネカ　悲劇集２　岩崎　務・大西英文・宮城徳也・竹中康雄・木村健治訳　４２００円
トログス／ユスティヌス抄録　地中海世界史　合阪　學訳　４２００円
プラウトゥス　ローマ喜劇集１　木村健治・宮城徳也・五之治昌比呂・小川正廣・竹中康雄訳　４７２５円
プラウトゥス　ローマ喜劇集２　山下太郎・岩谷　智・小川正廣・五之治昌比呂・岩崎　務訳　４４１０円
プラウトゥス　ローマ喜劇集３　木村健治・岩谷　智・竹中康雄・山澤孝至訳　４９３５円
プラウトゥス　ローマ喜劇集４　高橋宏幸・小林　標・上村健二・宮城徳也・藤谷道夫訳　４９３５円
テレンティウス　ローマ喜劇集５　木村健治・城江良和・谷栄一郎・高橋宏幸・上村健二・山下太郎訳　５１４５円